华中师范大学出版基金丛书

学术著作系列

跨区域生态保护与环境治理联动的经济学分析

汤学兵 著

CBJJ

华中师范大学出版社

图书在版编目（CIP）数据

跨区域生态保护与环境治理联动的经济学分析 / 汤学兵著. --武汉：华中师范大学出版社，2025.5. -- ISBN 978-7-5769-0991-3

Ⅰ. F124.5

中国国家版本馆 CIP 数据核字第 2025DM049 号

跨区域生态保护与环境治理联动的经济学分析

©汤学兵　著

责任编辑：罗　艺　　**责任校对：**肖　霞　　**封面设计：**罗明波

编辑室：第一分社　　**电话：**027－67867317

出版发行：华中师范大学出版社有限责任公司

社址：湖北省武汉市洪山区珞喻路 152 号　　**邮编：**430079

电话：027－67863426（发行部）

网址：http://press.ccnu.edu.cn　　**电子邮箱：**press@mail.ccnu.edu.cn

印刷：武汉市新华印刷有限责任公司　　**督印：**刘　敏

字数：252 千字

开本：710 mm×1000 mm　1/16　　**印张：**15.25

版次：2025 年 5 月第 1 版　　**印次：**2025 年 5 月第 1 次印刷

定价：88.00 元

欢迎上网查询、购书

敬告读者：欢迎举报盗版，电话 027－67867353

内容提要

随着国家主体功能区战略的深入实施和生态文明建设的跨越式发展，美丽中国建设目标和“碳达峰碳中和”目标的提出，区域竞争逐步走向区域合作的巨大转变，使得我国跨区域生态保护与环境治理联动改革问题日益突出。但是当前我国跨区域生态保护与环境治理联动的理论基础、运行模式与管理体制等面临诸多困境，跨区域联动机制改革已到了不得不触动部分地区、部分部门和部分群体利益的攻坚阶段。在此背景下，党中央、国务院颁布的《生态文明体制改革总体方案》提出了“建立污染防治区域联动机制”“开展环境保护管理体制创新试点”方案，是对进一步改革和深化我国治理联动机制做出的重大决策部署。党的二十大进一步提出了“推进美丽中国建设，坚持山水林田湖草沙一体化保护和系统治理，统筹产业结构调整、污染治理、生态保护、应对气候变化，协同推进降碳、减污、扩绿、增长，推进生态优先、节约集约、绿色低碳发展”的系统化、协同性推进绿色发展新思路，对我国未来生态治理与环境保护提出了新要求。因此，加强治理联动的制度理论与实践研究，拓展治理联动方式方法的研究已迫在眉睫。

本研究主要围绕跨区域生态治理的必要性、跨区域生态治理的市场性和制度性设计与跨区域生态治理绩效、政策建议几个方面展开。

第一部分围绕跨区域生态治理的必要性展开，主要包含第二、三、四章的主要内容。

第二章从我国区域间经济社会发展不平衡的国情出发，指出生态产品外部正效应的非对称性、生态产品需求的非一致性、经济发展目标的差异性和各地区财政收支的非均等化水平既是造成当前区域经济非均衡发展的深层次原因，也是导致跨区域生态保护与环境治理难以有效推进的原因。但也应该看到，区域的异质性也意味着各区域之间具有强烈的互补性，为我国区域之间发挥合力、协同推进治理环境问题提供了可能。在此基础上进一步分析政府干预与市场调节的优劣，在我国跨区域的生态治理中要特别注意两种手段的结合。同时，由于市场调节在生态治理中的有限有效性，更多时候应以政府管制为主。

第三章以DPSIR模型为基础构建环境质量评价体系，对30个省（区、市）环境质量进行全面有效的评价，发现政府环境规制对环境质量改善有明显的推动作用。经济发展水平、技术研发水平以及城镇化水平能够有效促进环境质量的提升，而人口规模过大则会对环境质量产生不利影响。

第四章构建了跨区域生态治理的理论基础，拓展了KFV框架下克鲁格曼核心—边缘模型的基础模型，构建了绿色经济发展对于高新技术产业集聚影响的空间均衡模型，利用数值模拟的方法探讨了二者的关系和集聚稳定性的问题。发现绿色经济发展水平对高新技术产业集聚的稳定性起着重要作用，对高新技术企业集聚存在着倒“U”形的非线性关系。在我国以产业链完善和集聚效应为基础的高质量发展模式中，绿色发展是至关重要的一环，东部沿海地区的绿色产业优势、技术优势与资本优势为我国东部地区与中西部地区的协同治理提供了坚实的经济基础。

第二部分分析了我国绿色发展市场机制与区域性制度设计对跨区域生态治理绩效的影响，主要选取了碳交易市场机制与长三角扩容、生态补偿机制、产业升级、智慧城市试点政策等非市场机制两个方面进行分析，主要包含第五、六、七、八、九章。

第五章在分析碳交易市场（CTM）作用机制和剖析美日欧等发达国家发展经验的基础上，结合我国区域性碳交易市场发展实践，从碳市场交易体系制度协同、碳排放数据监测与报告技术支持、完善排放监管协同机制、提高企业参与度，激发CTM活力、加大大数据和人工智能技术支持力度、联合技术培训和人才支持等方面提出东部沿海地区与中西部协同发展CTM的具体路径，以解决我国生态环保治理市场发育不完全不平衡问题。

第六章采用DEA-Malmquist指数法探讨了2005—2019年我国长三角和中部六省89个地级以上城市绿色发展水平的动态演变特征，并运用多期双重差分法，对长三角2010年、2013年和2018年连续三次大规模扩容的政策效应进行了研究。研究发现，技术进步可有效促进城市绿色发展效率。技术进步是阻碍城市绿色发展的重要因素，长三角扩容政策会促进产业结构的优化升级和技术扩散，因此扩容引致的技术创新缓解了新进城市的环保压力，促进区域绿色发展。

第七章运用当量因子法计算了长江经济带生态系统服务价值，根据生态补偿修正系数建立生态补偿标准模型，量化研究了长江经济带各地级市生态补偿总额。从省级层面看，云南省、四川省、江西省和安徽省属于“生态受偿区域”，其余 7 个省市属于“生态补偿区域”；建立生态补偿优先级模型，得到了省级和地市级的生态补偿优先级排名，并提出了制度保障机制、区域协调机制、监督约束机制和宣传教育机制为配套的“政府主导—多元主体—市场主导”的三阶段完善生态补偿机制推进路径。

第八章使用耦合协调模型度量 2005—2019 年长江中游城市群资源环境和产业结构升级耦合度，并利用空间面板模型探究其影响因素，研究发现长江中游城市群资源环境和产业结构升级的耦合协调度总体上呈波动上升趋势，并以 2012 年为间隔体现不同发展特点；经济发展水平、政府行为和人口因素对耦合协调度具有正向效应，而工业化水平则会产生一定的负向阻碍作用。因此提出了绿色循环发展、核心城市引领和城市群整体协作的发展思路。

第九章基于 2005—2019 年我国 284 个城市的面板数据，利用国家智慧城市试点这一准自然实验，运用多期双重差分法实证评估了该试点政策的环境效应。研究结果显示智慧城市建设能够显著地降低城市环境污染水平。机制检验表明，智慧城市建设可以通过产业结构升级效应、技术效应、市场效应以及财政支出效应改善城市空气质量。本章为我国区域政策与数字经济融合发展提供了实证基础。

第三部分是政策建议部分，以第十章为主。本章从政治、经济、技术三个维度提出了推进我国跨区域生态保护与环境治理联动的具体路径，为我国建立系统、协调、科学、开放、透明、多元的“跨区域治理联动体系”提供参考思路。

序　言

生态文明建设是推动中国式现代化的重要任务，也是“五位一体”总体布局的重要组成部分。党的十八大以来，我国生态建设取得令人瞩目的成就，“美丽中国”建设取得重大进展，绿水青山就是金山银山的理念深入人心。过去很长一段时间，我国经济发展方式比较粗放，生态环境领域问题比较突出。不过，在以习近平同志为核心的党中央正确领导下，我国扎实推进生态文明体制改革，大力实施污染防治攻坚战、“史上最严”的新环境保护法、中央生态环境保护督察等重大举措，有效解决了一些生态环境领域社会比较关切的突出问题，确保生态环境质量实现大幅提升，也促进广大社会力量更自觉参与生态保护与环境治理。在这个具体领域的学术研究中，本书作者坚持问题导向，选择了跨区域生态治理联动作为研究对象，把学术理论与中国实践紧密结合起来，充分体现了其较强的问题意识和敢于面对挑战的学术勇气。

众所周知，我国区域发展不平衡不充分与跨区域生态保护治理的问题都比较突出。从经济发展水平看，我国客观上既存在明显的东西部发展差距，又遇到日益突出的南北差距扩大问题。从生态状况看，我国水资源、矿产资源等各类资源空间分布不均，无疑增加了调配资源的成本，也容易造成区域利益冲突；同时，有些资源富集的地方却出现经济相对落后的问题，而且生态保护压力大，环境保护投入严重不足，产业转型升级困难。对此，作者在本书中深刻指出，生态产品外部正效应的非对称性、生态产品需求的非一致性、经济发展目标的差异性和各地区财政收支的非均等化水平既是造成当前区域经济非均衡发展的深层次原因，也是导致跨区域生态保护与环境治理难以有效推进的原因。但也应乐观看到，区域的异质性也意味着各区域之间存在较强的互补性，这就需要从理论上系统思考我国跨区域生态保护与环境治理问题，探索建立生态跨区域补偿机制、统一碳交易机制等市场性或非市场性机制推进。

我国跨区域生态保护与环境治理的实践探索不仅需要理论解释，更需要理论指导。本书从生态环境质量测度、推进机制、各种协调途径效果分析等角度进行了系统研究和有益探索，主要做了以下工作：以 DPSIR 模型为基础构建环境质量评价体系，对我国多年来环境质量进行综合评价，且对其影响的重要因素进行分析。同时，以新经济地理模型为基础，构建了绿色经济发展对高新技术产业集聚影响的空间均衡模型，借此为我国东部沿海地区以绿色产业优势、技术优势与资本优势推进中西部地区的协同治理提供理论基础。此外，本书还实证研究了我国绿色发展市场机制与区域性制度设计对跨区域生态治理绩效的影响，重点讨论了碳交易市场机制与长三角扩容、生态补偿机制、产业升级、智慧城市试点政策等因素影响，研究的发现可对国内其他地区推进生态环境区域协同治理保护提供经验启示。

本书是一部总结我国生态文明建设生动实践的有价值学术成果，它的出版将备受关注。当然，在当前体制条件下，各地区协同推进生态环境保护与治理仍然面临不少的困难挑战，也往往会受到多元主体、区域政策差异、区域发展水平、生态环境领域技术进步等多种因素的影响。期待作者继续发挥学术专长，加强对我国跨区域生态环境保护与治理的典型案例、创新路径与重大举措的研究，努力为“美丽中国”建设的理论创新与实践探索作出更大的贡献。

是为序。

叶振宇

2025 年 3 月 1 日

目　　录

第一章　导　　论

一、研究背景及意义

（一）研究背景

生态保护与环境治理具有一定的公共产品属性、空间外延性与复杂的利益纠葛，往往超越单个行政区划管辖范围，因此需要深入考虑跨区域联动治理问题。事实上，我国不同时期提出并实施的国家主体功能区战略、生态文明建设战略、美丽中国建设和区域协调发展战略等都要求深入研究跨区域生态保护与环境治理。

第一，国家主体功能区战略要求推动跨区域生态保护与联动（见表 1-1）。2006 年国家“十一五”规划首次提出主体功能区概念，将国土空间划分为优化开发、重点开发、限制开发和禁止开发四类区域。要求根据各自区域的经济发展水平与生态承载能力，采取不同的经济发展思路与生态治理方式。优化开发区域和重点开发区域的主要目标是提升经济发展质量和集聚水平，大力发展战略性新兴产业和先进制造业，促进城乡发展一体化；限制开发区域应坚持人与自然和谐共生，实现产业绿色化、低碳化、智能化发展；禁止开发区域是优势自然资源的集中展示区，要以保护珍稀动植物和生物多样性、促进人与自然和谐发展为重点，原则上不再进行经济开发。2010 年和 2017 年国家相继发文进一步完善了主体功能区战略的实施方案。主体功能区战略实施一方面明确了我国各区域的发展定位，但另一方面也使得各地方政府往往从自身利益出发，将难以清晰界定的跨区域环境治理问题，进而转嫁给其他区域，难以真正实现区域间联防联控，必须进一步压实各方责任，实现协同治理。因此，2019 年国家发布《中共中央　国务院关于建立国土空间规划体系并监督实施的若干意见》，建立了全国统一、责权清晰、科学高效的国土空间规划体系，将主体功能区战略全面融入国土空间规划体系。2024 年 3 月发布《中共中央办公厅　国务院办公厅关于加强生态环境分区管控的意见》，要求协同推进降碳、减污、扩绿、增长，充分尊重自然规律和区域差异，全面落实主体功能区战略，充分衔接国土空间规划和用途管制，以高水平保护推动高质量发展、创造高品质生活，努力建设人与自然和谐共生的美丽中国。由此可见，我国主体功能区战略从区域定位到分区管控的演变，实质上是在明确各区域生态治理与环境保护责任的基础上，实现区域联动、协同管控、共同治理。

表 1-1　国家主体功能区战略相关政策及规划

日期	事件	具体内容
2006.3	国家“十一五”规划	明确提出“将国土空间划分为优化开发、重点开发、限制开发和禁止开发 4 类主体功能区”，并初步划定了限制开发区和禁止开发区的范围。
2010.12.21	发布《全国主体功能区规划》	指出下游地区要积极吸纳上游地区人口，上解财政收入，帮助上游地区修复生态环境和实现脱贫；要加强区域环境监管，建立健全区域污染联防联治机制（国发〔2010〕46 号）。
2017.8.29	发布《中共中央　国务院关于完善主体功能区战略和制度的若干意见》	吸收了空间规划体制改革的内容，强调差异化绩效考核、“三区三线”划定、空间用途管制、生态产品价值实现机制等内容。
2019.5.23	发布《中共中央　国务院关于建立国土空间规划体系并监督实施的若干意见》	提出“五级三类”国土空间规划总体架构，将主体功能区战略全面融入国土空间规划体系。
2024.3.6	发布《中共中央办公厅　国务院办公厅关于加强生态环境分区管控的意见》	制定以落实生态保护红线、环境质量底线、资源利用上线硬约束为重点，以生态环境管控单元为基础，以生态环境准入清单为手段，以信息平台为支撑的生态环境分区管控方案，共 18 条。

第二，生态文明建设深入推进要求跨区域生态保护与联动（见表 1-2）。近年来，各省份深入贯彻落实习近平生态文明思想，不断探索跨区域生态建设和环境保护联动机制，共绘“人与自然和谐共生”的美好画卷。2018 年和 2023 年全国生态环境保护大会，习近平总书记分别提出了推进新时代生态文明建设必须遵循的六项原则和五大关系。六项原则分别是：坚持人与自然和

表 1-2　生态文明建设相关政策及规划

日期	事件	具体内容
2012.11.17	党的十八大	从新的历史起点出发，做出“大力推进生态文明建设”的战略决策，从 10 个方面绘出生态文明建设的宏伟蓝图。
2015.5.5	发布《中共中央　国务院关于加快推进生态文明建设的意见》	为了加快建立系统完整的生态文明制度体系，实现用制度保护生态环境，要健全法律法规，完善标准体系。要加快制定修订一批能耗、水耗、地耗、污染物排放、环境质量等方面的标准，实施能效和排污强度“领跑者”制度，加快标准升级步伐。
2018.3.11	第十三届全国人民代表大会第一次会议	通过宪法修正案，将宪法第八十九条“国务院行使下列职权”中第六项“（六）领导和管理经济工作和城乡建设”修改为“（六）领导和管理经济工作和城乡建设、生态文明建设”。
2018.5.18—19	全国生态环境保护大会	习近平总书记发表重要讲话，对推进新时代生态文明建设提出必须遵循的六项原则。
2023.2.27	发布《数字中国建设整体布局规划》	对数字生态提出建议：构建智慧高效的生态环境信息化体系、加强自然资源与国土空间智慧化治理、推动数字化绿色化协同发展、大力普及绿色智慧生产生活方式。
2023.7.17—18	第二次全国生态环境保护大会	习近平指出，必须以新时代中国特色社会主义生态文明思想为指导，正确处理几个重大关系：高质量发展和高水平保护的关系、重点攻坚和协同治理的关系、自然恢复和人工修复的关系、外部约束和内生动力的关系、“双碳”承诺和自主行动的关系。

谐共生，坚持节约优先、保护优先、自然恢复为主的方针；绿水青山就是金山银山，贯彻创新、协调、绿色、开放、共享的发展理念；良好生态环境是最普惠的民生福祉，坚持生态惠民、生态利民、生态为民；山水林田湖草是生命共同体，要统筹兼顾、整体施策、多措并举，全方位、全地域、全过程开展生态文明建设；用最严格制度最严密法治保护生态环境，加快制度创新，

强化制度执行，让制度成为刚性约束和不可触碰的高压线；共谋全球生态文明建设，深度参与全球环境治理，形成世界环境保护和可持续发展的解决方案，引导应对气候变化国际合作。五大关系是指正确处理高质量发展和高水平保护的关系、重点攻坚和协同治理的关系、自然恢复和人工修复的关系、外部约束和内生动力的关系、“双碳”承诺和自主行动的关系这五个重大关系。可以看出，我国生态文明建设逐渐走深走实，强化目标协同、多污染物控制协同、部门协同、区域协同、政策协同，不断增强各项工作的系统性、整体性、协同性。区域协同也就是要从全国生态文明建设的大局出发，破除狭隘的地区利益，深化区域合作，避免污染转移，有效推进跨区域生态保护与环境治理。

第三，美丽中国建设理念呼吁跨区域生态保护与联动（见表 1-3）。美丽中国建设是生态文明建设的根本目的。自改革开放以来，我国以经济建设为中心的区域发展模式盛行。近年来着力推进生态建设与经济建设协同推进，但是生态治理与环境保护的结构性、根源性、趋势性压力没有得到根本缓解，各地区自主推动绿色转型内生动力严重不足，水、空气、土壤等生态环境质量稳中向好的基础还亟待稳固，我国部分区域生态系统退化趋势与外部性问题尚未根本扭转，我国美丽中国建设压力较大。2023 年《中共中央　国务院关于全面推进美丽中国建设的意见》提出我国分别到 2027 年、2035 年和本世纪中叶三阶段美丽中国建设目标，并提出“因地制宜、梯次推进美丽中国建设全域覆盖”的全方位覆盖的要求。但我国各地区发展水平不一、生态治理资本投入和技术水平差异较大，必须通过区域之间的联动机制改革与优化，生态治理资本与技术的跨区域转移、打造跨区域生态治理平台、推动生态资源向生态产品或生态资本转化、共享跨区域治理方案等方式解决跨区域生态保护与环境治理问题，真正实现美丽中国建设“全国一盘棋”。

表 1-3　美丽中国建设相关会议及规划

时间	事件	主要内容
2012.11.8	党的十八大	这是美丽中国建设理念提出的起始点。十八大报告首次提出了生态文明建设的概念，强调要坚持节约资源和保护环境的基本国策，推动形成人与自然和谐共生的现代化建设新格局。

续表

时间	事件	主要内容
2017.10.18	党的十九大	美丽中国建设被提升到了一个新的高度。报告提出了“坚决打好污染防治攻坚战”，并将建设美丽中国确立为实现中华民族伟大复兴中国梦的重要内容。
2018.4.16	中华人民共和国生态环境部成立	中华人民共和国生态环境部成立标志着中国在生态环境保护方面的组织架构得到进一步加强。同年，习近平总书记在全国生态环境保护大会上发表讲话，强调要加快推进生态文明建设，建设美丽中国。
2019.10.31	中国共产党第十九届中央委员会第四次全体会议	坚持和完善生态文明制度体系，促进人与自然和谐共生。生态文明建设是关系中华民族永续发展的千年大计，再次强调建设美丽中国。
2020.12.18	美丽中国百人论坛2020年会	应对复杂形势和挑战，要坚持生态文明，找准新时代生态文明建设和生态环境保护的战略定位、价值坐标，科学制定目标任务、政策措施和保障体系，进一步把准美丽中国建设的方向指引。
2021.11.8	中国共产党第十九届中央委员会第六次全体会议	会议指出，党中央以前所未有的力度抓生态文明建设，美丽中国建设迈出重大步伐，我国生态环境保护发生历史性、转折性、全局性变化。
2022.1.7	全国生态环境保护工作会议	制定美丽中国建设生态环境保护指导意见，提出要有序推动绿色低碳发展、深入打好污染防治攻坚战、加强生态保护监管、推进生态环境督察执法和风险防范、确保核与辐射安全、加快构建现代环境治理体系。
2023.7.18	全国生态环境保护大会	习近平总书记强调今后5年是美丽中国建设的重要时期，要深入贯彻新时代中国特色社会主义生态文明思想，把建设美丽中国摆在强国建设、民族复兴的突出位置，推动城乡人居环境明显改善、美丽中国建设取得显著成效，以高品质生态环境支撑高质量发展，加快推进人与自然和谐共生的现代化。
2023.12.27	《中共中央 国务院关于全面推进美丽中国建设的意见》发布	提出了美丽中国建设的三阶段发展目标、提出“四全”要求（全领域转型、全方位提升、全地域建设、全社会行动）和33条行动纲领。

第四，“双碳”发展战略要求重视跨区域生态治理与环境保护联动（见表1-4）。当前我国碳排放总量已经达到全球总排放量的25%以上，碳减排压力巨大。我国碳排放量全球占比高，与我国以化石能源为主的能源消费结构、全球主要工业品制造基地和人口规模巨大有关，因此着力推动绿色低碳转型，争取于2030年前实现碳达峰，2060年前实现碳中和，是我国应对全球气候变化的庄严承诺。从我国实际来看，我国的资源分布具有明显地域差异，西南地区水资源丰富，山西、内蒙古等北部地区则煤炭等化石能源储量较为富足。资源分布的非均衡性对我国实现“双碳”目标提出了特殊的挑战。水资源丰富的地区可以提前实现“双碳”目标，化石能源丰富的地区则可能滞后一段时间。因此，针对各地区能源实际与产业发展状况，合理实现跨区域联动责任，这样既能确保全国范围内的资源利用和能源结构调整符合地方实际情况，又能协同推进“双碳”目标的实现。总的来看，我国提出的“双碳”目标，是基于推动构建人类命运共同体的责任担当，也是基于实现我国可持续发展的内在要求。2021年9月和10月，《中共中央　国务院关于完整准确全面贯彻新发展理念做好碳达峰碳中和工作的意见》和《2030年前碳达峰行动方案》及时推出，明确各地区各部门目标任务，提出了建立健全碳达峰碳中和“1＋N”政策体系。当前，碳达峰和碳中和的政策框架已经基本确定，但要求全国各地区根据自己的产业结构、能源结构与技术水平，加大制度协同与技术协作，优化清洁能源跨地区空间配置水平，才有可能如期实现碳达峰碳中和目标。

表1-4　碳达峰碳中和相关会议及规划

时间	事件	主要内容
2020.9.22	第七十五届联合国大会	碳达峰和碳中和概念首次提出，习近平总书记指出：“中国将提高国家自主贡献力度，采取更加有力的政策和措施，二氧化碳的碳排放力争于2030年前达到峰值，努力争取到2060年前实现碳中和”。
2020.12.16-18	中央经济工作会议	将“做好碳达峰、碳中和工作”作为2021年的八项重点任务之一。
2021.3.5	第十三届全国人民代表大会第四次会议	李克强总理提出，扎实做好碳达峰、碳中和各项工作。制定2030年前碳排放达峰行动方案。加快建设全国用能权、碳排放权交易市场，完善能源消费双控制度。实施金融支持绿色低碳发展专项政策，设立碳减排支持工具。

续表

时间	事件	主要内容
2021.3.15	发布《中华人民共和国国民经济和社会发展第十四个五年规划和2035年远景目标纲要》	会议展望2035年，我国广泛形成绿色生产生活方式，碳排放达峰后稳中有降，生态环境根本好转，美丽中国建设目标基本实现。
2021.9.22	发布《中共中央 国务院关于完整准确全面贯彻新发展理念做好碳达峰碳中和工作的意见》	中国首个系统性的“双碳”政策文件，明确了碳达峰碳中和的总体要求、主要目标和重大政策措施。
2021.10.24	国务院印发《2030年前碳达峰行动方案》	提出了包括能源绿色低碳转型、节能降碳增效、工业领域碳达峰、城乡建设碳达峰、交通运输绿色低碳、循环经济助力降碳、绿色低碳科技创新、碳汇能力巩固提升、绿色低碳全民、各地区梯次有序碳达峰行动等在内的“碳达峰十大行动”。
2021.10.29	联合国气候变化格拉斯哥大会	中国《联合国气候变化框架公约》国家联络人向《公约》秘书处正式提交《中国落实国家自主贡献成效和新目标新举措》和《中国本世纪中叶长期温室气体低排放发展战略》，进一步明确了中国的碳达峰碳中和目标和行动计划。
2022.7.30	碳中和·零碳中国峰会	会议探讨关于碳达峰碳中和目标的实现路径和解决方案，为如期实现碳达峰碳中和目标作出贡献。
2023.12.27	发布《中国碳达峰碳中和进展报告(2023)》	聚焦“双碳”主题，多方围绕“双碳”与新型能源体系建设、生产生活方式绿色变革、战略性新兴产业发展、国际热点与国际合作、地方及企业实践等内容提出建议，把握“双碳”领域发展动态提供参考。
2024.2.4	工业和信息化部发布《工业领域碳达峰碳中和标准体系建设指南》	提出工业领域碳达峰碳中和标准体系框架，规划重点标准的研制方向，注重与现有工业节能与综合利用标准体系、绿色制造标准体系的有效衔接。通过加快标准制定，完善标准体系，推进工业领域向低碳、零碳发展模式转变。

第五，区域协调战略的深入实施要求推动跨区域生态治理与环境保护联动。自2012年以来，继东部地区率先开放、西部大开发、东北老工业基地振兴和中部地区崛起四大板块为基础的区域协调发展战略后，党和国家相继推出了京津冀协同发展战略、长江经济带、“一带一路”和黄河流域高质量发展四个支撑带，从而形成全方位开放型空间经济发展格局，区域间实现协同治理、打造全国统一大市场已成为推动生态文明建设的核心战略。

京津冀地区作为我国北方最重要的城市群，跨区域生态治理聚焦于大气污染治理、水资源协同保护等方面（见表1-5）。京津冀协同发展要以加强区域间大气联防联控、共同制定和执行严格的环境标准，加大污染技术转移力度和生态补偿力度为基础。目前京津冀地区在改善空气质量、水资源保护等方面取得了积极成效。未来京津冀必须进一步加大区域协同力度，着力解决跨区域生态治理的利益协调问题，增强可持续发展的内生动力。

表1-5 黄河流域和京津冀跨区域生态保护与环境治理相关会议及规划

时间	事件	主要内容
2015.4.30	发布《京津冀协同发展规划纲要》	打破行政区域限制，加强生态环境保护和治理；联防联控环境污染，建立一体化的环境准入和退出机制。
2021.10.8	发布《黄河流域生态保护和高质量发展规划纲要》	完善跨区域跨部门联合执法机制，实现全流域生态环境保护执法“一条线”畅通；建立统分结合、协同联动的工作机制。
2021.10.22	黄河流域生态保护和高质量发展座谈会	习近平总书记强调沿黄河省区要落实好生态保护和高质量发展战略部署；坚定不移走生态优先、绿色发展的现代化道路。
2022年初	发布《关于加强京津冀生态环境联建联防联治工作的通知》	成立京津冀生态环境联建联防联治工作协调小组；推动区域层面生态环境保护重要目标和任务落地。
2022.6.21	京津冀三地生态环境部门签署《“十四五”时期京津冀生态环境联建联防联治合作框架协议》	深化三地协同内容，围绕大气污染、水环境、废物处置、绿色低碳、执法和应急联动等方面展开合作。

当前，黄河流域面临水资源短缺、生态环境脆弱等问题，全流域必须实施水土保持、水源涵养、防沙治沙等措施，加强流域生态环境保护与治理。另外，黄河流域还面临生产结构转型升级的巨大压力，必须积极推动产业结构调整，大力发展绿色产业，加快数字经济与传统产业融合发展，以产业协同转型促进黄河流域上中下游的生态治理与环境保护。

“一带一路”共建地区涉及众多国家和地区，生态治理跨越国界，要更注重国际交流与合作。通过加强与共建国家的环境政策对话、技术合作与信息共享，共同推动“一带一路”共建国家或地区的生态环境的改善与保护。更重要的是，“一带一路”倡议还鼓励共建国家开展绿色基础设施建设，推动绿色能源、绿色交通等领域的发展，为区域可持续发展注入新动力。

长江经济带作为我国经济发展的重要引擎，跨流域生态治理战略聚焦于构建绿色生态廊道、推动产业绿色发展、加强流域环境监管等方面（见表 1-6）。习近平总书记高度重视长江经济带大保护战略，分别在重庆、武汉、南京和南昌召开了四次关于长江经济带高质量发展的座谈会。在上游重庆，习近平总书记强调了长江上游地区作为生态屏障的重要性，要求加强生态保护，推动绿色发展。在中游武汉，习近平总书记进一步强调了长江经济带大保护而不是大开发的紧迫性和重要性，要求各地区要从整体出发，实现错位发展、协调发展、有机融合，共同推进长江经济带大保护。在下游南京，习近平总书记指出，长江经济带的发展要注重产业结构的优化升级，推动绿色产业发展，保护长江文化，实现经济效益、生态效益、文化效益的“三赢”。2023 年 10 月，在中游南昌，习近平总书记对长江经济带生态环境保护工作进行了全面总结，并强调长江经济带生态环境保护是一项长期而艰巨的任务，需要各地区、各部门共同努力，加强协同合作。目前长江生态环境治理偏重于长江流域 11 省（区、市）自身需求，分段保护、多头管理的特征依然明显，跨区域多元化生态补偿长效机制还未完全形成；跨区域创新合作以政府为主体，企业、高校和科研院所参与程度不高，跨区域产业转移协同机制比较薄弱，科技、人才资源大都集中在特大城市和省会城市，没有形成多层次、多领域的联动合作。未来长江流域上中下游各地区必须摆脱自身利益窠臼，在科学制定流域空间规划和流域国土空间分区、分类用途管制规则，形成管用、可操作的生态地图基础上，深化生态环境综合治理、源头治理、协同治理、数智治理，激发全流域政府、企业与居民等多元主体参与生态保护的积极性，全面提高长江经济带全域生态环境承载力和可持续发展能力。

表 1-6　长江经济带以及“一带一路”跨区域生态保护与环境治理相关会议及规划

时间	事件	主要内容
2016.1.5	长江经济带发展座谈会	习近平总书记强调长江经济带的整体性和多方面涉及；强调全面把握、统筹谋划，实现协同发展和互动合作。
2016.9.12	发布《长江经济带发展规划纲要》	提出建立区域联动合作机制；加强生态环境保护，推动建立生态补偿机制和生态环境联防联治。
2017.5.12	《“一带一路”生态环境保护合作规划》	规划强调绿色“一带一路”建设的重要性，提出深化与共建国家的生态环保合作，加强信息支撑服务，推动环境标准、技术和产业合作，共同促进可持续发展。
2017.7.13	发布《长江经济带生态环境保护规划》	探索建立跨省界重大生态环境损害赔偿制度；完善环境污染联防联控机制，健全生态环境协同保护机制。
2018.4.26	长江经济带发展座谈会	习近平强调将长江经济带打造成有机融合的高效经济体；强调各地区要从整体出发，实现错位发展、协调发展、有机融合。
2019.12.1	发布《长江三角洲区域一体化发展规划纲要》	强化生态环境共保联治；加大区域环境治理联动；积极开展联动执法，创新监管模式。
2020.11.14	长江经济带发展座谈会	加强协同联动，推动生态要素的协同治理；增强各项举措的关联性和耦合性，促进区域协调发展。
2021.1.14	长三角一体化发展领导小组办公室发布《长江三角洲区域生态环境共同保护规划》	突出长三角在生态环境保护方面的领导作用；制定共治联保方案，实现分工合作、优势互补、统筹行动。

续表

时间	事件	主要内容
2022.2.15	发布《长江中游城市群发展“十四五”实施方案》	加强环境污染联防联控；完善大气污染、危险废物等领域联防联控机制；健全突发环境事件应急响应机制。
2023.10.12	长江经济带高质量发展座谈会	强调强化区域协同融通，实现省际共商、生态共治、全域共建、发展共享；稳步推进生态共同体和利益共同体建设。
2023.11.27	中央政治局审议《关于进一步推动长江经济带高质量发展若干政策措施的意见》	进一步强调跨区域生态协同治理的重要性；要求加强区域合作，实现共抓大保护、不搞大开发的目标。
2023.11.30	习近平主持召开深入推进长三角一体化发展座谈会	加强生态环境共保联治；推进生态保护红线无缝衔接，共同保护重要生态屏障和生态廊道；加强大气、水、土壤污染综合防治；深入开展跨界水体共保联治，加强节能减排降碳区域政策协同。
2024.1.25	“一带一路”经济与环境合作论坛	论坛强调绿色“一带一路”建设，通过对话协商机制和多边合作平台，促进环境标准、技术和产业的交流与转移，共同应对气候变化、生物多样性保护等环境问题，实现人与自然和谐共生。

总之，随着国家主体功能区战略的深入实施、生态文明建设的跨越式发展、美丽中国建设目标和碳达峰碳中和目标的提出、区域竞争逐步走向区域合作的巨大转变，我国由经济协调为主的发展战略逐步向“五位一体”协调发展战略过渡，跨区域生态治理联动变得日益重要。然而现阶段联动机制在立法、主体、政治体制以及考核机制等方面仍存在较大问题，务虚较多，务实较难，面临众多困境，亟需进行体制机制的改革创新。

（二）研究意义

本研究价值意义主要体现如下。

学术意义：治理联动是生态保护与环境治理和区域发展的结合点，治理联动机制的深入解析，能够推动生态文明建设背景下区域发展的理论研究与学术突破。与此同时，治理联动是政府与市场的结合点，治理联动创新研究有助于推动我国包容性区域发展理论以及政府区域治理理论的研究与创新。

应用意义：与党的十九大、二十大等全会精神呼应，着眼于创新与传统联动机制有很大变化的、与国家“五位一体”发展战略相适应的治理联动机制，为我国建立系统、协调、科学、开放、透明、多元的“跨区域治理联动体系”提供理论支撑；同时，促进我国各部门、各层级政府治理联动水平和联动效率的提高，促进环保绿色金融机构发展以及市场化环境保护保障体系的建构。

二、文献综述

（一）国外文献

国外关于治理联动的文献不是很多，这些文献主要分为两类。一类是通过博弈分析，分析国际或区际贸易对环境的影响，比如，Grossman 和 Kruegert（1991）通过建立开放经济体的环境效应的理论框架，分析了北美自由贸易区建立对环境的影响；Copeland 和 Taylor（1994）建立的南北贸易模型，分析了贸易与环境质量之间的关系；Antweiler、Copeland 和 Taylor（2001）建立了将环境效应分解为规模效应、结构效应和技术效应的 ACT 模型，并以 44 个国家二氧化硫浓度进行了验证；Hering 和 Poncet（2014）通过建立环境政策评估模型，分析了中国环境政策与贸易出口之间的关系；Wen 和 Mahmood（2020）通过应用小波相干分析、相位差技术以及因果模型分析，研究了贸易开放与环境污染之间的关系；Peng 和 Yue（2020）在 ACT 模型的基础上，利用 SUR 回归法分析了贸易开放对空气污染和水污染的影响，并指出可以通过调整贸易结构和合作方式进行环境治理。如果把国际贸易视为区域间经济合作的话，可以借鉴分析我国区域间经济合作与环境治理的问题。

另一类是通过外部性分析区域环境合作机制的推进问题，比如 Mitchell 和 Keilbach（2001）分析了环境效应的外部性对称程度影响区域间的环境保护合作机制设计中的方式选择、执行力和利益成本分配。Kuhfuss 等人（2022）指出区域生态补偿实质上是外部性问题内部化机理在生态环境方面的应用，在实行生态补偿时必须要考虑空间概念。但是这些文献对于具体的空间补偿机制缺乏深入分析。

总之，跨区域生态治理的国际文献相对较少，可能的原因在于国外，特别是在有些发达国家，环保政策执行标准在全国的一致性较强，欧盟部分国家和日本等国家国土面积小，生态环境跨区域问题不明显，跨区域协同治理实践少，跨区域问题没有引起学者们的足够重视。

（二）国内文献

1. 理论研究

国内有关跨区域生态环境治理联动的理论可以分为五类。第一类是交易成本理论。郭斌（2015）基于交易成本理论对跨区域环境治理中地方政府的困境进行研究分析，认为地方政府合作必然产生交易成本，过高的交易成本成为阻碍跨区域联动的重要障碍。但随着区域联动的发展，环境治理实践表明合理有效的区域联动制度能够通过加强信息透明度、降低不确定性和交易成本的方式提高环境治理水平（陈锦文，2020）。胡建华和钟刚华（2021）从交易成本理论出发，指出地方政府跨区域公共危机的协同治理实质是一种“合作-交易”行为。第二类是博弈理论。罗东林和廖晓明（2015）通过合作博弈模型分析了地方政府之间的环境合作网络治理方案，为跨区域环境治理和建立区域合作网络联盟提供了理论依据。李芳和吴凤平（2021）基于跨境水资源冲突与合作的无限次重复博弈模型，从理论视角论证了跨境水资源从冲突过渡到合作的可行性，提出跨境水资源冲突协调机制的构建路径。第三类是集体行动理论。跨区域生态治理中地方政府之间的合作在一定程度上可以看作集体行动。集体行动中，地方政府之间合作治理生态环境时往往忽视集体利益，而追求个体利益。张文彬和李国平（2014）从中央政府与地方政府、地方政府之间在发展经济和保护环境的“利益冲突”角度出发，运用博弈论工具研究了区域生态环境与经济利益的矛盾冲突，指出了地方政府会根据自身利益最大化和有限理性原则进行行为选择，导致跨区域治理联动陷入“公地悲剧”。蔡岚（2019）通过对粤港澳大湾区进行分析发现，大湾区既面临着三地因不同的政治制度、环境标准乃至治理架构带来的合作困境，同时还面临着珠三角内九个城市因个体理性带来的集体非理性结果的合作困境。第四类是委托代理模型理论。张文彬（2015）通过构建动态委托代理模型，对中央政府和县级政府生态保护行为选择进行理论研究，分析了转移支付对县级政府生态环境努力的有效激励，指出了中央政府应当将生态效益产出和生态环境质量一并纳入县级政府生态保护政绩考核体系中。赵凤仪和熊明辉（2017）依据委托代理理论，分析了当前国内跨区域水污染治理存在的困境，指出应加大对目前以“晋升激励”和“财政分权”为导向的行政考核与管理体制的改革力度，以提高跨区域水污染治理效率。第五类是环境库兹涅茨理论。张可云和张文彬（2009）对 Selden 和 Song（1995）的单区域 EKC 模型扩展到两区域，结合跨境污染外部性的非对称性和区域经济发展差距，指出了区域合作和区域间环境补偿的重要性。

2. 制度困境

我国治理联动务虚较多，务实较难，根据现有文献来看，治理联动主要存在以下五种制度困境。一是立法困境。法治是实现跨区域生态保护与环境治理联动的重要保障，但党秀云（2020）指出我国生态环境治理既定法律制度仍存在体制缺失、内容不完备、权责不清晰以及可操作性差等问题。二是主体困境。形成社会合力，强化多元参与，是保证联动成功的关键。但是，肖攀（2021）提出，我国跨区域生态保护与环境治理联动中主要采用“以政府权威为主导、单向的、自上而下”的治理模式，基于生态环境信息公开不透明、政社互动不足等多维度原因，治理联动中仍存在社会组织和公众参与失灵等问题。三是政治困境。中央政府与地方政府以及各地方政府之间地位不平等、权责难分。戚学祥（2017）基于中央与地方关系视角，认为中央政府和地方政府环境政策的监管和执行，集权和分权等方面的分歧是我国跨区域生态环境治理联动面临的主要问题。陈润羊（2022）指出环境污染具有不受地域范围限制的特点，而管理却具有一定的边界约束，环境污染的无界性和行政管理的有界性之间的矛盾是影响我国区域生态环境治理联动的重要问题之一。四是考核机制缺陷。治理联动要求各区域科学制定生态保护与环境治理评价体系。但卢青（2020）指出，政府的政绩考核仍以 GDP 为重要的参考指标，以致跨区域联动陷入“公地悲剧”。五是市场化困境。市场化可以带动社会资金、技术、信息和人才在治理联动方面的积极性，但是赵鹏高（2007）指出我国污染治理市场化仅处于起步阶段，还未形成规模效应和带动效应。

3. 措施分析

针对联动管理体制的缺陷，易志斌（2013）、丁晖（2015）分别针对我国区域联动机制过于务虚的管理体制缺陷，就联动领域、联动内容和联动改革机制进行了探讨。关于联动中出现的考核机制缺陷，张可云和吴瑜燕（2009）将区域合作从经济合作的层面延伸到生态合作的层面，构建了实现经济和生态“双效益”的流域区际生态补偿与合作机制。刘嗣明和杨晓丽（2010）、卢青（2020）提出逐步以“绿色 GDP”替代传统的统计方法，并将生态环境评价与经济发展评价共同纳入政府政绩考核体系。针对治理联动中的市场化困境，许珂和周玮（2020）指出利用市场机制与行政手段相结合的方式倒逼地方政府主动合作。董战峰等（2020）提出要通过创建生态环境权益交易市场等方式构建多元化、市场化的生态补偿机制。关于联动中的主体困境与立法困境，胡文静（2021）指出加强生态环境保护与污染防治的行政执法与司法联动，提出了联动协作机制从行政主导向市场化、社会化多元协同转型的建议举措。

总的来看，国内文献结合我国区域经济与生态治理协同推进实践，从理论构建、制度困境剖析、发展思路等方面进行了深入分析，为本研究提供了坚实的理论基础和实践洞见。但还是存在如下不足：一是缺乏系统的理论深度分析，揭示绿色发展、产业集聚与区域协同之间的重要性；二是对我国跨区域生态治理与环境保护缺乏顶层思考，往往就事论事，需要进一步结合各地区自身利益与制度安排的合理设计，构建系统性、内生性的推进思路；三是对我国生态治理的市场化治理手段与行政规制研究较多，但是对区域一体化、智慧城市建设等具有跨区域协同效果的分析还不足，有待进一步研究。

三、研究思路

本书研究思路如图 1-1 所示。

首先从三个方面分析我国跨区域生态治理与环境保护的必要性。主要包含第二、三、四章的主要内容。第二章从我国区域间经济社会发展的不平衡国情出发，指出生态产品外部正效应的非对称性、生态产品需求的非一致性、经济发展目标的差异性和各地区财政收支的非均等化水平既是造成当前区域经济非均衡发展的深层次原因，也是导致跨区域生态保护与环境治理难以有效推进以及未来有效协作的原因。

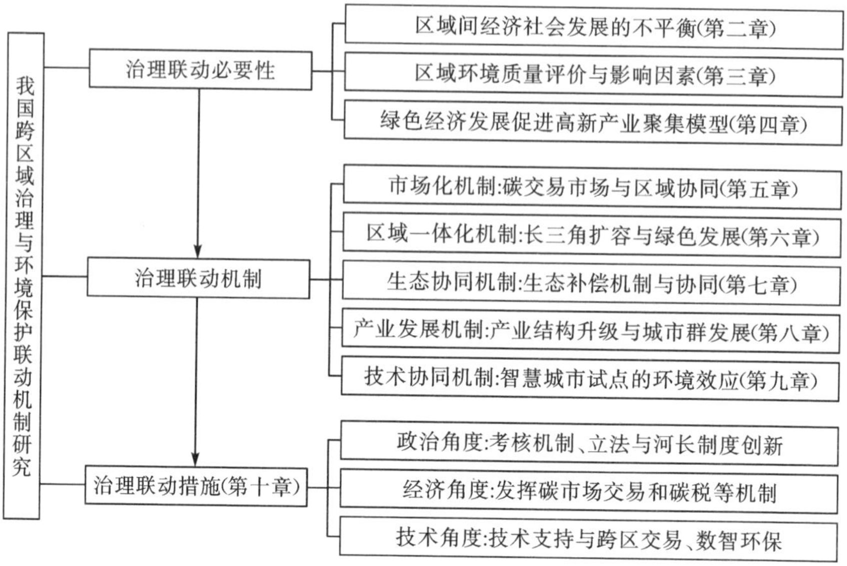

图 1-1　研究思路图

第三章以 DPSIR 模型为基础构建环境质量评价体系，对我国 30 个省（区、市）环境质量进行全面有效评价，分析了我国环境治理的区域差异及其影响因素。第四章构建了跨区域生态治理的理论基础，分析了绿色经济发展对于高新技术产业集聚影响的空间均衡模型并进行了数值模拟，指出了东中西部地区跨区域生态治理与环境保护联动的理论基础。

第二部分分析了我国绿色发展市场机制与区域性制度设计对跨区域生态治理绩效的影响，主要选取了碳交易市场机制与长三角扩容、生态补偿机制、产业升级、智慧城市试点政策等非市场机制两个方面进行分析，主要包含第五、六、七、八、九章。

第五章在分析碳交易市场（CTM）作用机制和剖析美日欧等发达国家发展经验的基础上，提出了我国东部沿海地区与中西部协同发展 CTM 的具体路径。第六章采用 DEA-Malmquist 指数法探讨了 2005—2019 年我国长三角扩容的绿色发展效应。第七章运用当量因子法计算了长江经济带生态系统服务价值，在此基础上提出了三阶段完善生态补偿机制推进路径。第八章使用耦合协调模型测度了长江中游城市群资源环境和产业结构升级耦合度，提出了城市群发展循环经济的政策构想。第九章利用国家智慧城市试点这一准自然实验，运用多期双重差分法实证评估了该试点政策的环境效应，为我国区域政策与数字经济融合发展提供了实证基础。

第三部分是政策建议部分，以第十章为主。此章从政治、经济、技术三个维度提出了推进我国跨区域生态保护与环境治理联动的具体路径，为我国建立系统、协调、科学、开放、透明、多元的“跨区域治理联动体系”提供参考思路。

四、可能创新点

一是研究观点的创新。

第一，从区域异质性角度指出了跨区域生态保护与环境治理的重要性。生态产品外部正效应的非对称性、生态产品需求的非一致性、经济发展目标的差异性和各地区财政收支的非均等化水平既是造成当前区域经济非均衡发展的深层次原因，也导致了跨区域生态保护与环境治理难以有效推进。但也应该看到，区域的异质性也意味着各区域之间具有强烈的互补性，为我国区域之间发挥合力、协同推进治理环境问题提供了可能。

第二，无论是政府干预还是市场调节，都会存在失灵的情况，因此在跨区域的生态治理中要特别注意两种手段的结合。同时，由于市场调节在生态治理中的有限有效性，更多时候应以政府管制为主。中国特色社会主义制度这一根本制度使得政府在跨区域生态保护与环境治理中拥有巨大优势，因此坚持和完善生态文明制度体系，促进人与自然和谐共生：实行最严格的生态环境保护制度、全面建立资源高效利用制度、健全生态保护和修复制度、推进生态环境保护责任制度至关重要。

第三，目前我国各地推行的湖长制与河长制是明确产权重要的创新实践，将生态治理细分到各个河湖，对每个河湖的情况都能精确地问责和管控。但是许多跨区域生态环境并没有像河湖一样有相应的产权制度保障，大气、空气也难以界定产权；河长、湖长具有的权力相当有限，相比政府缺乏更多如立法、执法等职能，因此需要更多制度体系的配合。

第四，本研究以DPSIR模型为基础构建环境质量评价体系，对30个省（区、市）环境质量进行全面、有效的评价，发现政府环境规制对环境质量改善有明显的推动作用。经济发展水平、技术研发水平以及城镇化水平能够有效促进环境质量的提升，而人口规模过大则会对环境质量产生不利影响。

第五，本研究分析长三角扩容的区域一体化政策对生态保护与环境治理的影响。区域一体化政策对跨区域问题具有正反馈和负反馈机制，实证研究发现新进城市在获得扩容红利的同时，对环境污染有显著的正向促进作用，不但没有起到节能减排的作用，反而加大了新进城市的环境污染，不利于长三角城市的绿色发展。这可能是长三角扩容的产业结构升级导致了长三角地区新进城市的环境污染加剧，但是可通过科技创新和技术转移缓解环境污染加剧的压力，促进环境污染问题的解决。

第六，鉴于我国跨区域生态治理问题的特殊性，需要政治手段、经济手段和技术手段三管齐下。从政治手段上看，要建立明晰生态环境责任的科学政绩考核制度、建立健全各级跨区域生态环保的执法和司法机制、进一步完善河长制、湖长制等制度设计；从经济手段上看，要充分利用市场的力量解决跨区域生态环保问题，要完善跨区域生态补偿机制、建立健全碳交易市场和改革环境保护税体系；从技术手段上看，加大跨区域生态保护的技术支持、促进先进环保技术的跨区域流转和交易、利用数字技术与卫星遥感技术加强对跨区域环境的监管与协作。

二是研究方法的创新。

第一，在定量研究中充分考虑各研究对象的相互依赖性和制度设计的科学性。一是针对环境污染问题的副外部性和环境政策的相互模仿性，主要运用空间计量分析方法甄别环保政策和环境质量影响因素的直接和间接效果。二是运用 DPSIR 模型构建了中国环境质量评价体系，运用当量因子法来计算各地区生态系统服务价值，以此评估各地区生态补偿数量，提升生态补偿机制的科学性和可操作性。

第二，定性研究方法要求充分利用市场化机制与政府管控机制的合力。首先拓展了 KFV 框架下克鲁格曼核心-边缘模型的基础模型，构建了绿色经济发展对于高新技术产业集聚影响的空间均衡模型，利用数值模拟的方法探讨了二者的关系和集聚稳定性的问题。该模型为我国东部沿海地区利用绿色产业优势、技术优势与资本优势，加大与中西部地区的协同治理提供了坚实的理论基础。另外，跨区域生态问题各种因素交错，异质性问题突出，单纯的市场化手段或单纯的政府管控机制都难以解决，必须充分发挥政府的主导作用，并且合理运用市场化机制的激励作用，辅之以最新的人工智能、遥感等新技术新手段，三管齐下才能真正解决。

五、本章小结

本章系统梳理了 2011—2024 年我国跨区域生态保护与环境治理相关政策及规划，从学术意义和应用意义两个维度阐述了本研究的价值意义；结合国内外文献研究，提出了目前我国跨区域保护与生态治理中仍旧存在立法困境、主体困境、政治困境、考核机制缺陷以及市场化困境等五大制度困境，需要采取措施，加大跨区域协同治理力度；最后提出了研究的主要思路与创新点。

第二章　区域异质性与生态治理手段

一、区域异质性的理论分析

区域异质性是我国经济发展和环境保护中的重要特征之一，既体现在我国不同区域经济发展的差异性、地方政府对创新活动或生态环境保护的支持力度差异等可观测的差异上，也体现在不同区域社会历史文化、风俗习惯、市场经济意识和生态环境保护意识等不可观测的差异上。这种显性与隐性特征并存的异质性不仅是造成我国区域经济发展差异的重要原因之一，也对我国的跨区域生态保护和环境治理联动产生了一定的阻碍。

（一）我国区域异质性的主要特征

综合我国经济发展指标、环境保护指标以及社会发展指标等数据来看，我国区域异质性主要呈现出以下四大特征。

1. 生态产品外部正效应的非对称性

生态产品是指维系生态安全、保障生态调节功能、提供良好人居环境的自然产品和服务的统称，包括清新的空气、清洁的水源和宜人的气候等，其特点在于节约能源、无公害、可再生。生态产品和农产品、工业品以及其他服务产品一样，都是人类生存发展所必需的①。在传统农业社会中，生态产品的供给是充足的。然而在工业社会中，随着城市化和工业化的不断发展，生态产品数量开始锐减，出现质量退化和分布不均的现象。为满足人民日益增长的美好生活需要，必须要为人们提供更多优质的生态产品，提高人们对生态产品供给的满意度，实现人与自然的平衡发展。但生态产品本质上是一种公共产品，不同地区、不同群体的需求程度不完全一致，产生的外部正效应

---

①　张林波，虞慧怡，李岱青，等．生态产品内涵与其价值实现途径［J］．农业机械学报，2019，50（6）：173-183.

对于生态承载能力和经济发展程度不同的地区也是不同的。由于收入水平的差异和需求层次差别，生态产品的有效供给对东部沿海地区产生的外部正效应远高于中西部地区，从而出现各地区之间“生态不经济，经济不生态”的矛盾。

2. 生态产品需求的非一致性

生态产品的需求及其弹性大小通常会受到区域收入水平的影响。一般来说，在经济发达地区的居民对于物质产品的需求已经基本得到满足，市场对于生态产品的需求在质与量上都持续走高①，因此生态产品更多地表现为必需品，当地居民对其需求是缺乏弹性的；对于欠发达地区而言，由于基本物质条件尚未得到满足，因此发展经济、摆脱贫困是当地的主要任务，地方政府往往忽视生态产品的供给，使得生态产品更多地表现为奢侈品属性②，当地居民对其需求是富有弹性的。生态产品需求弹性上的差异导致不同区域对其供给的成本-收益评价不完全一致。相对发达地区人均居民收入水平相对较高，因此当地居民对生态产品价格的变化不敏感，愿意为其供给进行一定的成本支付；而欠发达地区对生态产品价格的变化非常敏感，其支付意愿远低于相对发达地区。以各地区在环境污染治理方面的投入多寡作为判断各地区对生态产品需求程度高低的指标，从 2020 年四大地区环境污染治理投资情况可见（如表 2-1 所示），东部地区在污染治理方面的投资大大超过其他地区，总金额达 3 106.95 亿元，在全国总体支出中占将近一半的比重；而东北地区环境污染治理总额仅为中部地区的 14.76%，东部地区的 8.17%。

3. 经济发展目标的差异性

由于各地区的经济基础和发展阶段存在明显差异，不同地区的经济发展定位与发展目标也不尽相同。东部沿海地区呈现出市场化水平较高、对外贸易依赖性强、资本密集型产业和科技密集型产业发展迅猛的区域发展特点，但也出现了诸如“都市膨胀病”、雾霾污染严重以及生态产品日趋短缺等问

---

① 曹雯堯. 内生式发展视域下生态型经济薄弱村的发展对策研究 [J]. 山西农经，2022 (4)：115-117.

② 李宏伟，薄凡，崔莉. 生态产品价值实现机制的理论创新与实践探索 [J]. 治理研究，2020，36 (4)：34-42.

题，其发展目标应侧重于加快转变经济发展方式、鼓励自主创新、治理“都市膨胀病”和加大生态环境治理力度等方面；而中西部地区面临基础设施相对薄弱、产业发展层次相对较低、城乡二元结构有待改善等发展困境，主要发展目标仍是加大市场化推进程度、增强承接东部沿海地区和国际产业转移力度和实现资源型城市转型发展等任务。

表 2-1　2020 年东中西部地区环境污染治理投资情况

东部地区	环境污染治理投资总额（亿元）	中部地区	环境污染治理投资总额（亿元）	西部地区	环境污染治理投资总额（亿元）	东北地区	环境污染治理投资总额（亿元）
北京	314.14	山西	171.72	内蒙古	122.16	辽宁	100.25
天津	75.49	安徽	322.51	广西	339.7	吉林	58.76
河北	430.69	江西	293.81	重庆	208.71	黑龙江	94.81
上海	97.59	河南	534.79	四川	383.17		
江苏	515.77	湖北	209.64	贵州	80.29		
浙江	381.53	湖南	187.07	云南	111.38		
福建	260.58			西藏	3.12		
山东	534.07			陕西	217.4		
广东	479.46			甘肃	90.62		
海南	17.63			青海	10.75		
				宁夏	47.38		
				新疆	148.06		
东部小计	3 106.95	中部小计	1 719.54	西部小计	1 762.74	东北小计	253.82
全国总计				6 843.05			

数据来源：中国生态环境部、中国国家统计局，以及 CEIC 网站。

4. 财政收支的非均等化

由于我国各地区经济发展程度和发展目标存在一定的差距，因此不同区域的财政规模也有所差别。如图 2-1 所示，在财政收支方面，从整体来看东部地区的人均财政收入高于中西部地区，其中东部地区的北京市（25 049 元/人）

和上海市（28 331 元/人）远高于其他省份，而中西部地区各省的人均财政收入均未突破一万元。由此可见，我国各省（自治区、直辖市）在财政收入上表现出来的区域异质性特点非常明显。

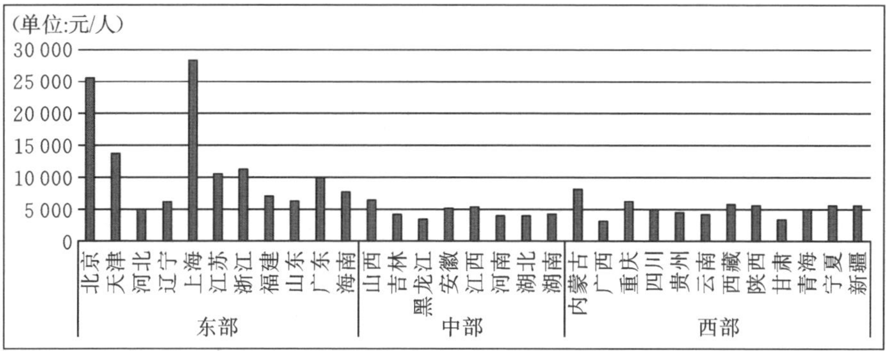

图 2-1　2020 年我国各省（自治区、直辖市）人均财政收入①

此外，我国各地区财力差别也体现在节能环保方面的财政支出上。如图 2-2 所示，从整体来看，东部地区在节能环保方面的财政支出规模远超过中西部地区，其中广东省（517.76 亿元）和河北省（509.27 亿元）尤为突出。

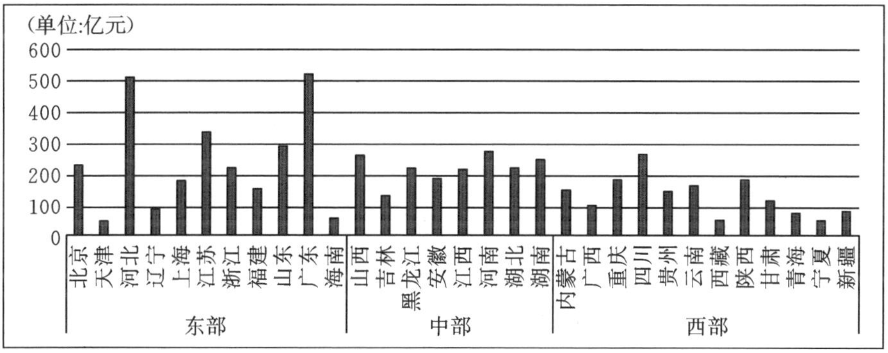

图 2-2　2020 年我国各省（自治区、直辖市）节能环保财政支出②

（二）区域异质性与跨区域生态保护与环境治理联动

我国区域异质性的客观存在既是造成当前区域经济非均衡发展的深层次原因，也导致了跨区域生态保护与环境治理难以有效推进。但也应该看到，

① 数据来源于《2021 中国统计年鉴》。

② 数据来源于《2021 中国统计年鉴》。

区域的异质性也意味着各区域之间具有强烈的互补性，为我国区域之间发挥合力、协同推进治理环境问题提供了可能。新时代各区域如果能够充分发挥各自优势，将使得我国跨区域生态治理与环境保护的联动治理效率达到更高水准和更高层次。

首先，发挥区域异质性特点有助于改变我国各地方政府在治理跨区域环境问题时各自为政的不利局面，提高协同保护效率。自改革开放以来，很多地方政府往往从狭隘的地方利益出发，忽视当地群众的生态产品需求和流域下游地区的利益诉求，把经济发展带来的生态环保问题向周边地区转移，严重阻碍了我国推进跨地区生态环境治理进程。因此充分发挥各地区异质性特点，调动各地区积极性，创新跨区域协同治理模式，可有效规制并减少各区域主体环保责任的互相推诿现象。

其次，发挥区域异质性特点有助于推进我国区域协调发展水平。区域分割、重复建设和恶性竞争一直是我国区域经济发展过程中的突出问题，区域协调发展水平有待提升。因此打破地区间行政壁垒，明确各地区生态治理主体责任，减少各地方政府之间的利益冲突，实现区域间生态环境问题内部化，共同建立环境治理联动机制，可以成为新时期推进我国区域协调发展的创新路径。

再次，发挥区域异质性特点有助于更好实现党的十九大以来“人民实现美好生活追求”的目标。十九大报告着重强调了既要创造更多物质财富和精神财富以满足人民日益增长的美好生活需要，也要提供更多优质生态产品以满足人民日益增长的优美生态环境需要。二十大报告从加快发展方式绿色转型、深入推进环境污染治理、提升生态系统多样性稳定性持续性、积极稳妥推进碳达峰碳中和四个方面做出了人与自然和谐共生的总体部署。发挥区域异质性特点，要在科学总结各地区绿色发展经验的基础上，从制度上创造各地方政府发挥各自比较优势和合力推动我国生态环保建设能力的有效手段，实现东部沿海发达地区通过资本输入和技术转移等手段帮助中西部落后地区，各流域上中下游不搞大开发，共抓大保护，实现区域间生态环境问题的共同治理、合作监督和均等享有生态产品。

最后，发挥区域异质性特点有助于推进我国参与全球生态环境治理能力，打造人类命运共同体。生态环境与经济发展问题往往超越国界，是21世纪世界各国面临的共同挑战。我国在促进自身环境质量改善的同时，还应系统总结区域间生态保护与环境治理联动的基本经验，与世界各国一道加强环境治理合作力度，提升中国在国际环境治理问题上的话语权，积极参与全球生态环境治理，彰显当代中国智慧，贡献中国方案。

我国在进行跨区域生态保护和环境治理方面十分重视发挥区域异质性特点，既有法律约束又有利益激励，通过区域协调实现不同区域之间的互补，已经初步构建了跨区域生态保护和环境治理的制度基础。以长江流域为例，2020年通过的《中华人民共和国长江保护法》作为我国第一部流域法律，为长江生态环境保护提供了重要法治保障；各省之间在不断推进上下游的生态补偿工作，在多方面进行了有益探索；编制了《长江经济带（长江流域）国土空间规划（2021—2035年）》，强化国土空间管控。经过各地区各部门的长期努力，2020年长江流域达到或优于Ⅲ类水质的断面比例为96.7%，较2011年提高了15.8个百分点，流域内国控断面水质全面消除劣Ⅴ类，较2011年降低了3.5个百分点①。

综上所述，我国区域异质性特点的客观存在既是跨区域生态保护和环境治理联动的阻碍，又是进一步推动联动的重要基础。随着当前人们对生态保护和环境治理的重视程度不断上升，各地政府也在不断增加在该方面的资金投入和政策支持，并在实践中不断创新跨区域生态保护和环境治理的方式，部分地区（如京津冀地区和长江流域地区）已经卓有成效。但也要看到，在全国范围内，仍存在跨区域联防联治机制和生态补偿机制不完善、跨地区环境执法受阻等问题，还需要结合我国区域异质性的特点进一步重视跨区域生态保护和环境治理的实施。

---

① 王金南，孙宏亮，赵越，等. 持续打好长江保护修复攻坚战，谱写生态优先绿色发展新篇章［J］. 环境工程技术学报，2022，12（2）：329-335.

二、跨区域生态治理的两种手段——政府与市场

由于跨区域的生态治理面临着多种困境，以下将对政府与市场两种治理手段进行理论分析，说明如何突破这些困境。需要注意的是，无论是政府干预还是市场调节，都会存在失灵的情况，因此在跨区域的生态治理中要特别注意两种手段的结合。同时，由于市场调节在生态治理中的有限有效性，更多时候应以政府管制为主。

（一）政府管制

生态经济学总是不可避免地涉及政策问题，也致力于政策相关方面的研究①。经济学理论认为，政策的实质是围绕有关目标和手段的知识，因此目标与政策是相互对应的。根据《中华人民共和国国民经济和社会发展第十四个五年规划和2035年远景目标纲要》，到2035年，我国将广泛形成绿色生产生活方式，碳排放达峰后稳中有降，生态环境根本好转，美丽中国建设目标基本实现。实现这一远景目标的重要前提是政府实施相应的科学政策，并保证政策的有效执行。

1. 政府的角色

许多经济学家与政策制定者的言论，包括让市场在资源配置中发挥决定性作用的理念会使我们产生一种错觉，即政府的唯一作用就是创造条件让市场发挥作用。但至少在生态经济学中并不是如此——因为许多增进人类福利、改善生态环境的商品和服务都具有非市场性质，因此市场无法揭示这些资源的偏好，从而也无法有效地配置这些资源。在生态治理中，政府首要作用是告诉我们应该拥有多少生态资源，如清洁空气、清洁水、清洁能源等。

政府充分发挥作用的第二点体现在帮助实现生态经济学的三个基本目标：有效配置、可持续规模和公平分配。市场在后两个目标中所发挥的作用是有限的。目前基于可持续性有三个定义：弱可持续性、强可持续性和环境可持续性，而现在通常认同第三种定义，即应保持某种资源的物质流不变，而不仅仅是总体的价值不变。哈特维克准则认为，开发稀缺资源得到的收益全部

---

① 戴利，法利. 生态经济学：原理和应用［M］. 2版. 金志农，陈美球，蔡海生，等译. 北京：中国人民大学出版社，2013.

储蓄下来作为再生产的物质性资本投入时，可以满足弱可持续性的含义——即消费在代际间不下降。然而，这一准则依赖非常严格的假定，并几乎不可能在实践中实现。可持续性目标的接近依然需要政府付出艰辛的努力。

一个现实的情况是，人类的社会经济是在一个有限的、非增长的生态系统中成长的，对可持续性的关心必然导致代际分配问题。尽管代际分配对大部分人而言很遥远也没有强制的伦理要求，但不可否认的是目前的生态问题已经对当代人产生了巨大影响。我们认为，人们不应该私自占有大自然、社会以及他人创造的价值；并且要为他们从别人那里得到的任何东西或者给别人造成的任何成本按公平合理的价格支付给别人，这些东西包括政府提供的服务。

需要注意的是，政策的制定和执行需要以相应的制度和法律作为基础，完善有关制度和法律也是政府的重要作用之一。政策总是受到制度和法律的约束，良好的制度和法律条件能保证政策的有效性与高效性。事实上，制度经济学与生态经济学是存在共通之处的。制度经济学强调运用规范经济学的研究方法，从价值的角度分析经济行为。加尔布雷斯提出了“整体制度目标”的概念，认为市场对生态价值的要求忽略了相应的制度建设。而从法律与政策的关系上看，法律虽然灵活性较低，但具有更强的稳定性和约束力；许多政策的科学制定和高效执行也对法律有很强的依赖性。

我国当前正走在中国特色的社会主义道路上，社会主义这一根本制度使政府在生态治理与环境保护当中角色的发挥拥有巨大优势。党中央多次会议强调，坚持和完善生态文明制度体系，促进人与自然和谐共生：实行最严格的生态环境保护制度、全面建立资源高效利用制度、健全生态保护和修复制度、严明生态环境保护责任制度。许多经济学家认为，我国政府在生态保护等事业中扮演的是有为政府的积极作用。随着生态危机的加剧及联合国《2030年可持续发展议程》的提出，许多发达国家也在强化政府在生态治理上的职能作用。

2. 跨区域的难题

尽管生态治理中政府发挥着重要的角色，但许多生态环境涉及多个区域，面临着多政府的博弈难题。一个显而易见的预测是，由于存在着利益冲突，政府干预主体的增加会带来管理的混乱，弱化甚至反作用了政府的角色。如何让多政府主体发挥治理的协同效应，达成高效共识并有效合作是我们一直致力解决的问题。这个问题在涉及有联动效应，如河流湖泊等的生态区域将更加复杂，尽管上、下游区都按照标准排放污染，但上游的污染物会顺流到下游区，出现所谓的外部性问题，从而破坏了生态的整体平衡。

（1）准公共产品分析

跨区域生态治理的难题本质上源于生态环境的公共产品属性，更准确地说，属于准公共产品，即具有有限的非竞争性或非排他性的公共产品。如地下水流域与水体资源、牧区、森林等，这些资源在跨区域治理中由于某个区域自身利益的存在，在消费上存在一定的竞争；又由于公共产品性质，物品使用中可能存在着“拥挤效应”和“过度使用”的问题，导致个体利益之间以及个体利益和整体利益之间存在一定的冲突。同时，多管理主体之间利害诉求上的不一致性会导致协调存在内在张力，跨区域的生态治理难以取得预期的效果①。

准公共产品带来的一大问题是“搭便车”问题，其本质是经济中某个体消费的资源超出其公允份额，或承担的生产成本少于其应承担的公允份额；而在跨区域生态治理中，各区域政府就是“搭便车者”。由于存在自利的激励，政府将试图不需要对自己管辖的那部分生态区域承担成本，而希望其他政府提供产品和服务并得到相应的好处。“搭便车”行为带来最显著的问题就是生态治理公共产品和服务的供应不足，在跨区域生态治理中也就是政府的生态治理不到位或者缺位，导致下游遭受损失。

准公共产品带来的另一大难题是偏好显示问题②。偏好显示问题首先来源于“搭便车”的激励，这是因为“搭便车者”会隐瞒自己真实的数量偏好以及带来的真实效用。效用的非真实表达导致无法确定跨区域生态产品的真实需求，特别是下游地区往往不愿意支付生态补偿费用而低报自己的生态需求，导致实际的生态治理供给偏离了真实需求，从而无法实现跨区域生态治理的有效性和治理资源的有效配置。

（2）垄断竞争厂商分析

---

① 席恺媛，朱虹．长三角区域生态一体化的实践探索与困境摆脱［J］．改革，2019（3）：87-96．

② 李盼道，徐芙蓉．公共产品供给的理论逻辑与实践［J］．西安石油大学学报（社会科学版），2019，28（4）：15-27．

从一个新的角度分析，可以把政府纳入一个“市场体系”，那么各地政府都是该“市场”的垄断厂商，从而把跨区域生态治理问题转化为垄断竞争问题。垄断竞争市场最突出的问题就是即使达到均衡状态，所生产的产量也低于完全竞争市场所应达到的产量。垄断竞争还具有显著的信息不对称性。之前提到，由于各地方政府都会隐瞒自己的真实效用，信息不对称性大大增加，不仅会导致市场失灵，也会导致政府失灵。以上表明，跨区域生态治理的政府行为在既定模式下总是会缺乏效率的。

需要特别说明，这与常规的垄断竞争厂商又有所区别，这体现在公共利益、政府职能以及政府级别三个方面。首先，假如存在少数甚至只有两个政府的“寡头垄断”，在利益的协调上会更为简单。因为跨区域生态治理中政府提供的准公共产品，更需要考虑到民众、社会的公共利益，私人利益在少数情况下更易得到妥协。其次，政府是拥有政府行政职能、立法执法职能等强制力手段的“垄断厂商”，其生产者的行为需要考虑到更多的政府因素。最后，下一级政府属于上一级政府的管理，即涉及多层级间生态治理问题，通常可以由省级政府进行强制管控，使得跨区域生态治理的政府协调更加有效。然而，需要留意的是，我国目前许多跨区域生态地理如长江、黄河等涉及多个省（区、市）的联动问题，随着空间的增大和区域差异性的增加，上级政府管控的难度更大，实际发挥的作用可能不达预期。

（3）内生激励机制分析

由于缺乏相应的内生激励机制，跨区域生态治理并没有单个区域生态治理那么简单。

第一，跨区域的生态治理成本更高、对各自管辖区域的收益可能更低。换句话说，跨区域生态治理的边际成本可能高于边际收益。这里的成本不仅包括财政成本，还包括时间成本和人力成本，因为跨区域生态治理增加了治理的范围和难度，以及与其他政府协调产生的妥协和摩擦，甚至因为生态保护牺牲了经济增长的机会。因此，从成本-收益的角度分析，政府并没有跨区域生态治理的相应激励。

第二，从考核标准的角度分析。过去一段时间以来，我国政府行为的动机源于政府或官员的绩效考核指标，尤其是与经济发展有关的指标，以经济锦标赛晋升机制为主，忽视了对生态环境保护指标的考核。尽管国家最近将生态治理纳入了绩效考核标准，但仍局限于某政府当前自管辖生态区域，对跨区域的生态区域评价缺少相应的方式方法。由于参与跨区域的生态治理绩效在晋升考核中得不到好处，政府官员缺乏相应的激励参与跨区域的生态治理，甚至想搭其他区域生态治理的便车。还有一个不可忽视的可能，由于官员晋升存在时间限制，某跨区域生态治理的项目在短期内可能对一个地方有更大的损害（尽管长期是有益的），如造成当期 GDP 等考核指标下降，因此官员仍然不会采取或消极对待相应的环境治理政策。

3. 政府管制的方式与中国实践

（1）直接管制

生态治理的政府管制最常见的方式就是直接管制，或者说指令性管制规定，即政府采取一定的命令或措施对生态治理进行干预。直接管制也有多种形式，如一项活动或一种物质对生态环境有足够大的危害时，政府就会直接将其禁止。如 DDT 十分难以降解，并会在自然界积聚神经性毒素，导致许多生物的死亡甚至灭绝，因此遭到世界各国的禁用。更多的情况下，直接管制的方式是限制某种污染物的生产量，并对生产这种污染物的企业或个人设定排放水平。例如，在法律上限制个体造纸厂可以排入河流的废弃物数量。直接管制的优点是，可以把污染物或者资源收获的数量限制在可以接受的水平，从而实现理想规模的目标；同时，直接管制的检测和实施成本通常相对较低，易于实现。

直接管制的方法在我国得到了广泛的实践，在跨区域生态治理中比较有效的手段是确立生态保护红线。2021 年，自然资源部发布了最新的《生态保护红线管理方法（试行）》，对陆地和海洋生态空间具有特殊重要生态功能、必须强制性严格保护的区域进行了总体阐述。此外，针对水资源过度开发、粗放利用、水污染严重的突出问题，我国还确立了水资源管理“三条红线”，即用水总量、用水效率和水功能区限制纳污红线。

直接管制在具体形式上多通过立法、执法实现。例如，黄柏河作为长江一级支流，流经远安、夷陵，多年来遭两岸的 60 多家磷矿企业肆意排放。2017 年底，宜昌市人大通过《宜昌市黄柏河流域保护条例》，立法保护黄柏河，同时组建黄柏河流域水资源保护综合执法支队，对违法行为予以严厉打击。通过以上直接管制的方法，黄柏河的水质得到了快速的改善。

然而，监管规定的缺点是一般不能满足配置效率的准则，因此通常都不是达到理想目标的最具成本效益的方法。这是因为其忽略了政策设计中政策应努力以牺牲最小的微观层面的自由和可变性以达到必要程度的宏观调控的一般准则，从而难以实现边际共同减排成本等于边际共同减排收益。举个简单的例子，同样减排40%，不同的企业所付出的代价可能有很大的差距。此外，它们无法为超过规定目标提供激励，一旦监管目标得以实现，那么对进一步减排就没有了激励，且对使用减排新技术新工艺的激励就没有了。

（2）明确产权

产权是政策的核心特征之一，跨区域生态治理的难题本质上也源于生态或环保的产权不清晰，或者说难以得到清晰的界定。一条跨区域的河流，由于并不明确这条河流的具体管辖主体，或在主体权责分配上产生了混乱，难以取得有效的治理成果。

产权和排他性并不是商品或服务的固有特性。没有一种物品天生具有排他性，也没有任何一个人天生就拥有产权，除非存在一种社会制度，使得这些物品具有排他性并为其分配产权。产权的界定需要满足以下三条主要规则：财产规则、责任规则和权利不可剥夺规则。非跨区域的生态环境的产权归属于当地政府这点无可争议，那么，跨区域的生态环境应当如何界定产权呢？

在我国，湖长制与河长制是明确产权重要的创新实践。该制度由中国各级党政主要负责人担任河长或湖长，负责组织领导相应河湖的管理和保护工作。河长制、湖长制将生态治理细分到各个河湖，对每个河湖的情况都能精确地问责和管控；而每名河长或湖长都有加强河湖水域岸线管理保护、加大湖泊水环境综合整治力度等各种制度要求的义务。

湖长制与河长制突破了传统各方政府协同管理的弊端，将每条支河、支流的产权归于湖长和河长。同时，河长制全面建立了省、市、县、乡四级河长体系，构建责任明确、协调有序、监管严格、保护有力的河湖管理保护机制。而湖长制则是河长制基础上及时和必要的补充，有利于进一步形成权责明确、人人参与的管理制度和运行机制。

然而，在明确产权这一问题上，我国依然需要付出巨大的努力。首先，许多跨区域生态环境并没有像河湖一样有相应的产权制度保障，如森林、牧区等，以及大气也难以界定产权；其次，河长、湖长具有的权力相当有限，甚至是名义上的兼职，相比政府缺乏更多，如立法、执法等职能。这会导致两个问题，一是在生态治理遇到关键难题时可能难以及时高效处理，二是可能与跨区域的部分当地政府产生冲突而导致妥协。这说明，明确产权的手段也具有一定的局限性，除了完善产权制度还应发展其他形式的管制方式。

（3）税收与补贴制度

环境污染会导致负外部性，即某一经济主体对其他经济主体带来损失但没有进行补偿。负外部性的后果是，由于经济主体忽略了生产成本，个人边际成本小于社会边际成本，追求私人的均衡就会导致市场不会出现边际成本与边际收益相等的均衡。经济学家庇古提出，开征一种税（现称庇古税），使得税率等于边际外部成本。这将迫使经济主体考虑所有的经济成本，从而创造一种均衡，使得边际社会成本等于边际社会收益。

庇古税通过考虑额外的税收成本将环境外部性内部化。当减排成本低于税金时，企业减排更划算，因此企业会减排；另一方面，当减排成本大于税金时，缴纳税金可以使得成本最小化、利润最大化。这意味着在实施庇古税以后，所有企业的边际减排成本都将等于税金。庇古税的一大优势是，没有任何人需要指导企业的边际减排成本，每家企业都会按照它自己的偏好和知识行事，在微观自由最大化的基础上，可以产生社会所期望的成本有效的结果。

庇古补贴则与庇古税刚好相反，它是指每个企业每降低一个单位的环境成本的一种报酬。在理想状态下，庇古补贴应等于减排带给全社会的边际收益，只要减排成本低于补贴，企业就会减少污染。然而，现实情况是人们更喜欢用庇古税而不是用庇古补贴处理污染问题。首先，补贴可能会导致污染的增加。补贴为污染产业增加了利润空间，可能会吸引新的进入者。与没有补贴的情形相比，尽管每个企业的污染量会少，但企业的增加仍然会导致总污染量更大。其次，从心理学的角度分析，人们对成本的厌恶程度可能大于对收益的喜好程度。

然而，庇古税或庇古补贴难以在实践中完美地得到实施。理想情况下，我们必须以税收等于社会最优产出点上的边际外部成本，或补贴等于社会最优产出点上的边际外部收益为前提，这就意味着我们必须了解污染损失的准确货币价值。但这几乎是不可能的，因为污染的影响不仅具有多样性、流动性、间接性和滞后性，而且受到人类认知水平局限性的影响。正如上文所提及的，跨区域的各政府都有提供错误边际成本曲线或边际收益曲线的激励，都想获得尽可能多的收益或者付出尽可能少的成本。

2018 年 1 月 1 日，我国首部《中华人民共和国环境保护税法》开始实施。

该法律规定了大气污染、水污染、固定污染、噪声污染等各种具体污染物的计税单位和税额，是庇古税的一个全新形式和中国的具体实践。环境保护税法的出台取代了过去征收排污费的管制方式，更有效地加强了我国的跨区域生态治理。但从操作上来讲，该法律所发挥的作用相当有限，需要更完善的机构和制度确保法律的有效实施。

（二）市场调节

通常我们会认为，政府干预是对市场失灵的纠错，但并不能忽略市场有效的情况，尽管在生态治理中市场的作用可能有限。在整体市场中，尤其是过去我国经济高速增长必须经历工业化道路，市场的自我运作确实对生态环境造成了一定的破坏；但随着我国逐渐走向经济高质量发展阶段，各地政府、企业和个人对绿色发展理念的逐渐接纳，在生产经营过程中将更加深入地考虑污染这种非期望产出，或把污染纳入生产成本当中。

污染物造成的危害一般具有外部性。在过去污染市场配置中，污染物进入水体或空气中造成的损害通常由社会整体来承担，但造成污染源的主体不承担这些成本，因此其决策不会考虑这些成本。尽管把污染物排入水体或空气中对社会整体而言十分低效，但对工厂却非常具有吸引力。从利益最大化或成本最小化的角度分析，工厂面临着通过技术进步减少残余物、减少生产、再循环利用和直接排放等选择，而直接排放显然是成本最为低廉的方式。

短期来看，工厂对污染不加考虑地排放并没有影响自身；但长期来看最终会影响自己的收益。因此，在跨区域生态治理中，市场发挥作用的先决条件是污染是否是市场运作以及市场参与者本身利害相关的一个环节。与通过庇古税或庇古补贴将污染内生化的方式不同，市场调节应让参与者自发地考虑生态因素，而不是通过政府强制的手段。这表明，市场调节拥有一个政府管制无可比拟的优势是，只要市场足够完善、参与者足够理性，那么多政府的联动困境将大大减少。换句话说，相比非跨区域（或单方面）的生态治理，跨区域的生态治理中市场调节的作用将会更大。

大气污染是跨区域生态治理的一个重要方面，一些国家已应用了市场的手段来解决实际问题。例如，美国加利福尼亚州的区域清洁空气激励市场（RECLAIM）建立了包含近400个污染工业的RECLAIM计划，该计划规定了每个工业污染者的氮氧化物和硫排放的上限配额，并在随后十年内每年以

5%—8%的速率递减。污染者可以通过多种灵活措施满足这些要求，包括与有效控制排放低于配额的公司之间进行排放信用交易。

2011 年，我国首先在北京、上海、天津等 7 个城市开展了碳排放权交易试点工作。截至 2020 年 11 月，试点碳市场共覆盖电力、钢铁、水泥等 20 余个行业，近 3 000 家重点排放单位，累计配额成交量约为 4.3 亿吨二氧化碳当量，累计成交额近 100 亿元人民币。随着试点城市的交易进展顺利展开，2021 年 7 月 16 日，全国碳排放权交易市场开市，发电行业成为首个纳入全国碳市场的行业，纳入重点排放单位超过 2 000 家。更多数据表明，我国碳市场将成为全球覆盖温室气体排放量规模最大的市场。

除了碳排放交易权以外，碳封存信用也是治理生态问题的市场手段之一。碳封存指的是以捕获碳并安全存储的方式来取代直接向大气中排放二氧化碳的技术。碳封存信用则使碳吸收的正外部性得以内部化，允许森林所有者因消除大气中额外的二氧化碳而获得信用①。他们可以通过投资额外的碳封存获得信用（比如植树）。这种信用（或补偿）可以出售，购买者可以使用购买得到的减排量履行自身的法律义务，实现特定的碳排放目标。碳封存于 1977 年开始被研究，但直到最近才在全球范围内逐渐被应用，仍处于发展的萌芽阶段。

市场治理跨区域生态环境的方式还有生态旅游。根据国际生态旅游协会与国际自然保护联盟的界定，生态旅游的定义为对环境负责的旅游是前往自然地区，享受与欣赏自然（以及附带着的文化特征），推进环境保护，是游客的影响少、当地人能够有效和积极参与当地的旅游建设的模式。生态旅游背后的原理是通过提供收入来源，矫正对受保护土地不利的一些偏见。它在本质上发挥了政府、企业以及个人的力量，以市场的方式自负盈亏，从而达到生态治理的效果。

可以看出，跨区域生态保护与环境治理是指基于生态保护与环境治理边界跨越狭隘的行政区划界线，由不同政府、社会组织和企业等多元主体共同参与、协同治理，以减少环境污染，实现生态整体治理为目标。这种治理方式强调不同地区之间在生态环境保护和修复方面的合作与协调，以实现生态系统的整体性功能和可持续发展，具有以下特征。

---

① 蒂坦伯格，刘易斯．环境与自然资源经济学［M］．10 版．王晓霞，石磊，安树民，等译．北京：中国人民大学出版社，2016.

一是系统性。跨区域生态治理将自然环境与人类活动视为相互联系、相互作用的整体。在治理过程中，需要从系统角度出发，超越各区域狭隘的利益窠臼，综合分析生态、经济、社会等多方面因素，制定全面的治理方案。

二是协同性。跨区域生态治理强调不同地区、不同部门、不同主体之间的合作与协调，形成治理合力。协同性要求各方在治理目标、政策措施、行动计划等方面达成共识和一致标准，共同推进。

三是综合性。跨区域生态治理需要运用多学科、多领域的知识和技术，综合考虑各种生态要素和生态过程，整合不同领域的资源和力量，形成多元化的治理体系。

四是目的性。跨区域生态治理的最终目标是实现生态系统的可持续发展和人与自然的和谐共生。在治理过程中，需要明确治理的生态目标、社会目标、文化目标与经济目标，要在多重目标中进行合理的权衡。

三、本章小结

本章以区域异质性为切入点，指出区域异质性是我国经济发展和环境保护中的重要特征之一，这种显性与隐性特征并存的异质性对我国的跨区域生态保护和环境治理联动产生了一定的阻碍。针对跨区域生态治理面临的五大困境问题，本章结合政府与市场两种治理手段进行理论分析，说明如何突破这些困境。具体来看，跨生态治理中的政府管制，其最常见的方式是通过立法执法来实现直接管制，比如确立生态保护红线、湖长制与河长制突破了传统各方政府协同管理的弊端，明确产权，有效解决了跨区域生态保护与环境治理的主体困境与协同困境问题。同时也要加大跨生态治理中的市场机制的作用，如可以通过碳市场交易、碳封存技术与信用、生态旅游等方式。

第三章　中国 2007—2019 年省际环境质量评价

一、引言

改革开放 40 年来，中国名义国内生产总值由 1978 年的 3 679 亿元增长到 2018 年的 90 万亿元，实际年均增速高达 9.9%，经济总量占世界的比重由 1978 年的 1.8%上升到 2018 年的 16%，稳居世界第 2 位。但是总体而言，我国高速的经济增长是以高投入高耗能高污染为代价。煤、石油等能源资源的高消耗是我国经济增长的基础，2016 年和 2017 年我国分别消耗 435 818.63 万吨和 449 000 万吨标准煤，万元 GDP 能耗分别为 0.59 吨和 0.55 吨标准煤。虽然我国能源使用效率在逐步提升，但与美国（0.268 吨标煤/万元）等发达资本主义国家相比仍有较大差距。能源消耗总量过大，使用效率较低导致二氧化硫、工业固体废弃物等有害物质排放量增加，对我国环境质量造成恶劣影响。也就是说，在高速的经济增长中我国付出了沉重的环境成本。耶鲁大学发布的《2018 年环境绩效指数报告》对 180 个国家（地区）的环境状况进行评价，结果显示中国环境绩效指数综合得分 50.74，位列第 120 位，远远落后于法国、英国等发达国家。《2017 年中国生态环境状况公报》也显示：我国 338 个地级及以上城市中仅 99 个城市空气质量达标，36.1%的城市出现过酸雨，全国现有土壤侵蚀总面积为 294.9 万平方千米，占普查范围总面积的 31.1%。环境污染造成生态系统破坏，会诱发土地沙漠化、水土流失等自然灾害。中国水土流失与生态安全综合科学考察公布的调查结果显示，我国现有水土流失面积 356.92 万平方千米，占国土总面积的 36.8%；荒漠化土地面积高达 267.4 万平方千米，占国土面积的 27.9%。此外，生态环境恶化会加速人力资本折旧，也会影响经济增长的速度和质量（祁毓，2012）①。国家统计局数据显示：2017 年我国自然灾害受灾人口为 14 448 万人次，自然灾害直

---

① 祁毓．中国环境污染变化与规制效应研究［D］．武汉：武汉大学，2015.

接经济损失为3 018.7亿元。世界银行与中国国务院发展研究中心合作完成的报告显示，我国每年因为大气污染和水污染导致的经济损失占GDP的5.8%，其中医疗卫生费用占3.8%。

为突破生态环境恶化对经济社会发展的压力，党和政府高度重视环境与经济的协调发展。党的十六大确定了“坚持以信息化带动工业化，以工业化促进信息化，走出一条科技含量高、经济效益好、资源消耗低、环境污染少、人力资源优势得到充分发挥的新型工业化道路”。十七大进一步提出了要“深入贯彻落实科学发展观”“建设资源节约型、环境友好型社会”“经济发展与人口资源环境相协调，使人民在良好生态环境中生产生活”，突出了生态环境建设的重要性。十八大要求“大力推进生态文明建设”“面对资源约束趋紧，环境污染严重，生态系统退化的严峻形势”“把生态文明建设放在突出地位，融入经济建设、政治建设、文化建设、社会建设各方面和全过程”，提出了努力建设美丽中国的发展目标。十九大提出了“加快生态文明体制改革”的总要求，把生态文明建设和生态环境保护提升到前所未有的战略高度。二十大提出了人与自然和谐共生的四大战略部署。另外，习近平总书记在多个场合阐述“绿水青山就是金山银山”的生态文明理念，坚持生态惠民、生态利民、生态为民，不断满足人民日益增长的优美生态环境需要，体现了党中央对推进生态文明建设、建设美丽中国的坚定决心，把不损害生态环境作为发展的底线，绝不会再走用绿水青山换取金山银山的老路。

这一系列举措表明了中央政府和习近平总书记改善环境质量，建立资源节约型、环境友好型社会的决心和魄力。因此，环境质量评价与国家生态文明建设战略相符，与人民群众改善环境质量的诉求一致，它能够实现经济生产的合理布局、指导环境保护措施的设计，强化环境管理、有效的控制污染源、优化环境保护和治理方案，有利于促进经济发展方式变革，推动经济、社会、环境的可持续发展。

二、文献综述

（一）主要国家环境质量评价历程

国外的环境质量评价开始于20世纪60年代中期，70年代得以蓬勃发展，美国在20世纪60年代首次提出了大气和水体的质量指数评价方法，R.P. Iorton（1965）提出了质量指数（QI）用于评价水质，此后R. M. Brown又提出了水质质量指数（WQI），N.L.Nemerow在《河流污染的科学分析》一文中，又提出了新的水质计算方法。Green（1966）提出了大气污染综合指数，随后又出现了格林大气污染指数、橡树岭大气质量指数等。20世纪70年代欧洲、日本等地区（国家）也相继开展了环境质量评价研究。瑞典1969年制定了以环境影响评价为中心的国家环境保护法。1974年，经济合作与发展组织提出了欧洲核心环境指标体系。1972年日本出现了涉及控制污染物流量的浓度控制法、K值控制法；控制污染物存量的总量控制法等。苏联侧重于对河流和地理进行评价，采用物理和化学指标进行评价，同时也会将生物指标纳入评价体系之中。捷克在20世纪70年代开展了全国的环境质量评价工作并出版了彩色环境质量图。

我国的环境质量评价始于20世纪70年代初期，发展历程可以分为4大阶段。第一是探索阶段（1972—1978年）。此阶段我国高校以及科研院所开始对环境质量评价的方法进行研究，典型的评价实例是北京西郊的环境质量评价、南京环境质量评价。第二是发展阶段（1979—1989年）。1979年颁布的《中华人民共和国环境保护法（试行）》指出："在老城市改造和新城市建设中，应当根据气象、地理、水文、生态等条件，对工业区、居民区、公共设施、绿化地等做出环境影响评价"，该法律的颁布确立了环境质量评价的法律地位。第三是完善阶段（1990—2001年）。国家环保总局编写了《环境影响评价技术导则》为我国大气环境、水环境、声环境以及非污染生态影响的评价提供了技术保障。第四是提高阶段（2002年至今）。2002年颁布了《中华人民共和国环境影响评价法》，2016年9月实施了新修订的《中华人民共和国环境影响评价法》，对环境质量评价范围、原则、对象、内容以及过程进行了全面规范，我国环境质量评价的广度和深度均有所提高①。

（二）环境质量评价指标及方法

当前，缺乏统一的能够全面地、科学地对环境质量进行反馈的指标，学者们的环境质量评价指标可以分为单维度指标和多维度指标。评价方法主要

---

① 杨仁斌．环境质量评价教材［M］．北京：中国农业出版社，2006．

涉及指数法、主成分法、因子分析法、拉开档次法、不确定性法。其中不确定性法又分为层次分析法、模糊评价法、灰色评价法和熵值法。

单维度评价指标是指使用单一指标或者分别使用多个独立的单一指标对环境质量进行评价。早期有关环境质量的研究使用的多为单一指标，其中使用最多的指标是二氧化硫和二氧化碳排放量。Merlevede（2005）使用年度二氧化硫排放总量作为环境质量的度量指标①。而Dasgupta（2006）使用悬浮颗粒物作为环境质量评价指标②。Song（2007）以固体废弃物产生量度量环境质量③。李猛（2009）选取工业二氧化硫和工业废水中化学需氧物排放量反映环境污染程度④。高挺等（2018）使用二氧化硫排放量作为环境质量的替代变量⑤。赵选民等（2018）使用了工业“三废”排放量作为环境质量的度量指标⑥。

单维度指标获取便利、连续性强，有利于开展实证分析，在研究环境局部质量问题和针对性评价中应用广泛，但在评价环境整体质量时难免会产生“盲人摸象”的现象⑦。Marull J（2006）利用GIS方法从自然环境适宜性、生物环境适宜性以及功能适宜性三个维度构建了土地适宜性评价指标体系，对城市的生态环境质量进行综合评价⑧。李名升等（2007）基于压力-状态-响

① MERLEVDE B, VERBEKE T, DE CLERCQ M. The EKC for SO_2: does firm size matter?[J]. Ecological Economics, 2005, 59(4): 451-461.

② DASGUPTA S, HAMILTON K. Environment during growth: accounting for governance and vulnerability[J]. World Development, 2005, 34(9): 1597-1611.

③ SONG T, ZHENG T G, TONG L J. An empirical test of the environmental Kuznets curve in China: a panel cointegration approach[J]. China Economic Review, 2008, 19(3): 381-392.

④ 李猛. 财政分权与环境污染：对环境库兹涅茨假说的修正［J］. 经济评论，2009（5）：54-59.

⑤ 高挺，常启国，许海平. 中国经济增长与环境质量的关系研究：基于240个城市的双门槛效应检验［J］. 资源开发与市场，2018，34（11）：1505-1510.

⑥ 赵选民，王军. 基于环境库兹涅茨曲线的陕西省环境质量与经济发展研究［J］. 西安石油大学学报（社会科学版），2018，27（5）：6-11.

⑦ 李政大，袁晓玲，杨万平. 环境质量评价研究现状、困惑和展望［J］. 资源科学，2014，36（1）：175-181.

⑧ MARULL J, PINO J, MALLARACH J M, et al. A land suitability index for strategic environmental assessment in metropolitan areas［J］. Landscape and Urban Planning, 2007, 81(3): 200-212.

应框架模型构建了涵盖 39 个指标的中国环境状态评价模型并通过层次分析法以及因子分析法对中国环境状况进行评价，结果显示中国环境质量整体在改善①。屈小娥（2017）使用了 2 个维度 11 个指标，基于 TOPSIS 综合评价原理测算了 2003—2014 年 30 个省（区、市）的环境污染指数②。杨万平等（2018）从气候、土地、水文等 9 个维度构建了人居生态环境质量评价体系，使用投影追踪法测算了 30 个省（区、市）2002—2015 年的人居生态环境质量指数③。

综上所述，现有研究存在以下几点不足：一是局部的环境质量评价使用单维度指标具有针对性，但是在评价整体环境质量时，单维度指标缺乏全面性会降低实证分析准确性；二是采用多维度指标构建环境质量评价体系，并使用层次分析法、熵值法等多种方法对评价体系进行权重以量化环境质量，力求全面、准确地评价环境质量状况。但是由于没有形成统一的标准，学者们使用的指标类别和计算方法多样，导致研究结论差异较大。基于此，本章采用成熟的 DPSIR 模型结合熵值法对我国省际环境质量进行评价分析。

三、基于 DPSIR 模型的中国省际环境质量评价体系构建

（一）DPSIR 模型理论框架

1979 年加拿大统计学家 David J. Rapport 和 Tony Friend 提出了 Pressure-State-Response 模型，简称 PSR 模型。该模型使用了“压力-状态-响应”这一套思维逻辑，体现了人类与自然相互作用的关系，回答了“为什么发生变化、发生了怎样的变化以及我们如何应对”的问题。但是该模型存在一定的局限性，它仅包含“压力-状态-响应”这三个部分，并不能说明压力产生的潜在原

① 李名升，佟连军．1990 年以来中国环境动态综合评价［J］．广州环境科学，2007（4）：32-36.

② 屈小娥．中国环境质量的区域差异及影响因素：基于省际面板数据的实证分析［J］．华东经济管理，2017，31（2）：57-65.

③ 杨万平，赵金凯．中国人居生态环境质量的时空差异及影响因素研究［J］．华东经济管理，2018，32（2）：58-67.

因以及环境状况对人类的影响。后来经专家学者的发展，又出现了 DSR 模型（驱动力-状态-响应）和 PSIR 模型（压力-状态-影响-响应），在不同层面对 PSR 模型进行了补充，但仍不全面。1993 年经济合作与发展组织提出了 DPSIR 模型，该模型成为研究环境污染、可持续发展等问题的框架模型，后来在欧洲环境署得到广泛应用，其基本框架如图 3-1 所示。

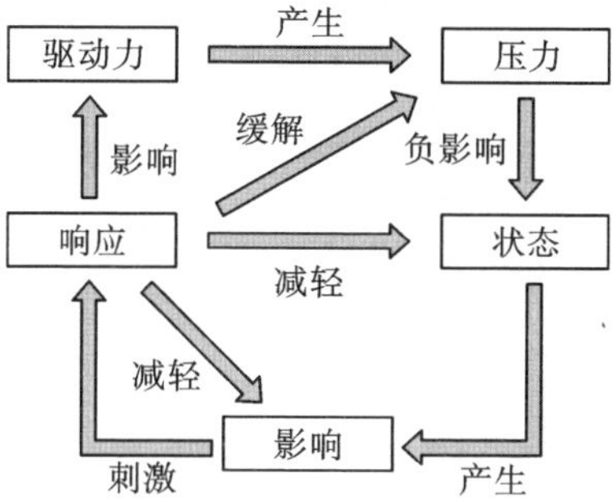

图 3-1 DPSIR 模型框架

DPSIR 模型也是一种基于因果关系组织信息及相关指数的框架，它将表征一个自然系统的评价指标分成驱动力（Driving）、压力（Pressure）、状态（State）、影响（Impact）和响应（Responses）五种类型。驱动力是造成环境污染或者环境变化的潜在因素；压力是人类经济与社会活动中对自然环境造成破坏和干扰的直接因素；状态是指当前阶段的环境状况或者说上一阶段到本阶段的自然环境变化状况；影响是指状态系统变化对人类、自然界造成的威胁；响应是指人类对自然环境状况变化采取的行动。

（二）环境质量评价的 DPSIR 模型

根据 DPSIR 模型的基本框架原理，结合现实状况，本章构建了环境质量评价的 DPSIR 模型，如图 3-2 所示。

1. 驱动力系统（D）

驱动力系统是推动环境质量发生变化的潜在因素，是促使环境质量改变的最原始的指标，主要分为经济部门和社会部门。其中经济部门主要指经济发展水平和工业化程度；社会部门是指城镇化建设以及人口的变动。驱动力系统变动会造成压力系统变动，并通过压力系统的中介效应影响环境质量。经济发展必然要消耗一定的能源，2017 年我国共消耗 449 000 万吨标准煤，万元国内生产总值能耗为 0.55 吨标准煤；工业化发展会排放大量的工业“三废”；人口增长会导致煤炭、石油等能源需求量增大，生活垃圾排放量增大。

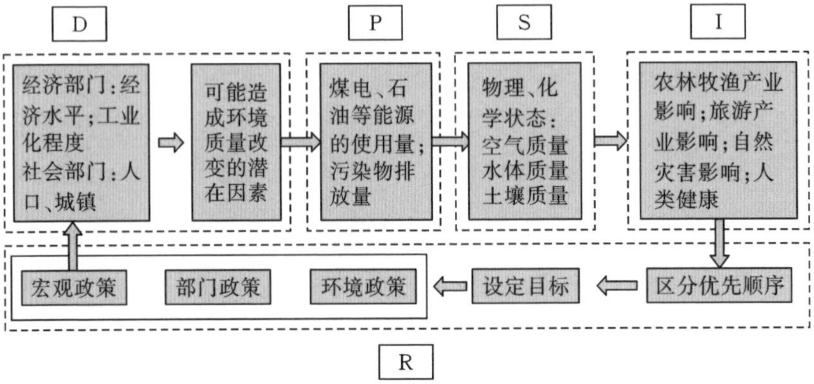

图 3-2 环境质量评价的 DPSIR 模型

2. 压力系统（P）

压力系统是指通过驱动力作用后，直接施加在环境质量上，促使环境质量发生变化的因素，它与驱动力系统都是改变环境质量的外生因素，但是二者之间存在差异，驱动力系统指标是潜在因素、隐性指标，对环境质量的作用是隐式的，而压力系统是直接因素、显性指标，对环境质量的作用是显式的①。淡水、煤炭、石油、天然气等自然资源消耗和二氧化硫、二氧化碳、废水等污染物排放是压力系统的主要构成部分，对状态系统具有直接影响。淡水储备量占全球总水量的 2.53%，过度消耗淡水资源，导致内陆湖消失，容易引发土地荒漠化、干旱等自然灾害。煤炭、石油等能源的消耗会排放出大量的污染物质，工业锅炉每燃烧一吨标准煤会产生 2 620 千克二氧化碳，8.5 千克二氧化硫和 7.4 千克氮氧化物。

3. 状态系统（S）

状态系统是指环境质量在压力系统作用下所处的状态，包含物理、化学以及生物等多方面的特征，主要包括空气质量、水体质量以及土壤质量。空气质量反映了空气污染程度，它是依据空气中污染物浓度的高低来判断的；水体质量反映了水体中的物理（色度、浊度等）、化学（有机物、无机物等）、生物（细菌、浮游动物等）的特性和组成状况；土壤质量是保持生物的生产力、维持环境质量、促进动植物健康的能力。

---

① 曹红军. 浅评 DPSIR 模型［J］. 环境科学与技术，2005（S1）：110-111.

4. 影响系统（I）

影响系统是指当前的环境质量状态对经济社会发展以及人类健康的影响。例如土壤质量会影响农产品的产量和质量，水体质量会影响渔业的发展，空气质量会影响地区旅游业的发展，并且环境状况对人类的健康状况也具有显著的影响（王家庭等，2017）。环境恶化导致全世界每年 1 260 万人死亡，每 4 名死者中，就有 1 名死于环境问题，其中空气污染每年夺走 650 万人生命，被称为是第一大环境问题杀手（联合国环境署，《迈向零污染地球》）。

5. 响应系统（R）

响应系统指人类针对环境质量变化对经济、社会、人类健康等方面造成的影响而采取的管理措施。环境质量恶化对社会经济发展、人类健康造成不利影响，引发人类采用一系列政策和措施进行应对，但是人类不会盲目实施政策和措施，人类会对费用效益分析之后，根据不同因子的影响差异，确定响应顺序并分别设置响应目标，通过宏观政策、部门政策对经济以及社会结构进行调整，通过环境政策对煤炭、石油等能源使用量和污染物排放量进行限制，从而达成目标。

基于环境质量评价的 DPSIR 模型并结合以往学者的研究指标，本章构建了中国环境质量评价体系，如表 3-1 所示。

表 3-1　中国环境质量评价体系

指数层	系统层	指标层	代码	指标方向
环境质量综合评价指数	驱动力系统（D）	地区生产总值（亿元）	D1	正向
		城镇化率（%）	D2	正向
		第二产业比重（%）	D3	负向
		人口密度（人/平方千米）	D4	负向
	压力系统（P）	用水总量（亿立方米）	P1	负向
		生活垃圾排放量（万吨）	P2	负向
		煤炭消费量（万吨）	P3	负向
		汽油消耗量（万吨）	P4	负向
		废水排放总量（万吨）	P5	负向
		二氧化硫排放量（吨）	P6	负向

续表

指数层	系统层	指标层	代码	指标方向
环境质量综合评价指数	状态系统（S）	地下水资源量（亿立方米）	S1	正向
		森林面积（万公顷）	S2	正向
		空气质量好于二级的天数（天）	S3	正向
		二氧化硫年平均浓度（毫克/立方米）	S4	负向
		可吸入颗粒（PM_{10}）年均浓度（毫克/立方米）	S5	负向
	影响系统（I）	人口死亡率（‰）	I1	负向
		城镇居民恩格尔系数（%）	I2	负向
		自然灾害直接经济损失（亿元）	I3	负向
		国际旅游外汇收入（百万美元）	I4	正向
		农林牧渔业增加值（亿元）	I5	正向
	响应系统（R）	建成区绿化覆盖率（%）	R1	正向
		生活垃圾无害化处理率（%）	R2	正向
		造林总面积（千公顷）	R3	正向
		工业污染控制率（%）	R4	正向

注：以上数据均来源于国家统计局、《中国环境统计年鉴》、Wind 数据库。

四、中国省际环境质量评价及时空差异分析

（一）熵值法

多指标综合评价中，权重的确定可以分为主观赋权法和客观赋权法，熵值法是一种客观地确定各个指标权重的方法。熵值法主要借鉴信息熵的理论和方法，根据每个指标的指标值数据差异程度确定其权重。一般而言，某个指标的指标值的差异程度越大，则其有序性越好，熵值越小，最后赋权的权重就越大①。但如同每一个赋权方法一样，熵值法也存在着缺点。比如，当熵值在靠近 1 的时候，较小的差异都会引起熵权较大的变化，因此很多学者提

① 颜双波. 基于熵值法的区域经济增长质量评价［J］. 统计与决策，2017（21）：142-145.

出使用改进的熵值法进行计算权重，改进的熵值法增加了对指标的差异性评价。

30 个省（区、市）环境质量评价的原始指标数据表示为 $S=\{X_{tij}\}_{10*30*24}$，X_{tij} 表示第 t 年的第 i 个省（区、市）的第 j 项指标的原始数据。其中，$1\leqslant t\leqslant 13$，表示 2007—2016 这 13 年的时间跨度；$1\leqslant i\leqslant 30$，表示评价对象个数；$1\leqslant j\leqslant 24$，表示本章构建的区域环境质量综合评价体系中的 24 个不同类型的指标，多属性决策矩阵 $\boldsymbol{S}$ 如下所示：

$$\boldsymbol{S}=\begin{bmatrix} X_{111} & X_{112} & \cdots & X_{11j} \\ X_{121} & X_{122} & \cdots & X_{12j} \\ \vdots & \vdots & \vdots & \vdots \\ X_{1i1} & X_{1i2} & \cdots & X_{1ij} \\ \vdots & \vdots & \vdots & \vdots \\ X_{2i1} & X_{2i2} & \cdots & X_{2ij} \\ \vdots & \vdots & \vdots & \vdots \\ X_{ti1} & X_{ti2} & \cdots & X_{tij} \end{bmatrix}$$

利用熵值法对 $\boldsymbol{S}$ 进行综合评价分析主要包括以下几个步骤。

（1）无量纲化处理。不同指标之间量纲的不同会对结果产生影响，因此需要对原始数据进行无量纲化处理。常用的无量纲化方式主要有：标准化处理法、极值处理法、功效系数法、归一化法等。不同的无量纲化方式会对评价结果产生差异。朱喜安（2015）在对不同无量纲化条件下的改进熵值法的优良性进行对比以后，认为在熵值法的实际应用中，极值处理法是最优改进熵值法①。本章使用极值法对原始数据进行无量纲化处理，如下列方程所示：

$$A_{tij}=\frac{X_{tij}-X_{\min}}{X_{\max}-X_{\min}} \tag{3-1}$$

$$A_{tij}=\frac{X_{\max}-X_{tij}}{X_{\max}-X_{\min}} \tag{3-2}$$

方程（3-1）是正向指标的无量纲化方程，方程（3-2）是负向指标的无量纲化方程。A_{tij} 为无量纲化处理后的结果，为了防止求信息熵时出现 ln 0 的问

① 朱喜安，魏国栋．熵值法中无量纲化方法优良标准的探讨［J］．统计与决策，2015（2）：12-15.

题，将 0 值替换为 0.000 001 进行计算①。

（2）第 j 个指标值在所有评价对象的第 j 个指标值总和中所占的比重：

$$P_{tij}=\frac{A_{tij}}{\sum_{t=1}^{10}\sum_{t=1}^{30}A_{tij}} \tag{3-3}$$

（3）计算第 j 个指标的信息熵：

$$e_j=-\frac{1}{\ln m}\sum_{t=1}^{10}\sum_{t=1}^{30}P_{tij}*\ln P_{tij} \tag{3-4}$$

$m=t*i$，其中 $t=10$，$i=30$，即 10 年，30 个省（区、市），故 $m=300$。

（4）计算第 j 个指标的冗余度，熵值越大，冗余程度越小，权重越小：

$$g_j=1-e_j \tag{3-5}$$

（5）计算每个指标的权重：

$$w_j=\frac{g_j}{\sum_{j=1}^{24}g_j} \tag{3-6}$$

权重值为每个指标在中国环境质量评价体系中所占的比重。在多层次结构的评价指标体系中计算上层指标的权重值可以利用熵的可加性原理，通过下层指标的冗余度 g_j，得到上层指标的冗余度之和，记为 G_k，然后利用方程(3-7) 计算相应的权重值②。

$$w_k=\frac{G_k}{\sum_{k=1}^{5}G_k} \tag{3-7}$$

其中，k 指上层指标的个数，在本章中为驱动力系统、压力系统、状态系统、影响系统、响应系统，所以 $k=5$。

（6）综合评价

$$F_{ti}=\sum_{j=1}^{24}w_j*A_{tij} \tag{3-8}$$

综合评价结果即为第 t 年的第 i 个省（区、市）的环境质量分数。

---

① 王玉南. 北京市西城区生态环境评价指标体系建立及应用研究［D］. 北京：清华大学，2012.

② 李红薇. 基于 DPSIR 模型的松原市水资源可持续利用评价［D］. 长春：吉林大学，2017.

（二）指标权重

按照上述熵值法的运算步骤，结合 30 个省（区、市）的相关数据对中国环境质量评价体系的 24 个指标进行权重，结果如表 3-2 所示。

表 3-2　中国环境质量综合评价体系指标权重

指数层	系统层	系统层权重	指标层	代码	指标权重
环境质量综合评价指数	驱动力系统（D）	0.170 2	地区生产总值（亿元）	D1	0.096 9
			城镇化率（%）	D2	0.032 5
			第二产业比重（%）	D3	0.031 7
			人口密度	D4	0.009 1
	压力系统（P）	0.076 9	用水总量（亿立方米）	P1	0.020 1
			生活垃圾排放量（万吨）	P2	0.004 9
			煤炭消费量（万吨）	P3	0.013 4
			汽油消耗量（万吨）	P4	0.010 0
			废水排放总量（万吨）	P5	0.009 9
			二氧化硫排放量（吨）	P6	0.018 6
	状态系统（S）	0.210 4	地下水资源量（亿立方米）	S1	0.083 5
			森林面积（万公顷）	S2	0.099 6
			空气质量好于二级的天数（天）	S3	0.010 8
			二氧化硫年平均浓度（毫克/立方米）	S4	0.013 0
			可吸入颗粒（PM_{10}）年均浓度（毫克/立方米）	S5	0.003 5
	影响系统（I）	0.333 3	人口死亡率（‰）	I1	0.034 2
			恩格尔系数（%）	I2	0.020 1
			自然灾害直接经济损失（亿元）	I3	0.000 8
			国际旅游外汇收入（百万美元）	I4	0.191 4
			农林牧渔业增加值（亿元）	I5	0.086 8
	响应系统（R）	0.209 2	建成区绿化覆盖率（%）	R1	0.011 1
			生活垃圾无害化处理率（%）	R2	0.014 2
			造林总面积（千公顷）	R3	0.095 8
			工业污染控制	R4	0.088 1

可以看出，系统层中驱动力系统、压力系统、状态系统、影响系统、响应系统的权重值分别为 0.170 2、0.076 9、0.210 4、0.333 3、0.209 2。其中权重值最高的是影响系统，说明影响系统在中国环境质量评价体系中占据首要地位，环境质量状况对人类健康、经济生产等方面的影响是我国环境质量评价的重点内容。状态系统的权重值位列第二，说明我国当前的环境状况在很大程度上能够影响我国环境质量评价结果。响应系统权重值略低于状态系统，说明我国针对当前的环境状况而采取的行动策略对环境质量具有重要影响。驱动力系统权重值相对较高，说明影响环境质量的潜在因素以及当前的环境状况能够较大程度地影响我国环境质量评价结果。权重值最低的是压力系统，说明 30 个省（区、市）的压力系统差异较小，对环境质量评价结果的影响较弱。

指标层中的国际旅游外汇收入权重最高，为 0.191 4，这说明旅游产业的发展在中国环境质量综合评价体系中占有首位的重要性，这与生态环境质量较好的地区旅游产业较为发达的客观事实一致。其次权重较大的是森林面积、地区生产总值和造林总面积，权重分别为 0.099 6、0.096 9 和 0.095 8。森林相关指标权重较大是因为森林能够有效地涵养水源、保持水土、吸收二氧化碳、净化空气并且能够为动物提供栖息之地，通过这些途径森林能够有效地影响地区的环境质量。地区生产总值指标权重较大是因为地区经济发展为提高环境质量提供了资金和技术的支持。最后，权重相对较高的是工业污染控制、农林牧渔业增加值、地下水资源量，权重分别为 0.088 1、0.086 8、0.083 5。指标层中权重相对较低的是自然灾害直接经济损失、可吸入颗粒（PM_{10}）年均浓度等指标，这些指标的权重在 0.01 以下，说明这些指标相对于国际旅游外汇收入、造林总面积以及森林面积等指标而言，30 个省（区、市）之间的差距较小，指标包含的信息量较少。

（三）省际环境质量排名及时空态势分析

1. 省际环境质量排名

按照各项指标权重，运用加权平均求和方法，计算出 30 个省（区、市）2007—2019 年的环境质量综合评价指数，即环境质量得分，该值越大表示环境质量越好，反之则越差。对结果进行排名，从最终排名结果中选取了 2007

年、2011 年、2015 年、2019 年 4 个时间截面制作了表 3-3。

表 3-3　2007—2019 年 30 个省（区、市）环境质量得分与排名

地区	2007	地区	2011	地区	2015	地区	2019
内蒙古	0.357 2	广东	0.452 6	广东	0.575 4	广东	0.648 8
云南	0.355 5	内蒙古	0.408 6	云南	0.447 7	云南	0.476 5
广东	0.354 8	云南	0.397 9	内蒙古	0.435 5	四川	0.475 0
四川	0.339 6	四川	0.356 7	四川	0.408 6	内蒙古	0.447 5
福建	0.281 6	湖南	0.326 5	湖南	0.391 4	福建	0.444 0
北京	0.272 1	福建	0.325 8	福建	0.384 6	湖南	0.427 4
黑龙江	0.271 0	山东	0.311 6	广西	0.370 6	广西	0.409 5
湖南	0.264 8	黑龙江	0.303 6	浙江	0.369 0	湖北	0.390 6
广西	0.263 5	浙江	0.301 5	山东	0.349 3	山东	0.378 2
辽宁	0.260 3	广西	0.300 4	黑龙江	0.344 2	黑龙江	0.377 5
浙江	0.256 3	北京	0.296 4	湖北	0.339 5	江苏	0.372 2
山东	0.255 8	江苏	0.289 7	江苏	0.325 0	江西	0.363 2
江西	0.253 9	新疆	0.288 3	江西	0.324 9	河北	0.359 7
新疆	0.243 2	陕西	0.284 5	新疆	0.324 8	浙江	0.356 9
湖北	0.237 2	辽宁	0.278 1	河北	0.319 7	陕西	0.350 8
陕西	0.229 3	湖北	0.273 1	陕西	0.318 0	河南	0.342 8
山西	0.228 2	江西	0.271 9	贵州	0.303 8	新疆	0.339 1
吉林	0.226 2	河北	0.264 8	北京	0.301 8	安徽	0.329 6
江苏	0.224 8	河南	0.264 4	安徽	0.299 9	上海	0.327 5
上海	0.224 3	上海	0.259 6	河南	0.289 9	贵州	0.324 0
贵州	0.224 2	青海	0.251 9	上海	0.286 9	北京	0.317 6
青海	0.222 3	重庆	0.240 9	辽宁	0.286 2	重庆	0.292 8
河北	0.221 3	贵州	0.237 9	吉林	0.283 3	辽宁	0.291 9
甘肃	0.220 0	吉林	0.236 8	重庆	0.259 4	青海	0.288 0
宁夏	0.218 9	安徽	0.235 6	青海	0.254 0	山西	0.281 8

续表

地区	2007	地区	2011	地区	2015	地区	2019
海南	0.218 7	山西	0.233 1	山西	0.251 3	甘肃	0.278 2
河南	0.210 7	海南	0.229 8	天津	0.245 4	吉林	0.275 4
天津	0.209 9	甘肃	0.219 4	海南	0.242 5	海南	0.248 5
安徽	0.204 2	天津	0.215 2	甘肃	0.242 4	天津	0.240 4
重庆	0.190 2	宁夏	0.205 0	宁夏	0.231 8	宁夏	0.227 5
均值	0.251 3	均值	0.285 4	均值	0.326 9	均值	0.356 1

2007 年我国环境质量得分前 5 名的分别是内蒙古、云南、广东、四川以及福建，其环境质量得分分别为 0.357 2、0.355 5、0.354 8、0.339 6、0.281 6。而 2011 年排名前 5 位的分别是广东、内蒙古、云南、四川以及湖南，环境质量得分分别为 0.452 6、0.408 6、0.397 9、0.356 7、0.326 5。其中，广东省排名从第 3 位上升至第 1 位，一方面在于广东省的环境质量得分与内蒙古和云南的差距本来并不大，另一方面在于广东省高消耗、高污染型企业陆续外迁，产业结构得以优化，并且随着经济发展水平的提升广东省居民环保意识也逐渐增强。湖南省排名从第 8 位上升至第 5 位，主要原因在于省内林业发展迅速，相比于其他省份，湖南省的森林总面积和造林面积在此期间有较大幅度的增加，有效地提升了其环境质量。2015 年排名前 5 位的分别为广东、云南、内蒙古、四川以及湖南，环境质量得分分别为 0.575 4、0.447 7、0.435 5、0.408 6、0.391 4。2019 年排名前 5 位的分别为广东、云南、四川、内蒙古以及福建，环境质量得分分别为 0.648 8、0.476 5、0.475 0、0.447 5、0.444 0。从整体来看内蒙古排名呈下降趋势，这可能是由于内蒙古地区过度放牧、不适当的开垦和耕作导致草原和森林面积退化引发了沙尘暴等自然灾害，造成空气、土壤以及水土质量受损。四川排名上升的原因一方面在于内蒙古排名的下降，另一方面在于四川能源消费结构的改善①，煤炭消费比重大幅下降以及清洁能源的开发和使用，对其环境质量的提升有极大的意义。

---

① 张淑英，李德山，曾勇．四川省能源消费结构变化趋势及调整对策研究：基于建设美丽繁荣和谐四川的视角［J］．天然气技术与经济，2020，14（3）：89.

2007 年环境质量得分排名后三位的分别是天津、安徽、重庆，环境质量得分分别为 0.209 9、0.204 2、0.190 2；2011 年环境质量得分排名后三位的分别为甘肃、天津、宁夏，环境质量得分分别为 0.219 4、0.215 2、0.205 0；2015 年环境质量得分排名后三位的分别为海南、甘肃、宁夏，环境质量得分分别为 0.242 5、0.242 4、0.231 8；2019 年环境质量得分排名后三位的分别为海南、天津、宁夏，环境质量得分分别为 0.248 5、0.240 4、0.227 5。2011 年、2015 年以及 2019 年环境质量排名后三位的省份基本在甘肃、宁夏、海南以及天津之间徘徊，其中宁夏在这三年中排名均为倒数第一。甘肃和宁夏排名靠后的原因主要在于第二产业比重较高，地方政府为提升经济发展水平而承接来自沿海地区的高污染高能耗企业，同时政府的环保投入相对较低，这些因素均对各省的环境质量得分产生了不利影响。海南排名靠后的原因主要在于受台风等自然灾害影响频繁，对环境质量影响较大。天津排名靠后的原因一方面由于人口密度较大，且环保意识较为淡薄，另一方面由于能源消费结构单一，废弃物排放量较大，导致其环境质量难以获得有效提升。

2. 省际环境质量空间分布格局

中国环境质量南北差异较大，南部地区明显优于北部。2007 年环境质量较好的地区主要分布在我国南部地区，主要为广东、云南、四川以及福建，北部地区仅内蒙古、北京和黑龙江环境质量较好；环境质量较差的地区主要分布在北部，主要为天津、山西、陕西、河北以及河南等省份，南部地区较差的为安徽、贵州以及重庆。2011 年北部地区环境质量较好的地区仅有内蒙古和山东，而南部地区的广东、云南、四川以及福建等省份环境质量较好，北部地区的山西、吉林以及甘肃等省份环境质量较差，而南部地区环境质量较差的地区仍然为安徽、贵州和重庆。2015 年中国环境质量的空间分布基本与 2011 年一致，区别在于北部地区的北京和青海的环境质量相对变差，南部地区的湖北和广西的环境质量相对变好。2019 年江苏、江西以及湖北的环境质量相对有所优化，而北部地区各省份的环境质量相对而言改善程度较小。因此，从南北分布来看，2007—2019 年我国南部地区环境质量较好的地区多于北部地区，南部整体环境质量优于北部地区。

我国环境质量的南北差异主要受地理位置、产业结构、能源使用结构等因素的影响。北方多为温带季风性气候，降雨量相对较少，气候较为干燥，地下水资源量较少。水资源匮乏导致植被覆盖率较低，容易引发沙尘暴等恶劣天气，影响了空气质量和水体质量。南方多为亚热带季风性气候，降雨量较多，气候湿润，水资源丰富有利于植被生长，因此南方的植被覆盖率远高于北方，有利于改善环境质量；北方地区产业结构以第二产业为主，东北地区为我国重工业基地，工业发展会排放大量工业“三废”，对地区环境质量造成恶劣影响，而南方地区经济发展水平较高，产业结构以第三产业和轻工业为主，对环境质量的影响较小；北方地区受寒冷条件的影响，冬季取暖会燃烧大量的煤炭，而且其工业为主的产业结构导致其煤炭、石油等能源的使用量较大，这些化石能源的使用会产生污染物质，破坏环境质量。南方地区的能源使用结构更为多元化，风能、水能等清洁能源的使用有利于保护环境质量。此外南北方政府环保力度的差异也是影响其环境质量的重要因素。

中国三大经济带是经济发展与地理空间分布格局长期演变的产物，三大经济带环境质量的变动基本能反映出中国生态环境演化的宏观空间格局①。东中西三大经济带 2007—2019 年环境质量状态如表 3-4 所示。

表 3-4　2007—2019 年中国东中西经济带环境质量状况

年份	东部经济带	中部经济带	西部经济带
2007	0.253 6	0.250 4	0.249 2
2008	0.262 7	0.266 4	0.262 1
2009	0.267 1	0.278 1	0.273 7
2010	0.284 0	0.281 8	0.276 6
2011	0.293 8	0.283 7	0.275 8
2012	0.307 3	0.294 4	0.280 6
2013	0.311 1	0.311 9	0.291 4
2014	0.320 6	0.313 9	0.302 6
2015	0.338 0	0.328 9	0.310 1
2016	0.347 4	0.337 5	0.327 5
2017	0.348 1	0.342 1	0.329 3
2018	0.357 7	0.348 6	0.332 8
2019	0.366 3	0.359 5	0.339 1

① 孙东琪，张京祥，朱传耿，等. 中国生态环境质量变化态势及其空间分异分析[J]. 地理学报，2012，67（12）：1599-1610.

注：东部经济带包含辽宁、北京、天津、河北、上海、江苏、浙江、福建、山东、广东、广西、海南 12 个省（区、市）；中部经济带包含吉林、黑龙江、山西、安徽、江西、河南、湖北、湖南、内蒙古 9 个省份；西部经济带包含重庆、四川、贵州、云南、陕西、甘肃、青海、宁夏、新疆、西藏 10 个省（区、市）。

由图 3-3 可知，中国环境质量大致表现为自东向西逐渐下降的空间分布格局。2007—2019 年中国东部经济带的广东、广西、福建等省份的环境质量较好，中部经济带的安徽、湖南等省环境质量改善情况优于其他省份，而西部经济带仅云南、四川的环境质量较好，其他省份如青海、甘肃以及宁夏等地环境质量较差，且改善速度较慢。表 3-4 的东中西经济带环境质量数值进一步验证了中国环境质量自东向西逐渐下降的空间分布格局，在研究期的大部分时间内东部经济带环境质量最好，而西部经济带环境质量最差。2008—2009 年东部经济带环境质量得分较低，这主要是因为在此期间大量的人口从中西部地区向东部地区流动①，给东部地区的生态环境带来了极大的人口压力。

环境质量自东向西逐渐下降的空间分布格局主要是东中西经济带产业结构差异导致的，第二产业比重越高会排放越多的工业垃圾，导致环境质量恶化。我国东部经济带的经济发展水平较高，产业结构以第三产业为主；中部经济带承接了东部经济带的部分产业转移，目前产业结构以第二产业为主，处于由第二产业为主向第三产业为主过渡的阶段；西部经济带的经济发展水平较差，承接了大量来自东中部经济带的高污染高能耗的产业。

（四）省际环境质量时间变化态势

1. 整体态势

从整体来看，2007—2019 年中国环境质量始终呈现上升态势（如图 3-3 所示）。2007 年中国环境质量得分为 0.251 3，2007—2010 年环境质量平稳上升，2011 年增速放缓，环境质量得分为 0.285 4。2012—2016 年环境质量快速上升，2017—2019 年环境质量呈现平稳上升的状态，2019 年环境质量得分为 0.356 1。

① 孙继国，石铁华，许清清．人口流动、工资变化与经济增长：基于省际面板数据的空间计量分析［J］．人口与发展，2021，27（4）：14-23.

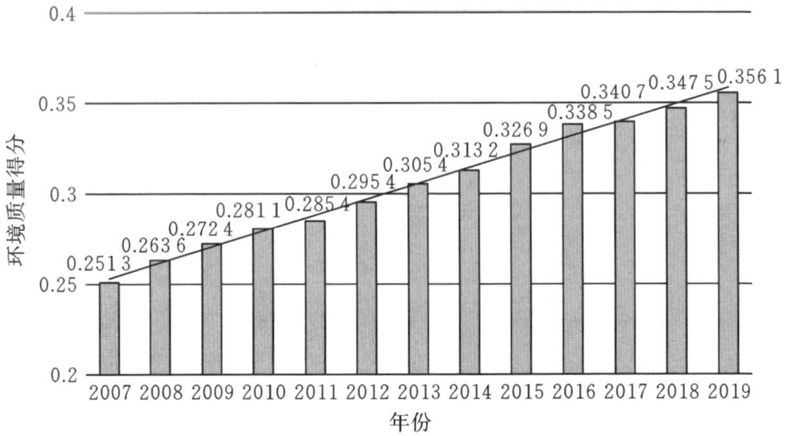

图 3-3 中国环境质量整体态势趋势图

2007 年中国共产党第十七次全国代表大会重点讨论了要深入贯彻落实科学发展观，实现人与自然的和谐发展。我国逐渐转变以往的高消耗、高污染的经济增长方式，大力推进经济增长方式向集约型转变。2012 年 11 月召开的党的十八大，首次把“美丽中国”作为生态文明建设的宏伟目标写进了十八大报告。党的十九大指出“加快生态文明体制改革，建设美丽中国”，把生态文明建设和生态环境保护提升到前所未有的战略高度。习近平总书记也多次强调，“绿水青山就是金山银山”。在党中央的高度重视下，我国地方政府对污染性企业逐步实行“关停并转”，并且扩大了财政支出在环保方面的投入，2019 年我国财政环保投入达到 6 969.01 亿元，同比增加了一千多亿元，在此背景下我国环境质量逐渐提升。

2007—2019 年中国环境质量上升幅度为 38.64%，年均增长幅度在 2.5% 左右，说明中国环境质量提升较为缓慢。我国仍处于社会主义初级阶段，虽然改革开放以来经济发展取得了举世瞩目的成就，但产业结构仍以第二产业为主，第三产业比重与发达国家相比仍有差距。能源使用以煤炭、石油为主，新能源使用率偏低，欠发达地区环境保护意识不强等宏观与微观因素的综合影响造成我国环境质量提升缓慢。

2. 分省态势

从单个省份来看：2007—2019 年 30 个省（区、市）的环境质量得分均呈上升趋势。但是，在 13 年间 30 个省（区、市）环境质量得分的变化轨迹存在一定的差异，本章将 30 个省（区、市）环境质量得分动态轨迹分别归纳为上升型、升降型、平稳型以及反 L 型四大类别，具体分布情况如表 3-5 所示。

表 3-5　2007—2019 年 30 个省（区、市）环境质量变化态势类型

类型	特点	地区
上升型	13 年间环境质量基本呈稳定上升态势	河北、江苏、浙江、山东、湖北、湖南、广东、云南
升降型	13 年间环境质量呈升降波动状态（环境质量得分升降幅度超过 0.025）	内蒙古、青海、宁夏
平稳型	13 年间环境质量变化较小（环境质量得分变化幅度低于 0.025）	北京、山西、辽宁、海南、甘肃
反 L 型	前期环境质量呈平稳状态，中后期环境质量突然显著上升	天津、黑龙江、吉林、上海、安徽、福建、江西、河南、广西、重庆、四川、贵州、陕西、新疆

2007—2019 年 30 个省（区、市）环境质量呈现上升状态的为河北、江苏等 8 个省份，占比 26.67%；环境质量变化态势为升降型的为内蒙古、青海以及宁夏 3 个省份，占比 10%；环境质量变化态势呈平稳状态的是北京、山西等 5 个省份，占比 16.67%；环境质量变化态势呈现反 L 型的为天津、吉林等 14 个省份，占比 46.67%。

2007—2019 年河北、江苏等 8 个省份的环境质量得分基本呈现上升型，具体状况如下图 3-4 所示。

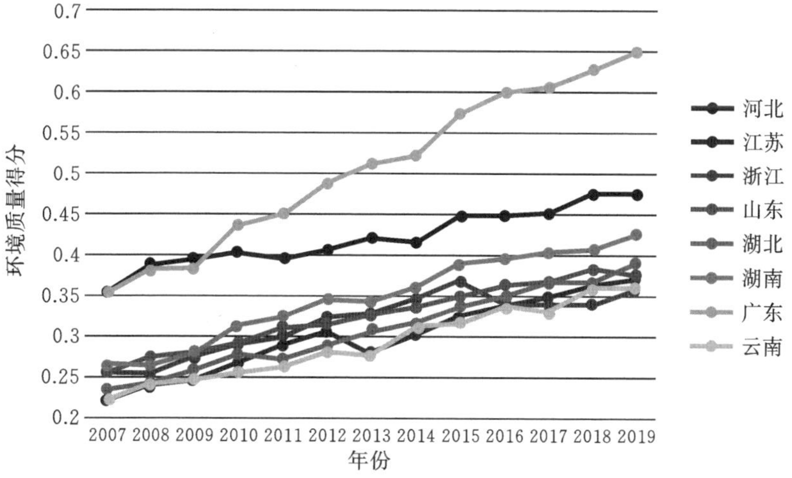

图 3-4　环境质量得分基本呈上升型地区

河北、江苏等8个省份环境质量基本呈稳定上升态势是政府和人民共同努力的结果。在2008年之前为迎接奥运，河北省开展了扬尘污染控制、机动车污染控制、工业污染治理和燃煤污染治理等各项工作，同时京津冀共同采取措施改善环境质量①。江苏、浙江、山东以及广东环境质量较高的原因主要有：均位于我国东部沿海地区，气候温和，降雨量充足，环境质量相对较好；经济发展水平较高，第三产业较发达，有利于地区环境质量的改善；随着生活水平的提高，居民环保意识逐渐增强。需要指出的是2013年江苏省环境质量有所下降，下降幅度为0.023 3，主要原因在于自然灾害影响导致空气质量下降。2013年江苏多地出现30天以上的雾霾天气，《2013年江苏省环境状况公报》也显示，受极端天气影响，徐州等13个省辖市的空气质量未达标。此外，2016年浙江省环境质量下滑了0.027 1，原因在于2016年浙江省的人口密度上升导致生活垃圾排放量和煤炭消耗量有所上升，此外2016年浙江的酸雨污染较为严重。湖北、湖南地区环境质量的稳定上升主要归功于其对长江流域的治理，两省造林面积常年位居前列②，同时长江流域水质也大大改善，优良类（Ⅰ—Ⅲ类）水质比例从2012年的86.2%提高到2020年的96.7%③。云南经济发展相对落后，重工业比重较小，旅游产业发达，省政府为推动旅游产业发展，对生态环境进行严格调控，其空气质量二级天比例（%）常年居全国首位。

2007—2019年内蒙古、青海和宁夏3个省份的环境质量得分基本呈现升降型，具体状况如图3-5所示。

内蒙古、青海以及宁夏经济发展水平相对较差，提升经济发展水平仍是这些地方政府的主要目标，因此承接了大量来自中东部地区的高污染高能耗的企业，第二产业比重较高，同时由于当地生态环境较为脆弱，因此环境质量水平相对较低。但是在中央政府环保“高压”之下，这些地方政府也不敢放松环保力度，因此这些地区多为“边污染，边治理”的经济发展之路，难以保障环境质量的逐步提升。

---

① 赵惠，吴金希. 基于环境库兹涅茨曲线的京冀区际环境污染转移的测度研究［J］. 中国人口·资源与环境，2020，30（5）：90-97.

② 李世玉，赵晓迪. 长江经济带退耕还林还草还湿现状、问题及对策［J］. 林业科技通讯，2022（1）：36-41.

③ 易森. 新时代长江经济带绿色发展的问题缘起与实践理路［J］. 中国高校社会科学，2020（4）：98-105.

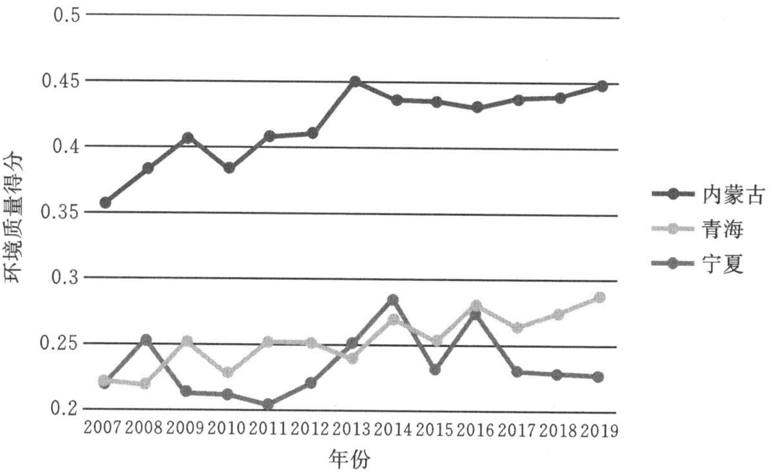

图 3-5　环境质量得分呈升降型地区

2007—2019 年北京、山西等 5 个省份的环境质量得分基本呈现平稳型，具体状况如图 3-6 所示。

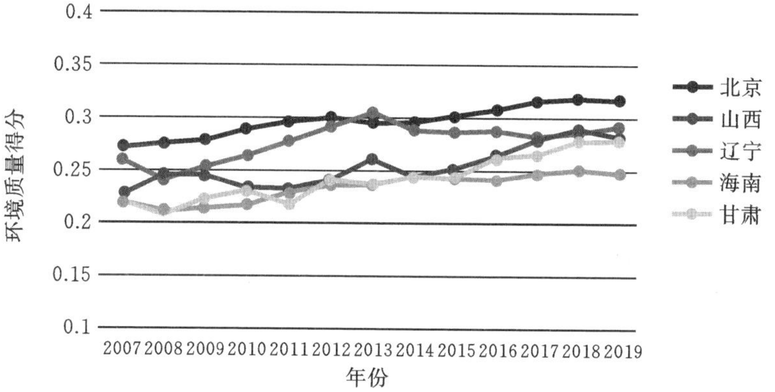

图 3-6　环境质量得分呈平稳型地区

北京作为我国首都，其环境状况受到中央政府和北京市政府的高度重视。在 2008 年北京奥运会前，北京市采取了大量环境治理政策，大量高污染企业外迁，一定程度上改善了北京的空气质量①。同时，北京奥运会激发了北京市民对空气污染和环境保护的高度关注②，这在维持北京环境质量得分平稳方面

① 尹向飞. 基于 Malmquist-Luenberger Ⅱ 指数法的环境影响因素分解理论与实证研究［J］. 暨南学报（哲学社会科学版），2012，34（11）：89-98.

② 钟玉姣，刘波，郭振. 体育运动中的环境可持续性研究：基于 2016—2020 年英文期刊的系统综述［J］. 体育科学，2021，41（6）：58-67.

发挥了重要作用。山西省的产业结构以第二产业为主，重化工业比重高，煤炭资源丰富，在煤炭的开采中造成严重的生态环境破坏。虽然当前中央政府和山西省政府加大了环境治理力度，但是由于山西省产业结构短期难以实现本质调整以及生态环境破坏严重，恢复难度大等因素的影响，山西省环境质量没有得到明显改善。辽宁省产业结构以第二产业为主，在政府的环保调控下，环境质量有所改善，但是限于产业结构和能源使用结构的影响，环境质量改善成效不大。海南省重点发展旅游产业，重工业比重较低，对环境质量影响较小。由于环境质量历史基础较好、气候条件优良、第二产业比重较低，海南省政府的环保压力较小，对环境质量的调控力度较弱，所以海南省环境质量虽在逐步提升，但提升幅度不大。甘肃省人口密度较低，生态环境相对较为脆弱，同时地方政府环保力度以及人民环保意识相对薄弱，导致甘肃省环境质量得分相对比较平稳。

2007—2019 年天津、河北等 14 个省份的环境质量基本呈现反 L 型，具体状况如图 3-7 所示。

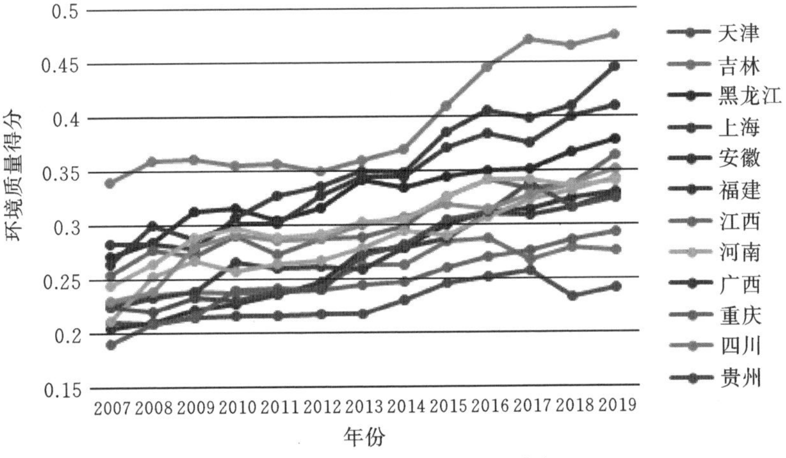

图 3-7 环境质量得分呈反 L 型地区

2007—2019 年我国大多数省份环境质量变化态势呈现反 L 型，反 L 型的拐点集中在 2012—2013 年，部分地区可能有所滞后，其主要原因在于自 2012 年我国政府加强了对环境质量的监督与调控力度，2012 年国家财政环保支出为 2 963.46 亿元，同比上升 12.2%。国务院发布《国家环境保护“十二五”规划》明确指出推进主要污染物减排、着力削减化学需氧量和氨氮排放量、切实解决突出环境问题。在中央政府的环保“高压”之下，北京、天津、河北在 2013 年 10 月正式启动京津冀及周边地区大气污染防治协作机制，共同推进区域大气污染联防联控工作；上海市实施 2012—2014 年环境保护和建设三年行动计划，立足治本，狠抓源头，全面推进七大领域的环境保护和建设；河南省多部门联合出台了《2012 年河南省环境综合整治实施方案》，严格环保目标考核，依法查处违法排污企业；吉林、江西等地区也出台了相关政策，着力控制环境污染，强化环保措施。值得注意的是，部分省份环境质量得分在 2017 年和 2018 年前后出现了下降，如天津和吉林等省份，主要是由于人民币升值势头强劲，在一定程度上使得国际旅游外汇收入降低导致的。

五、中国省际环境质量影响因素分析

（一）变量选取及说明

本章的被解释变量为环境质量，关键解释变量为环境规制，控制变量为对外开放水平、能源消耗强度、人口规模、技术研发水平、产业结构状况，如表 3-6 所示。

表 3-6　变量的类别、符号与测量

变量种类	变量名称	变量符号	变量测量
被解释变量	环境质量水平	*gra*	环境质量综合指数
关键解释变量	环境规制水平	*gov*	地方财政环境保护支出占财政一般预算支出比重
控制变量	经济发展水平	*pgdp*	人均 GDP（元）
	对外开放水平	*open*	进出口总额占 GDP 比重
	人口规模	*p*	常住人口总量（万人）
	技术研发水平	*rd*	R&D 经费支出占 GDP 比重
	产业结构状况	*ind*	第二产业占 GDP 比重
	城镇化水平	*urb*	城镇人口占总人口比重

注：本章以 GDP 平减指数把货币计量的变量折算成不变价（基期为 2000 年）。

当前环境规制的度量主要有三大方法：第一种以减排成本或者治污投资表示环境规制的严厉程度；第二种从污染减排量或者排放量角度对环境规制进行度量；第三种是构建综合指数对环境规制进行度量。第二种方法从减排的角度度量环境规制并不严谨，因为污染减排量并非完全来自环境规制。第三种方法虽然相对全面地对环境规制进行度量，但是因为不同学者选择的指标和使用的方法不同导致研究结果差异较大。因此本章借鉴张成等（2011）、徐开军等（2014）的做法①②，从投入角度对环境规制进行度量，与这些学者不同的是本章使用环境保护支出占财政一般预算支出的比重进行度量，与环保投入占GDP比重的度量方式相比更能体现政府环境规制的决心。环境规制数据根据国家统计局原始数据计算得到。

为剔除规模效应使用人均GDP表示经济发展水平，数据来源于国家统计局；参考谢周亮等（2020）使用进出口总额与GDP的比值来表示对外开放水平③，进出口总额按照当年的平均汇率水平折算为人民币后再进行计算，数据来源于2007—2019年各省统计年鉴；人口规模使用常住人口总量表示，在回归时对其进行对数化处理，数据来源于国家统计局；使用R&D经费支出占GDP比重衡量技术研发水平，数据来源于2007—2019年各省统计年鉴；使用第二产业比重衡量产业结构升级状况，数据来源于国家统计局；使用城镇人口占总人口比重衡量城镇化水平，数据来源于2007—2019年各省统计年鉴。分析结果如表3-7所示。

表3-7 变量描述性统计分析结果

变量	平均值	标准差	最小值	最大值	样本数
gra	0.306 0	0.073 6	0.190 2	0.648 8	390
gov	0.035 3	0.094 4	0.008 5	0.068 1	390
pgdp	30 116.87	17 554.94	5 847.67	109 905.6	390
open	0.031 5	0.359 1	0.011 6	1.670 8	390
p	4 514.122	2 773.116	552	12 489	390
rd	0.015 7	0.010 9	0.002 1	0.063 0	390
ind	0.432 9	0.091 4	0.162 0	0.620 0	390
urb	0.557 6	0.134 8	0.282 4	0.896 0	390

① 张成，陆旸，郭路，等. 环境规制强度和生产技术进步［J］. 经济研究，2011，46（2）：113-124.

② 徐开军，原毅军. 环境规制与产业结构调整的实证研究：基于不同污染物治理视角下的系统GMM估计［J］. 工业技术经济，2014，33（12）：101-109.

③ 谢周亮，李志影. 科技创新、产业结构升级与区域经济增长关系研究：基于面板门槛模型与分位数回归的实证分析［J］. 价格理论与实践，2020（3）：155-158.

（二）模型设置

为探究各省份环境质量的影响因素，建立如下基准模型：

$$gra_{it} = \beta_0 + \beta_1 gov_{it} + \beta_2 \ln pgdp_{it} + \beta_3 open_{it} + \beta_4 \ln p_{it} + \beta_5 rd_{it} + \beta_6 ind_{it} + \beta_7 urb_{it} + \varepsilon_i + u_{it} \quad (3\text{-}9)$$

其中，gra_{it} 表示第 i 省 t 年的环境质量水平；gov_{it} 表示第 i 省 t 年的环境规制水平；$\ln pgdp_{it}$、$open_{it}$、$\ln p_{it}$、rd_{it}、ind_{it} 和 urb_{it} 依次表示经济发展水平、对外开放水平、人口规模、技术研发水平、产业结构状况和城镇化水平；β_0 表示截距项，$\beta_i (i=1, 2, \cdots, 7)$ 表示待估参数，β_1 是重点关注的关键解释变量的系数；ε_i 为地区固定效应，u_{it} 为随机误差项向量。

考虑到我国存在区域异质性的特点，为考察环境质量的影响因素是否存在地理意义上的区域差异，因此将 30 个省份分为东部地区、中部地区和西部地区分别进行回归。其中东部地区包含辽宁、北京、天津、河北、上海、江苏、浙江、福建、山东、广东、广西、海南；中部地区包含吉林、黑龙江、山西、安徽、江西、河南、湖北、湖南、内蒙古；西部地区包含重庆、四川、贵州、云南、陕西、甘肃、青海、宁夏、新疆。

（三）回归结果

经 Hausman 检验，结果显著拒绝原假设，因此固定效应模型优于随机效应模型。具体回归结果如表 3-8 所示，第（1）列表示全样本回归，第（2）、（3）和（4）列分别表示东部地区、中部地区和西部地区。

表 3-8　基准回归结果

	(1)	(2)	(3)	(4)
变量名称	all	east	central	west
gov	0.393***	0.128	0.475*	0.880***
	(4.24)	(0.58)	(1.89)	(2.76)
ln *pgdp*	0.039**	0.038**	0.041**	0.044**
	(2.24)	(2.19)	(2.31)	(2.59)
open	−0.017	−0.020	−0.021	−0.022
	(−1.00)	(−1.18)	(−1.24)	(−1.34)
ln *p*	−0.013*	−0.012*	−0.014**	−0.014*
	(1.96)	(1.82)	(2.11)	(1.97)

续表

	(1)	(2)	(3)	(4)
rd	2.973**	3.192**	3.136**	2.911**
	(2.22)	(2.27)	(2.19)	(2.06)
ind	−0.031	−0.044	−0.044	−0.032
	(−0.65)	(−0.91)	(−0.93)	(−0.69)
urb	0.259**	0.245**	0.230*	0.253**
	(2.29)	(2.14)	(1.97)	(2.23)
Constant	−0.387***	−0.343***	−0.387***	−0.427***
	(−3.44)	(−3.57)	(−3.64)	(−4.20)
R-squared	0.761	0.757	0.758	0.762
控制效应	fe	fe	fe	fe

Robust t-statistics in parentheses：*** $p<0.01$，** $p<0.05$，* $p<0.1$.

从全样本的回归结果来看，环境规制水平的回归系数为0.393且在1%的水平上显著，说明我国政府环境规制对环境质量改善有明显的推动作用，政府加大对环境保护的财政支出，有利于减少环境污染、改善环境质量。控制变量中经济发展水平、技术研发水平以及城镇化水平的回归系数均为正且在10%的水平上显著，意味着经济发展水平的提高、技术研发水平的进步以及城镇化水平的提升会在不同程度上对环境质量改善产生促进作用，经济发展和技术进步能够为政府的环境规制行为提供经济支持和技术支持，城镇化进程是推动污染物减排的重要原因（丁翠翠，2014）①。人口规模的回归系数为−0.013，意味着人口规模的扩大会对环境质量改善产生一定程度的负面影响，人口规模的扩大可能会导致更多的生活污染物排放以及资源消耗，给环境质量改善带来更大的人口压力。由此可见各省份在改善环境质量时，既要充分利用政府财政的积极作用，又要通过发展经济、促进技术进步、推动城市化进程以及控制人口规模等方式推动环境质量的提升。

从东中西地区的回归结果来看，东部地区环境规制水平的回归系数并不显著，但中部地区和西部地区环境规制水平的回归系数均显著为正，且中部

① 丁翠翠．FDI、城市化与环境污染关系的实证检验［J］．统计与决策，2014（14）：143-145.

地区的回归系数小于西部地区，这说明西部地区环境规制对环境质量改善的影响更大。结合前文我国环境质量呈现出自东向西逐渐下降的空间分布，意味着环境质量越差的地区，环境规制的作用越明显。出现这种情况的主要原因在于，在环境质量较好的地区，环境规制对环境质量改善的边际作用较小；而在环境质量较差的地区，环境规制对环境质量改善的边际作用较大。三大地区各个控制变量的作用方向和显著性与全样本一致，经济发展水平和人口规模对环境质量的影响基本也呈现出自东向西更加明显的趋势。相较于中西部地区，东部地区技术研发水平更高，技术进步对环境质量改善的推动作用更有效，因此技术研发水平的回归系数则表现为自东向西下降的趋势。

（四）稳健性检验

首先是内生性检验，考虑到一方面政府在环境保护方面的财政支出会影响环境质量，但另一方面环境质量的变化也会导致政府环境保护方面的财政支出产生变化，当环境质量下降时，政府会加大在环境保护方面的财政投入。因此政府在环境保护方面的财政支出和环境质量可能是互相影响的，即环境规制水平和环境质量水平可能互为因果。为处理该内生性问题，参考郭晓辉（2020）选取财政压力作为工具变量[①]，使用工具变量法进行内生性检验。财政压力是指政府财政支出与财政收入之间的差额，当政府面临较大的财政压力时，可能会缩减在环境保护方面的支出，反之则有可能加大该支出。由此可见，财政压力会通过影响政府财政支出来影响环境质量，但不会直接作用于环境质量的变化。在使用财政压力作为工具变量进行检验时发现，F统计量的值为14.201 5，大于10的临界水平，且最小特征值统计量为14.804 6，大于Wald检验中15%对应的临界值11.59，故不存在弱工具变量问题，因此该工具变量是有效的。工具变量法的结果如表3-9第（1）列所示。

其次是稳健性检验，为检验回归结果的稳健性，分别采用变量替换法和补充变量法进行稳健性检验。参考张成等（2011）用各省份治理工业污染的总投资与工业增加值的比值（*inv*）作为度量环境规制水平的指标，替换原解释变量（*gov*）进行稳健性检验，回归结果如表3-9第（2）列所示。考虑到在影响因素方面可能存在遗漏变量的问题，例如能源消耗也会对环境质量造

---

① 郭晓辉．财政压力、地方政府行为与环境污染［J］．贵州财经大学学报，2020（4）：101-110.

成一定的影响。能源消耗量大、利用效率低的省份污染排放物更多，对环境质量改善会产生不利影响，使用能源消耗总量与GDP的比值作为衡量能源消耗强度的指标，加入控制变量中进行稳健性检验，回归结果如表3-9第（3）列所示。结果与基准结果基本一致，说明本章回归结果稳健。

表3-9 稳健性检验

变量名称	(1)	(2)	(3)
	iv	robust1	robust2
gov	1.883**		0.300*
	(2.46)		(1.72)
inv		0.039***	
		(13.84)	
ln *pgdp*	0.040***	0.039**	0.042**
	(2.85)	(2.24)	(2.70)
open	0.001	−0.022	−0.024
	(0.08)	(−1.27)	(−1.36)
ln *p*	−0.016	−0.013*	0.048
	(−1.40)	(−1.85)	(1.37)
rd	2.092***	3.216**	3.228**
	(2.90)	(2.24)	(2.48)
ind	0.025	−0.044	−0.009
	(0.55)	(−0.94)	(−0.19)
urb	0.339***	0.236*	0.341***
	(3.78)	(2.04)	(4.03)
pene			−0.009**
			(−2.09)
Constant	−0.520***	−0.353***	0.063
	(−3.58)	(−3.59)	(0.27)
R-squared		0.759	0.777
控制效应		fe	fe

Robust t-statistics in parentheses：*** $p<0.01$，** $p<0.05$，* $p<0.1$。

六、本章小结

本章以新时代生态文明理论为基础，借鉴已成熟的 DPSIR 模型，构造了中国环境质量评价体系，通过熵值法对相应指标进行权重，并根据权重值计算 30 个省（区、市）2007—2019 年的环境质量得分，利用 ArcMAP 10.8 对中国省域间环境质量时空变化态势进行深入分析。随后，构建空间杜宾模型探究环境规制等变量对环境质量的影响，得到以下结论。

第一，DPSIR 模型包含驱动力、压力、状态、影响和响应五大系统，以 DPSIR 模型为基础构建环境质量评价体系，该体系涵盖了经济、社会、自然三大方面的指标，能够对环境质量进行全面、有效的评价。同时利用熵值法对指标体系进行权重，能够客观地反映我国整体及 30 个省份的环境质量状况。

第二，中国整体环境质量在逐步提升，区域间差异较大。省际之间，广东、云南、四川的环境质量相对较好，甘肃、宁夏、天津等地的环境质量较差。区域之间，中国环境质量南北差异较大，南部地区明显优于北部地区。就东中西三大经济带分布而言，中国环境质量呈现自东向西逐渐下降的空间分布格局。从时空态势来看，2007—2019 年中国环境质量变化态势分为上升型、升降型、平稳型以及反 L 型。其中河北、江苏等 8 个省份为上升型，内蒙古、青海以及宁夏 3 个省份为升降型，北京、山西等 5 个省份为平稳型，天津、吉林等 14 个省份为反 L 型。

第三，在环境质量的影响因素方面，政府环境规制对环境质量改善有明显的推动作用。经济发展水平、技术研发水平以及城镇化水平能够有效促进环境质量的提升，而人口规模过大则会对环境质量产生不利影响。

第四章 绿色经济发展与高新技术产业集聚的理论框架与数值模拟分析

一、导论

2022年10月，党的二十大报告指出，加快构建新发展格局、着力推动高质量发展需要建设现代化产业体系，其中包括推动战略性新兴产业融合集群发展，构建新一代信息技术、人工智能、生物技术、新能源、新材料、高端装备、绿色环保等一批新的增长引擎；打造具有国际竞争力的数字产业集群等。“十四五”规划也着重强调，深入推进国家战略性新兴产业集群发展工程，健全产业集群组织管理和专业化推进机制。高新技术产业的发展在提高生产效率、促进经济增长、加强国际竞争力等方面具有重要意义，高新技术企业的集聚则能够促进知识和科技的外溢、扩大规模经济效应，从而提高科技创新水平和推动高质量发展。

为了贯彻“十四五”规划和《国务院关于促进国家高新技术产业开发区高质量发展的若干意见》的落实，科技部于2022年11月9日出台了《“十四五”国家高新技术产业开发区发展规划》，以促进高新技术产业集聚发展。截至2020年底，我国高新区总数达169家，其中包括21家国家自主创新示范区，为推动我国高质量发展发挥了重要示范引领和辐射带动作用。

然而，这种通过国家和地方制定高新技术开发区、依靠政府的力量强制形成一定范围的高新技术产业集聚并不总是稳定的。例如，2018年天津市有314个各级工业园区，但最后仅保留了37个园区，淘汰率达到了88%，被取缔的原因主要包括环保要求不达标、生态建设条件差等。另一方面，在绵阳、徐州、南昌等城市，出现了许多位于高新园区的企业因经营不善而倒闭的情况，从而导致了产业的分离。

产业集聚是在一个特定地区内，同类企业或产业在某种作用下集中在一起的现象，因此它包含了地理因素和经济因素。根据历史经验和现实的客观规律，地理条件越好的地区越容易发生集聚；经济条件亦是如此。因此，除了政策因素以外，依赖自身的地理优势和经济优势形成的高新技术产业集聚通常更加稳定。

深圳与上海是我国高新技术产业集聚的典型城市。2022 年深圳拥有高新技术企业 2.1 万家，被认定为国家级高新技术企业的有将近 1 000 家，为全国数量最多；同时，当年深圳市高新技术产品产值约 1.3 万亿，占 GDP 比例约为 40.12%。2022 年上海市新认定高新技术企业达 9 956 家，有效期内高新技术企业数量超过 2.2 万家；此外，上海市 2022 年高新技术产品出口额占出口商品总额的比重高达 36.1%。

在高新技术产业集聚相关利好政策的大背景下，为什么会出现不同城市集聚稳定性不同的情况？这就需要从地理因素和经济因素对这个问题做出解释。以往的研究多从距离、地势等地理因素和地租、工资等经济因素解释集聚，但绿色经济作为一个重要指标也有可能对高新技术产业集聚产生影响。

直观理解是，人们都喜欢在环境更好的地区生活和工作。假如对于只存在两个区域的经济体，且迁移不需要成本、不存在任何的集聚负效应，那么高新技术行业的劳动力和企业都会选择前往环境更好的地区，从而这个地区便形成了高新产业集聚。

从经济学认知出发，推动绿色经济发展与影响高新技术产业集聚存在深层的内在逻辑。空间经济学理论认为，运输成本（广义上可以理解为交易成本）是决定集聚的重要原因，无论是距离、地势等地理因素还是地租、工资等经济因素，都是在一定程度上先影响了运输成本后再影响集聚。党的二十大报告也指出，建设现代化产业体系需要建设高效顺畅的流通体系，降低物流成本。因此，通过推动绿色经济发展，就可能会降低运输成本进而影响高新产业集聚。

高新技术产业集聚的稳定性是一个现实的经济问题。然而，目前在对绿色经济发展与高新技术产业集聚的研究中，多数研究都是分析高新技术产业集聚对绿色经济发展的影响，缺乏对绿色经济发展如何影响高新技术产业集聚的研究。因此，以绿色发展的视角研究高新技术产业集聚也是一个创新性的、具有重大意义的课题。

本章借鉴了克鲁格曼（1991）依据迪克西特-斯蒂格利茨垄断竞争模型建立的空间均衡模型，将绿色经济发展水平引入运输成本函数中，从均衡方程和数值模拟的角度探讨绿色发展水平对高新技术企业集聚的影响。

二、相关文献综述

（一）集聚与运输成本

马歇尔（1890）在 *Principles of Economics* 中最早提出了产业集聚的概念，认为集聚是在一个特定地区内，同类企业或产业在相互作用下集中聚集在一起的现象。近代经济学家如克利斯泰勒（1933）、鲁金（1940）等分别提出了“中心-地带理论”和“地理经济学的三重要素”，探讨了集聚的影响因素，而这实际上都与运输成本息息相关[①]。

克鲁格曼（1979，1991）发表了《收益递增、垄断竞争与国际贸易》和《收益递增与经济地理》两篇文章，创立了具有里程碑意义的核心-边缘模型（CP 模型），标志着新经济地理学的产生[②③]。CP 模型建立在迪克西特-斯蒂格利茨（1977）创立的 D-S 模型基础之上，该模型把源自规模经济的收益递增和不完全竞争纳入到一般均衡模型，为后来的空间经济学建模打下了坚实基础[④]。克鲁格曼在 CP 模型中把运输成本定义成了一种更广阔的交易成本，并用贸易自由度衡量这种交易成本。假如贸易自由度很低或者贸易自由度很大，都会导致集聚力的减弱；而贸易自由度较大的时候，才会导致分散力的减弱。

藤田昌久在集聚经济学中作出了突出贡献，他探讨了集聚经济学的空间经济基本定理、要素流动、产业区位和市场规模等问题，认为初始市场份额、

---

① LÖSCH, A. Die Räumliche Ordnung der Wirtschaft, Jena: Gustav Fischer.[M]. English translation: The Economics of Location. New Haven, CT: Yale University Press, 1954.

② KRUGMAN P R. Increasing returns, monopolistic competition, and international trade[J]. Journal of international Economics, 1979, 9(4): 469-479.

③ KRUGMAN P R. Increasing returns and economic geography[J]. Journal of political economy, 1991, 99(3): 483-499.

④ DIXIT A K, STIGLITZ J E. Monopolistic competition and optimum product diversity[J]. The American economic review, 1977, 67(3): 297-308.

运输成本等对集聚有重要影响①②③④。例如，他进一步证明了运输成本的下降将导致集群间不对称性的增加，即运输成本的降低驱使经济在一个区域更加集聚是以牺牲另一个区域为代价的。

The spatial economy：Cities，regions，and international trade 一书的出版标志了空间经济学取得的重大进展，这本书由藤田昌久、克鲁格曼与维纳布尔斯于 2001 年合著（该书的理论框架被称为 KFV 框架），解决了如为什么经济活动只集聚在少数地区等问题。KFV 框架是以不变替代弹性（CES）效用函数为基础、"冰山"运输成本理论为假设的模型。同类型的模型还包括理查德·鲍德温（2002）提出的垂直联系模型等，其中他的主要结论是运输成本的下降首先会导致核心-边缘结构的形成，但运输成本的逐渐下降也会破坏核心-边缘结构，因此产业会发生先集聚再扩散的现象⑤。

许多学者都发现运输成本对决定产业的集聚和分散起到了重要作用。克莱森（2001）以 Chamberlinian 垄断竞争框架为基础建立了一个新的模型，表明集聚虽然可以提高生产力水平，但相应地必须依赖运输成本⑥。格拉泽（2009）认为因为运输成本的降低可以带来企业的集聚，但并不认为它对于城市的形成起到了重大的作用⑦⑧。

---

① FUJITA M. A monopolistic competition model of spatial agglomeration: differentiated product approach[J]. Regional science and urban economics, 1988, 18(1): 87-124.

② FUJITA M, KRUGMAN P, MORI T. On the evolution of hierarchical urban systems[J]. European Economic Review, 1999, 43(2): 209-251.

③ FUJITA M, MORI T. Transport development and the evolution of economic geography[J]. Portuguese Economic Journal, 2005, 4: 129-156.

④ FUJITA M. Thünen and the new economic geography[J]. Regional Science and Urban Economics, 2012, 42(6): 907-912.

⑤ BALDWIN R, FORSLID R, MARTIN P, et al. Economic geography and public policy[M]//Economic Geography and Public Policy. Princeton University Press, 2011.

⑥ KLAESSON J. Monopolistic competition, increasing returns, agglomeration, and transport costs[J]. The annals of regional science, 2001, 35: 375-394.

⑦ GLAESER E L, GOTTLIEB J D. The wealth of cities: agglomeration economies and spatial equilibrium in the United States[J]. Journal of economic literature, 2009, 47(4): 983-1028.

⑧ GLAESER E L, KALLAL H D, Scheinkman J A, et al. Growth in cities[J]. Journal of political economy, 1992, 100(6): 1126-1152.

总之，较早时期经济学家们关于集聚与运输成本的主要结论是，运输成本对产业集聚的形成和稳定起着重要的作用，运输成本对集聚存在着门槛效应和非线性关系。较低的运输成本有利于集聚的形成，但过低或者过高的运输成本都会导致产业的分散。

近几年来，不少学者在此方面进行了更深一步的研究。例如，皮卡德和塔布奇（2010）通过赛马场经济模型，研究了运输成本的分布形状，并证明在某些条件下运输成本呈离散分布可以保证稳定的集聚①。比灵斯和约翰逊（2015）则创建了一个共同指数模型，评测了交通基础设施、消费者距离和知识外溢对集聚的解释作用②。

目前，许多学者则考虑把运输成本划分为不同的角度，依此来解释对集聚的影响。阿赫费尔特和费德森（2018）利用高铁引起的双边运输成本的变化来确定集聚力的强度和空间范围③，类似的还包括徐杰等人（2019）、潘浩之等人（2020）的研究④⑤。朱利安诺等人（2019）通过对美国城市的研究指出，尽管拥堵带来的运输成本提高了，但物联网的发展减少了更多的交易成本，从而加剧了集聚⑥。格雷厄姆和吉本斯（2019）提出区分工人在旅行时间节约价值方面的内在利益与网络上多个代理之间的连接改善和互动增强所带来的外部利益考虑运输成本对集聚的影响，并给出了可行性的方案⑦。

---

① PICARD P M, TABUCHI T. Self-organized agglomerations and transport costs[J]. Economic Theory, 2010, 42: 565-589.

② BILLINGS S B, JOHNSON E B. Agglomeration within an urban area[J]. Journal of Urban Economics, 2016, 91: 13-25.

③ AHLFELDT G M, FEDDERSEN A. From periphery to core: measuring agglomeration effects using high-speed rail[J]. Journal of Economic Geography, 2018, 18(2): 355-390.

④ XU J, ZHANG M, ZHANG X L, et al. How does City-cluster high-speed rail facilitate regional integration? Evidence from the Shanghai-Nanjing corridor[J]. Cities, 2019, 85: 83-97.

⑤ PAN H Z, CONG C, ZHANG X L, et al. How do high-speed rail projects affect the agglomeration in cities and regions? [J]. Transportation Research Part D: Transport and Environment, 2020, 88: 102561.

⑥ GIULIANO G, KANG S, YUAN Q. Agglomeration economies and evolving urban form[J]. The Annals of Regional Science, 2019, 63: 377-398.

⑦ GRAHAM D J, GIBBONS S. Quantifying wider economic impacts of agglomeration for transport appraisal: existing evidence and future directions [J]. Economics of Transportation, 2019, 19: 100121.

此外，公交车价、地铁建设、交通基础设施等因素都被不同学者纳入到运输成本的考察范围。他们包括了霍尔彻尔等人（2020）、阿列克桑德罗娃等人（2020）、福尔特等人（2021）等，他们都为集聚经济学中运输成本的理论发展做出了不小贡献①②③④⑤⑥。

（二）绿色经济与运输成本

绿色经济可以被视为一种新兴的经济发展模式，其核心在于将环境和社会的因素纳入经济决策和分配过程中，以确保经济增长的可持续性。罗斯托（1959）是较早的从绿色发展考虑经济问题的经济学家，他提出了一个经济发展的五个阶段模型，其中就包括了环境保护和资源利用的议题⑦。近年来，洛伊索等人（2016）做了一个关于绿色经济的概论，从生态经济学、环境经济学的角度讨论了绿色经济，并从绿色技术、能效、污染控制、回收利用等六个方面确定了绿色经济的概念和研究方法⑧。

---

① HÖRCHER D, DE BORGER B, SEIFU W, et al. Public transport provision under agglomeration economies[J]. Regional science and urban economics, 2020, 81: 103503.

② ALEKSANDROVA E, BEHRENS K, KUZNETSOVA M. Manufacturing (co) agglomeration in a transition country: Evidence from Russia[J]. Journal of Regional Science, 2020, 60(1): 88-128.

③ FORTE R P, SÁ A R. The role of firm location and agglomeration economies on export propensity: the case of Portuguese SMEs[J]. EuroMed Journal of Business, 2021, 16 (2): 195-217.

④ ZHU X H, WANG Q L, ZHANG P F, et al. Optimizing the spatial structure of urban agglomeration: based on social network analysis[J]. Quality & quantity, 2021, 55: 683-705.

⑤ AUDI M, ALI A, ROUSSEL Y. Aggregate and disaggregate natural resources agglomeration and foreign direct investment in France[J]. International Journal of Economics and Financial Issues, 2021, 11(1): 147-156.

⑥ LIU Z M, ZENG S X, JIN Z Z, et al. Transport infrastructure and industrial agglomeration: Evidence from manufacturing industries in China[J]. Transport Policy, 2022, 121: 100-112.

⑦ ROSTOW W W. The stages of economic growth[J]. The economic history review, 1959, 12(1): 1-16.

⑧ LOISEAU E, SAIKKU L, ANTIKAINEN R, et al. Green economy and related concepts: An overview[J]. Journal of cleaner production, 2016, 139: 361-371.

影响绿色经济的因素有很多，如创新[①][②]、能源[③][④]等，其中也包括交通运输与绿色经济的关系。格林尼等人（2010）指出，美国运输部门的温室气体排放占整个美国经济温室气体排放总量的27%。通过环保政策的实施和绿色技术改进的结合，可以减少交通拥堵和提高运输效率。班尼斯特和希克曼（2013）发现印度交通部门的二氧化碳排放量达到了总排放的10%，通过发展低碳交通、利用交通工具的新能源等可以显著促进可持续发展[⑤]。韦东明和顾乃华（2021）实证了包括低碳交通在内的低碳城市建设能够促进绿色经济增长[⑥]。牛海涛（2022）则发现，通过可再生能源的利用可以改善电动汽车业和旅游业的效率[⑦]。

结合上述已有研究可以发现，绿色经济的发展包括了各种形式的交通运输的优化，例如低碳交通、能源效率等，从而优化了交通的运输网络，提高了运输效率。进一步，这将导致运输成本的降低。杰克布等人（2006）认为落后的交通建设会产生环境破坏和能源消耗等负外部性影响，这些影响实际上增加了运输成本[⑧]。米尔赫达亚蒂安（2018）发现，通过用新能源汽车替代

---

① CONTI C, MANCUSI M L, SANNA-RANDACCIO F, et al. Transition towards a green economy in Europe: innovation and knowledge integration in the renewable energy sector[J]. Research Policy, 2018, 47(10): 1996-2009.

② CHAPPLE K, KROLL C, LESTER T W, et al. Innovation in the green economy: an extension of the regional innovation system model?[J]. Economic Development Quarterly, 2011, 25(1): 5-25.

③ HE L Y, ZHANG L H, ZHONG Z Q, et al. Green credit, renewable energy investment and green economy development: Empirical analysis based on 150 listed companies of China[J]. Journal of cleaner production, 2019, 208: 363-372.

④ SOHAG K, TAŞKIN F D, Malik M N. Green economic growth, cleaner energy and militarization: evidence from Turkey[J]. Resources Policy, 2019, 63: 101407.

⑤ BANISTER D, HICKMAN R. Transport futures: thinking the unthinkable[J]. Transport Policy, 2013, 29: 283-293.

⑥ 韦东明，顾乃华. 城市低碳治理与绿色经济增长：基于低碳城市试点政策的准自然实验 [J]. 当代经济科学，2021，43（4）：90-103.

⑦ NIU H T. Implementation of a green economy: coal industry, electric vehicles, and tourism in Indonesia[J]. Dinasti International Journal of Economics, Finance & Accounting, 2022, 3(1): 71-81.

⑧ JAKOB A, CRAIG J L, FISHER G. Transport cost analysis: a case study of the total costs of private and public transport in Auckland[J]. Environmental Science & Policy, 2006, 9(1): 55-66.

传统汽车，能够减少交通拥堵和污染排放，因此减少了运输成本①。伊朗内扎德等人（2018）研究得到，航运公司之间的合作能够减少集装箱和运输卡车的使用，在提高环保质量的同时减少了运输成本②。谢泗薪（2023）表明，在利用绿色经济评价城市韧性时，与之关联最高的因素之一是交通运输导致的运输成本③。此外，早期还有不少关于环境与运输成本的研究，基本一致认为环境的优化可以带来运输成本的降低④，这与研究主题也是符合的。

总之，运输成本通常被认为是绿色经济发展水平的减函数。主要的原因有两点：一是环境破坏带来外部性会显著增加运输成本，而绿色经济的发展可以减小这个负外部性；二是绿色经济的发展本身就包括了交通运输在形式、工具和网络的优化，进而减小了运输成本。这为理论分析和模型建设构建了坚实的理论基础。

(三) 绿色经济与高新技术产业集聚

高新技术产业是以高新技术为基础，从事一种或多种高新技术及其产品的研究、开发、生产和技术服务的企业集合。高新技术产业是知识密集、技术密集的产业类型，主要包括信息技术、生物技术、新材料技术三大领域。而在我国，高新技术产业则包括了新一代信息技术、生物技术、新能源、新材料、高端装备、新能源汽车、绿色环保以及航空航天、海洋装备等战略性新兴产业。

根据经济学理论的分析和已有的相关研究，运输成本在产业集聚和绿色经济中发挥了重要作用。本章拟研究绿色经济对高新技术企业集聚的影响，

---

① MIRHEDAYATIAN S M, YAN S. A framework to evaluate policy options for supporting electric vehicles in urban freight transport[J]. Transportation research part D: transport and environment, 2018, 58: 22-38.

② IRANNEZHAD E, PRATO C G, HICKMAN M. The effect of cooperation among shipping lines on transport costs and pollutant emissions[J]. Transportation Research Part D: Transport and Environment, 2018, 65: 312-323.

③ 谢泗薪. 长江经济带绿色经济发展视角下韧性物流引领战略创新研究［J］. 南通大学学报（社会科学版），2023，39（1）：11-22.

④ BICKEL P, FRIEDRICH R, LINK H, et al. Introducing environmental externalities into transport pricing: measurement and implications[J]. Transport reviews, 2006, 26(4): 389-415.

内在逻辑是绿色经济的发展通过降低运输成本进而影响集聚。对于前者，通常会认为运输成本是绿色经济的减函数；而对于后者，通常认为运输成本与产业集聚间存在非线性关系。因此绿色经济与产业集聚之间也可能存在某种非线性的关系。

然而，目前大部分文献都是从实证的角度去分析绿色经济与产业集聚之间的关系，较少地从理论角度考察其中的内在机制。尽管如此，这些学者的研究也做出了相当大的贡献，对未来该领域的研究有着重大指导意义。例如，林伯强和谭睿鹏（2019）借鉴了Ciccone、Hall（1996）和Ciccone（2002）将能源纳入生产函数的做法，推导出了简单的集聚效应关于能源的函数，并实证了第二、第三产业的集聚对绿色经济效率有先增后减的影响①。袁华锡等人（2020）则通过实证表明，制造业集聚短期内对绿色经济效率存在正U形影响，长期来看，这种影响并不显著；此外，他认为产业结构优化在二者的关系中发挥了重要的中介作用②。任阳军等人（2019）实证了生产服务业的专业化集聚会抑制绿色经济效率，而生产服务业的多元化集聚会促进绿色经济效率③。

高新技术产业在降能提效、促进经济结构转型方面具有极大优势，因此不少学者关心高新技术产业集聚与绿色经济的关系上是否会有新的影响。例如，胡安军等人（2018）发现高新技术产业集聚对绿色经济效率的作用呈现正U形曲线关系，其主要通过对绿色纯技术效率的影响来实现④。陈伟良等人（2019）则通过对长江经济带的研究发现，高新技术企业集聚对绿色经济效率呈波动性上升趋势，并且具有一定的滞后效应⑤。

---

① 林伯强，谭睿鹏. 中国经济集聚与绿色经济效率［J］. 经济研究，2019，54（2）：119-132.

② YUAN H X, FENG Y D, LEE C C, et al. How does manufacturing agglomeration affect green economic efficiency?[J]. Energy Economics, 2020, 92: 104944.

③ REN Y J, WANG C X, XU L, et al. Spatial spillover effect of producer services agglomeration on green economic efficiency: empirical research based on spatial econometric model[J]. Journal of Intelligent & Fuzzy Systems, 2019, 37(5): 6389-6402.

④ 胡安军，郭爱君，钟方雷，等. 高新技术产业集聚能够提高地区绿色经济效率吗？［J］. 中国人口·资源与环境，2018，28（9）：93-101.

⑤ CHEN W L, HUANG X J, LIU Y H, et al. The impact of high-tech industry agglomeration on green economy efficiency—evidence from the Yangtze river economic belt [J]. Sustainability, 2019, 11(19): 5189.

对比上述文献发现，产业集聚以及高新技术产业集聚与绿色经济的关系在实证结果上存在着不同的结论。而除了上述提到的较少地从理论角度考察其中的内在机制的问题以外，大多数文献仅是从集聚对绿色经济效率的角度考察二者之间的影响，绿色经济对高新技术产业集聚的相关研究仍然存在一定的空白。因此，本章拟借鉴克鲁格曼 CP 模型的理论和模型基础，利用绿色经济与运输成本的关系，研究绿色经济发展对高新技术企业集聚的影响。

三、扩展 KFV 框架的理论模型

本节建立了基于 KFV 框架下的跨区域基础模型，并引入绿色发展水平系数，可以得到关于绿色发展与产业集聚等经济现象的关系。KFV 框架指由藤田昌久、克鲁格曼与维纳布尔斯于 2001 年合著的 *The spatial economy: Cities, regions, and international trade* 中关于空间经济学的理论框架。

（一）消费者行为

KFV 框架以迪克西特-斯蒂格利茨垄断竞争模型为基础。对 D-S 模型，考虑一个只存在高新技术企业部门和其他部门的经济体。由于消费者在高新技术产品和非高新技术产品中做出选择，那么代表性消费者消费两种产品所带来的效用可以用柯布-道格拉斯效用函数进行表示：

$$U = U(U_0, U_n) = x_0^{1-\mu} X_n^{\mu} \tag{4-1}$$

其中，x_0 统一表示为同质的其他产品，$X_n = \{x_i \mid i = 1, 2, \cdots, n\}$ 表示所有高新技术产品的集合。U 是总效用，U_0 是消费者通过消费非高新技术产品获得的子效用，U_n 则是通过消费高新技术产品获得的子效用。μ 和 $1-\mu$ 分别是消费者对高新技术产品和非高新技术产品的支出份额。

消费者需要在一定的收入约束下实现效用最大化，因此消费者对两部门产品的效用最大化问题可以表示为：

$$\begin{cases} \max U = x_0^{1-\mu} X_n^{\mu} \\ \text{s.t.}: P_0 x_0 + P_n X_n = I \end{cases} \tag{4-2}$$

求解该效用最大化问题，可得：

$$X_n P_n = \mu I \tag{4-3}$$

首先考虑消费者对高新技术产品组合的决策。沿用 D-S 垄断竞争模型，还需要满足两大假设。第一，消费者偏爱多样化的产品组合。对于高新技术产品而言，这显然是符合经济规律和客观现实的。第二，高新技术产品与其他部门的产品的替代性很差，但由于高新技术企业竞争激烈、技术更新换代迅速，行业内产品有很强的替代性。由于每种高新技术产品之间存在一定的差异，不能被完全替代，因此该行业存在着一定的垄断性。最后，假定消费者不会对某些特定的高新技术产品具有特殊的偏好，因此，可以假设某一地区消费者对高新技术产品的不变替代弹性（CES）效用函数为：

$$U_n=\left(\sum_{i=1}^{n}x_i^{\rho}\right)^{\frac{1}{\rho}} \tag{4-4}$$

其中，$x_i(i=1, 2, \cdots, n)\in X_n$ 是一个地区高新技术企业行业内具有良好替代性的产品。假设每个厂商 i 只生产一种对应的产品 i，这些产品都具有对称性。同时，对于每个厂商 i，其生产的所有产品都有相同的边际成本和固定成本，且收入弹性均为 1。ρ 是替代参数（或者是多样性偏好参数），满足 $0<\rho<1$，再记 $\sigma=\dfrac{1}{1-\rho}$ 为高新技术产品之间的替代弹性（$\sigma>1$）。当 $\rho\rightarrow1$ 时，$\sigma\rightarrow\infty$，表明消费者对高新技术产品多样化的偏好程度越低，高新技术产品之间几乎完全替代。

在测量产业集聚时，部分文献的常用作法是以某地区存在的企业数量 n 作为指标进行测度。由于 $0<\rho<1$，式 4-4 清晰表明了子效用 U_n 是 n 的增函数。用经济学理论可以解释为，消费者偏爱多样化的产品组合，因此消费者通过购买不同商品得到的效用直接受益于高新技术企业的集聚情况。当高新技术企业集聚效应越大时，该地区消费者有更多的商品可供选择，同时获得不同的商品可能更加便利或更加优惠，从而消费者可得到的效用越大。

然而，由于不同地区的经济、地理条件和相关政策的不同，尽管两个相异地区拥有相同数量的企业，其集聚效应也可能不同。因此，不妨设 $m(m>0)$ 也表示某一个地区高新技术企业的集聚效应。n 与 m 的区别在于，n 是用企业数量直观影响企业集聚的变量，企业数量 n 越大则集聚效应越大；而 m 则表示受非企业数量影响的集聚效应，m 越大也表示集聚效应越大。那么，对式 4-4 的 D-S 效用函数进行改进，新的 D-S 效用函数可表示为：

$$U_n=\left(\sum_{i=1}^{n}x_i^{\rho}\right)^{\frac{m}{\rho}} \tag{4-5}$$

在之前的分析中，由于 P_n 表示高新技术产品组合的价格，可以给定 $p_i(i=1, 2, \cdots, n)\in P_n$ 表示每种高新技术产品 i 的价格。进一步，由于高新技术产品消费占消费者收入的比率为 μ，那么消费者对高新技术产品的效用最大化问题可以表示为：

$$\begin{cases} \max U_n = \left(\sum_{i=1}^{n} x_i^{\rho}\right)^{\frac{m}{\rho}} \\ \text{s. t.}: \sum_{i=1}^{n} p_i x_i = \mu I \end{cases} \tag{4-6}$$

求解该效用最大化问题，可得：

$$\mu I = \left(\sum_{i=1}^{n} x_i^{\rho}\right)^{\frac{1}{\rho}} \left(\sum_{i=1}^{n} p_i^{\frac{\rho}{\rho-1}}\right)^{\frac{\rho-1}{\rho}} \tag{4-7}$$

假设高新技术产业集聚只影响该行业的数量指数而不影响价格指数，可以证明 $P=\left(\sum_{i_1}^{n} p_i^{\frac{\rho}{\rho-1}}\right)^{\frac{\rho-1}{\rho}}$ 是高新技术产品价格指数①，也就是上文中的 P_n。同时，$Q=\left(\sum_{i=1}^{n} x_i^{\rho}\right)^{\frac{m}{\rho}}$ 是高新技术产品数量指数，且数量指数是 m 的增函数，从而有：

$$PQ^{\frac{1}{m}} = \mu I \tag{4-8}$$

由式 4-6 还可以得到 x_i 的需求函数：

$$x_i = \left(\sum_{i=1}^{n} x_i^{\rho}\right)^{\frac{1}{\rho(\rho-1)}} \left(\frac{p_i}{\mu I}\right)^{\frac{1}{\rho-1}^{\frac{1}{\rho-1}}} \tag{4-9}$$

式 4-9 表明，单一高新技术产品 x_i 的需求与受非企业数量影响的集聚效应 m 无关，而跟企业数量 n 有关。因为替代参数 ρ 满足 $0<\rho<1$，因此在其他参数给定时，商品 x_i 的需求函数是企业数量 n 的减函数。这意味着，随着高新技术企业数量和产品种类的增加，该行业的集聚效应越大，对某一特定产品 x_i 的需求会越小。式 4-9 还表明，在其他条件不变的情况下，商品 x_i 的需求函数是消费者收入 I 的增函数，抑或该商品价格 p_i 的减函数。

（二）生产者行为

考虑一个跨区域生产者假设：每个区域都存在高新技术部门和非高新技

---

① 详细证明见附录 4-1。

术部门；因此在生产中，会使用两种不同要素的劳动力，即高新技术劳动力和非高新技术劳动力。它们分别满足假设：非高新技术劳动力在两个区域间是不可流动的，仅用于非高新技术行业的生产且规模收益不变；而高新技术劳动力在两个区域间是可流动的，仅用于高新技术行业的生产且规模收益递增。

由于每个消费者对高新技术产品的支出都占其可分配收入的比例为 μ，那么整个经济系统中高新技术产品的总支出占总收入的比例也为 μ，非高新技术产品的总支出占总收入的比例则为 $1-\mu$。假设经济系统中的总人口的单位为1，长期均衡时两种行业的劳动力收入水平相等，那么可以设高新技术行业的劳动力数量占 μ 个单位，非高新技术行业的劳动力数量占 $1-\mu$ 个单位。

先考虑非高新技术行业部门。假设该部门的劳动力在区域 A，B 间均匀分布，且由于非高新技术劳动力不可流动，因此对于区域 A，B 都有固定的 $\frac{1-\mu}{2}$ 单位的非高新技术劳动力。因为非高新技术行业生产具有规模收益不变的特征，因此可以假设一个非高新技术劳动力仅生产一单位的非高新技术产品，以这一单位非高新技术产品衡量的非高新技术劳动力的工资水平为1。那么，高新技术行业劳动力的名义工资就是以1的非高新技术劳动力的工资水平衡量的高新技术行业劳动力工资。

对高新技术行业而言，由于高新技术劳动力可以在区域 A，B 间自由流动，因此有：

$$L_A + L_B = \mu \tag{4-10}$$

其中，L_A、L_B 分别表示区域 A、区域 B 的高新技术劳动力所占比例。假设某地区的高新技术企业 i 生产了 q_i 的产品，借鉴福吉塔和蒂斯（Fujita and Thisse）关于杜能模型与地租形成的相关论述和邵宜航、李泽扬考虑空间集聚、企业动态与经济增长的模型假设，定义 $\varphi(m)$ 为空间集聚带来的负效应。其中，$\varphi(m)$ 是凸的且始终有 $\varphi(m)>0$，即对任意的 m_1，m_2，均满足 $0<\varphi\left(\frac{m_1+m_2}{2}\right)\leqslant\frac{\varphi(m_1)+\varphi(m_2)}{2}$。这意味着，随着 m 的增加，集聚的负效应呈现先减后增的趋势。那么，以劳动力数量为度量单位的高新技术企业 i 的可变成本为 $\varphi(m)q_i$。

对式 4-4 的 D-S 效用函数进行改进，新的 D-S 效用函数可表示为：

$$L_i = F + \varphi(m) q_i \tag{4-11}$$

其中，L_i 是高新技术厂商 i 在生产中使用的劳动量。那么，该企业 i 的成本函数为：

$$C_i = w_i (F + \varphi(m) q_i) \tag{4-12}$$

其中，w_i 是高新技术企业 i 支付给该企业每单位劳动力的工资。事实上，式 4-12 反映了高新技术行业在一定范围内规模报酬递增的性质①。因为无论任何一家厂商 i 的产量 q_i 是多少，企业的固定成本始终为 w_iF，那么只要在 w_i 和 m 不变的情况下，厂商的平均成本 $\frac{C_i}{q_i} = w_i\left(\frac{F}{q_i} + \varphi\ (m)\right)$ 会随着产量 q_i 的增加而下降。

对任何一家高新技术企业 i，给定产品 i 的价格 p_i、产量 q_i 和成本函数 C_i，可以得到其利润函数为：

$$\pi_i = p_i q_i - w_i (F + \varphi(m) q_i \tag{4-13}$$

假设市场出清，那么对产品 i，都有需求等于供给，因此有：

$$x_i = q_i \tag{4-14}$$

假设 $U_{\max}$ 是消费者对消费高新技术产品得到的子效用 U_n 的最大化，可以证明：

$$x_i = p_i^{\frac{1}{\rho-1}} U_{\max}^{\frac{1}{m}} p^{\frac{1}{\rho-1}} \tag{4-15}$$

记 $k = U_{\max}^{\frac{1}{m}} p^{\frac{1}{\rho-1}}$，且为了计算方便，利用关系 $\sigma = \frac{1}{1-\rho}$，式 4-15 可以转化为：

$$x_i = k p_i^{-\sigma} \tag{4-16}$$

联立式 4-13、式 4-14 和式 4-16，企业 i 的利润最大化问题转化为：

$$\begin{cases} \max \pi_i = p_i q_i - w_i (F + \varphi(m) q_i) \\ \text{s.t.}: \ q_i = k p_i^{-\sigma} \end{cases} \tag{4-17}$$

求解该利润最大化问题，可得：

$$p_i = \frac{\sigma}{\sigma - 1} w_i \varphi(m) \tag{4-18}$$

---

① 附录 4-2 对此进行了更进一步的解释。

式 4-18 表明，高新企业产品的厂商定价受到集聚效应 m 的影响。在其他条件不变的情况下，由于 $\varphi(m)$ 是凸的且 $\sigma>1$，那么产品 i 的定价 p_i 会随着高新技术企业集聚效应 m 的增加先减后增。

在任一区域，每一种产品的厂商都可以自由进出，那么在长期均衡时厂商利润为 0，从而可以证明每个区域的企业产出量相等。所以，对于处于任何一个区域的任何一个企业 i，都有：

$$q_i=\frac{(\sigma-1)F}{\varphi(m)} \tag{4-19}$$

式 4-19 意味着，高新技术产品 i 的产量 q_i 与受非企业数量影响的集聚效应 m 有关。由于 $\varphi(m)$ 是凸的且 $\sigma>1$，所以在其他条件不变的前提下，随着集聚效应 m 的增大，产量 q_i 会首先增加，而到达一定的拐点后，产量 q_i 会继而减小。

每个高新技术企业的产出量相等意味着使用的高新技术劳动量也相等，那么设 n_A，n_B 分别代表区域 A，B 的企业数量，存在 $\lambda>0$，有：

$$\frac{n_A}{n_B}=\frac{L_A}{L_B}=\lambda \tag{4-20}$$

(三)“冰山”运输成本

在新经济地理学中，单一区域内的交易和区域间的交易的重要区别在于以下一条假设：即同一区域内的工业品贸易不存在交易成本，而区域间的工业品贸易是有成本的。为了描述这种成本，克鲁格曼借用了萨缪尔森于 1950 年提出的“冰山”运输成本，即产品在抵达目的地的运输过程，就像“冰山”的移动过程，会“融化”掉一部分。换句话说，为了实现区域间的工业品贸易，产品在运输过程损失的一部分就是“冰山”运输成本。

根据萨缪尔森与克鲁格曼的理论，现假设把 1 单位的高新技术产品从区域 A 运输到区域 B，会损失 $1-\tau(0<\tau<1)$ 部分，那么这 $1-\tau$ 就是“冰山”运输成本，剩余部分就是 τ。当 τ 越接近 1 时，“冰山”运输成本越小。

现不妨假定交易成本 $1-\tau$ 是关于绿色发展指数 g 的函数，同时其他影响交易成本的因素都是恒定的，那么把 1 单位的高新技术产品从区域 A 运输到区域 B，会剩余 $\tau(g)$ 部分。

结合以上分析，可以假设交易成本是关于绿色经济发展指数的减函数，即 g 越大时，$1-\tau(g)$ 越小；因此 $\tau(g)$ 是关于 g 的增函数。由于 $\tau(g)$ 表示把 1 单位的产品从区域 A 运输到区域 B 所剩余的那部分，那么，来自区域 A 的产品在区域 B 销售就要收取 $\frac{p_A}{\tau(g)}$ 的价格。

假设区域 A，B 的消费者对区域 A，B 的高新技术产品都有需求，那么区域 A，B 的消费者对两区域高新技术产品的相对需求可以表示为：

$$\frac{D_{AA}}{D_{AB}}=\left(\frac{p_A}{\frac{p_B}{\tau(g)}}\right)^{-\sigma}=\left(\frac{w_A\tau(g)}{w_B}\right)^{-\sigma} \tag{4-21}$$

$$\frac{D_{BA}}{D_{BB}}=\left(\frac{\frac{p_A}{\tau(g)}}{p_B}\right)^{-\sigma}=\left(\frac{w_A}{w_B\tau(g)}\right)^{-\sigma} \tag{4-22}$$

其中，D_{AA} 表示 A 地区的代表性消费者对 A 地区的一种高新技术产品的需求量，D_{AB} 表示 A 地区的代表性消费者对 B 地区的一种高新技术产品的需求量。同理，D_{BA}，D_{BB} 有着类似的经济含义。式 4-21 与式 4-22 的结果运用到了式 4-16 的 $x_i=kp_i^{-\sigma}$。

（四）区域均衡

前面已经假定区域 A，B 非高新技术行业劳动力的收入水平相等，且高新技术行业劳动力工资的度量单位是以非高新技术行业劳动力的收入水平测量的，那么对于区域 A，B，假设它们的总收入分别为 I_A，I_B，那么有：

$$I_A=\frac{1-\mu}{2}+w_AL_A \tag{4-23}$$

$$I_B=\frac{1-\mu}{2}+w_BL_B \tag{4-24}$$

式 4-23 与式 4-24 被称为收入方程。现假定 Z_{AA} 表示区域 A 的代表性消费者对区域 A 生产的高新技术产品的支出与其对区域 B 生产的高新技术产品的支出的比值，Z_{AB} 表示区域 B 的代表性消费者对区域 A 生产的高新技术产品的支出与其对区域 B 生产的高新技术产品的支出的比值。利用式 4-16 与式 4-20，有：

$$Z_{AA}=\frac{n_Ap_AD_{AA}}{n_B\frac{p_B}{\tau(g)}D_{AB}}=\left(\frac{L_A}{L_B}\right)\left(\frac{p_A\tau(g)}{p_B}\right)^{1-\sigma}=\left(\frac{L_A}{L_B}\right)\left(\frac{w_A\tau(g)}{w_B}\right)^{1-\sigma} \tag{4-25}$$

$$Z_{AB}=\frac{n_A\frac{p_A}{\tau(g)}D_{BA}}{n_B p_B D_{BB}}=\left(\frac{L_A}{L_B}\right)\left(\frac{p_A}{p_B\tau(g)}\right)^{1-\sigma}=\left(\frac{L_A}{L_B}\right)\left(\frac{w_A}{w_B\tau(g)}\right)^{1-\sigma} \quad (4\text{-}26)$$

由于一个区域的高新技术劳动力的总收入来自两个区域对该区域高新技术产品的支出，Z 又表示某一地区的代表性消费者对两个区域生产的高新技术产品的支出的比值，那么各区域高新技术企业劳动力的总收入可以写成：

$$w_A L_A=\mu\left(\left(\frac{Z_{AA}}{1+Z_{AA}}\right)I_A+\left(\frac{Z_{AB}}{1+Z_{AB}}\right)I_B\right) \quad (4\text{-}27)$$

$$w_B L_B=\mu\left(\left(\frac{1}{1+Z_{AA}}\right)I_A+\left(\frac{1}{1+Z_{AB}}\right)I_B\right) \quad (4\text{-}28)$$

在消费者行为中，已经推算出了不考虑跨区域情况的高新技术产品价格指数满足 $P=\left(\sum_{i=1}^{n}p_i^{\frac{\rho}{\rho-1}}\right)^{\frac{\rho-1}{\rho}}=\left(\sum_{i=1}^{n}p_i^{1-\sigma}\right)^{\frac{1}{1-\sigma}}$。当消费者面临着两区域的产品选择时，由于非高新技术产品的价格保持稳定，那么不同区域的消费者需要考虑高新技术产品的价格指数与高新技术劳动力在两区域的分布情况。所以，区域 A，B 的消费者面临的高新技术产品的价格指数为：

$$p_A=\left(\left(\frac{L_A}{L_A+L_B}\right)w_A^{1-\sigma}+\left(\frac{L_B}{L_A+L_B}\right)\left(\frac{w_B}{\tau(g)}\right)^{1-\sigma}\right)^{\frac{1}{1-\sigma}} \quad (4\text{-}29)$$

$$p_B=\left(\left(\frac{L_A}{L_A+L_B}\right)\left(\frac{w_A}{\tau(g)}\right)^{1-\sigma}+\left(\frac{L_B}{L_A+L_B}\right)w_B^{1-\sigma}\right)^{\frac{1}{1-\sigma}} \quad (4\text{-}30)$$

那么，式 4-23—式 4-30 组成了一个区域均衡系统。研究绿色经济发展对高新技术产业集聚的影响，实际上就是研究 g 与 m 的关系。

现在共有以下几个参数：总收入 I_A，I_B，高新技术劳动力 L_A，L_B 及对应工资 w_A，w_B，高新技术产品价格 p_A，p_B，高新技术支出比值 Z_{AA}，Z_{AB}，高新技术行业劳动力占比 μ，替代弹性 σ，绿色经济发展指数 g 及其剩余函数 $\tau(g)$。

显然，只要 μ，σ，g，h 这四个参数给定，区域均衡方程组式 4-23—式 4-30 就只剩下了未知的 I_A，I_B，w_A，w_B，p_A，p_B，Z_{AA}，Z_{AB}。现在有 8 个方程和 8 个未知数，由高等代数的知识知在有解且相互无关的前提下每个未知数必有确定解。然而，找出每个变量的确定的解析式相当复杂，故需采用数值模拟的方法求解。对 μ，σ，g，h 这四个参数，只要给定其他三个参数，那么通过改变剩下一个参数的值就可以得到不同的 I_A，I_B，w_A，w_B，p_A，p_B，Z_{AA}，Z_{AB} 的数值解。

四、数值模拟

在式 4-23—式 4-30 组成的区域均衡系统中，由绿色发展水平决定的剩余函数 $\tau(g)$ 和由集聚程度决定的集聚的负效应 $\varphi(m)$ 是最直接的研究对象。因此，要研究 $\tau(g)$ 和 $\varphi(m)$ 的关系，只需要在依次改变某一 μ，σ，h 的值的同时维持另外两个参数不变，就可以利用数学软件进行数值模拟，得到一系列的函数图像。

如无特别说明，数值模拟的软件操作均使用 Matlab 2022b 进行。考虑 $\tau(g)$ 的变化幅度，在软件中设定为 0.000 5，那么对于 $\tau(g) \in (0, 1)$，就有 1 999 个观测点。在本部分中，通过结合实际的经济意义和有利的数学性质，假设 $\tau(g) \in [0.4, 1]$，因此存在 1201 个观测点。

（一）调整高新技术行业占比 μ

根据假设，μ 是整个经济系统中高新技术产品的总支出占总收入的比例，也就是高新技术产品产值占 GDP 的比例。以深圳为例，2022 年深圳市高新技术产品产值约 1.3 万亿，GDP 约为 3.24 万亿，高新技术产品产值占 GDP 比例约为 40.12%。通常而言，深圳代表着中国高新技术产业最发达的地方，因此可以假设 μ 的最大值为 0.4，其他的 μ 值则从 0.4 开始往下取值，最低设为 0.1。

此外，控制其他的参数保持不变。在这里，仅假设 $h = 1 = \frac{L_A}{L_A + L_B}$，那么根据 $L_A + L_B = \mu$ 有 $L_A = L_B = \frac{\mu}{2}$。这意味着高新技术劳动力的分布在任两个区域间是均匀的。关于替代参数 σ，则采用常用的假设 $\sigma = 4$ 表示替代性较弱的高新技术产品。最后，由于 $\tau(g)$ 是减去交易成本后的剩余函数，就实际意义而言，$\tau(g)$ 不宜过小；但从数值模拟的角度上出发，则希望尽量扩大 $\tau(g)$ 的范围以观察函数变化的规律。因此，结合以上分析，假定 $0.4 \leqslant \tau(g) \leqslant 1$。（从经济意义上，不能令 $\tau(g) = 1$；但在数值模拟中，可以从 $\tau(g) = 1$ 观察出重要的数学性质。）

假设，$L_A = L_B = 0.2$，$\sigma = 4$ 不变，调整从 $\mu = 0.4$ 到 $\mu = 0.1$，数值模拟

结果均如图 4-1 所示。这系列结果表明，当某种高新技术产品替代性一般，且高新技术劳动力在任两个区域平均分布时，高新技术产品产值占 GDP 比重的改变不会影响 $\tau(g)$ 对 $\varphi(m)$，即绿色经济发展水平对高新技术企业集聚的负效应的关系。同时，随着绿色经济发展水平 g 的增加，集聚带来的负效应就越小。

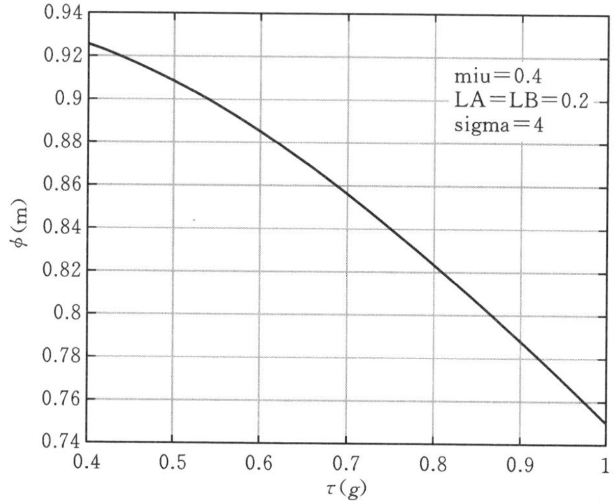

图 4-1　$\mu=0.4$，$L_A=L_B$，$\sigma=4$ 的数值模拟

需要注意的是，$\varphi(m)$ 是关于 $\tau(g)$ 的凹函数，且对于 $\tau(g)\geqslant 0.4$ 不存在对应的驻点，因此说明在绿色发展水平较低的时候，绿色发展水平的提高对抑制集聚带来的负效应的作用较小。

（二）调整高新技术产品替代弹性 σ

根据假设，σ 是某系列高新技术产品之间的替代弹性，满足 $\sigma>1$。σ 越大，表明该系列高新技术产品之间的可替代性越强。记 $\sigma=\dfrac{1}{1-\rho}$，其中 $\rho\in(0,1)$ 是多样性偏好参数，ρ 越小表明消费者对高新技术产品的多样化偏好程度越大，意味着市场上该系列高新技术产品的种类就越多，替代性越低。

对于其他参数，假设 $h=1=\dfrac{L_A}{L_A+L_B}$，那么根据 $L_A+L_B=\mu$ 有 $L_A=L_B=\dfrac{\mu}{2}$。对于 μ，考虑高新技术发展一般的地区，假设 $\mu=0.2$。因此，假设 $\sigma=2$，$\mu=0.2$，$L_A=L_B=0.1$ 不变，依次改变 σ 使得 $\sigma=4$、$\sigma=6$、$\sigma=8$ 与

$\sigma=10$，可以得到不同的数值模拟结果。其中，图 4-2 与图 4-3 所示展现了 $\sigma=6$ 与 $\sigma=10$ 的情况。

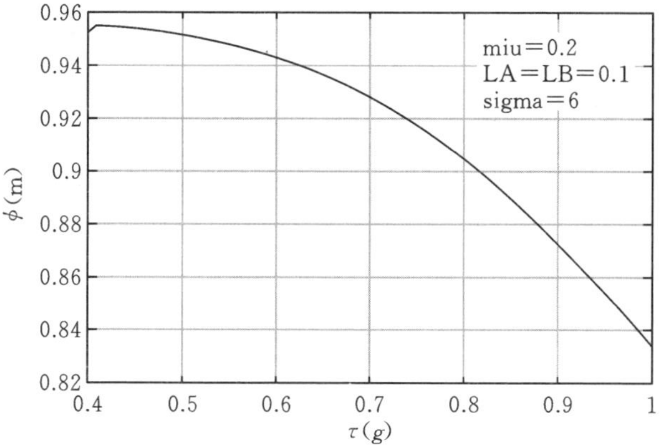

图 4-2　$\mu=0.2$，$L_A=L_B$，$\sigma=6$ 的数值模拟

由图 4-2，当 $\tau(g)\in[0.4,\ 1]$ 时，$\varphi(m)$ 随着 $\tau(g)$ 的扩大先增加再减小，这意味着集聚的负效应会随着绿色经济发展水平的增加先增后减。尽管这个驻点的横坐标距离 0.4 相当接近，看上去十分微小，但这个驻点和函数的变化是确实存在的。这意味着，在高新技术产品替代性足够大时，如果剩余函数 $\tau(g)$ 足够小 [或者说运输成本函数 $1-\tau(g)$ 足够大]，那么绿色经济发展水平 g 的改进在小幅度内无法抑制集聚的负效应，反而扩大了集聚产生的负效应；而当绿色发展水平 g 达到一定水平后，才能减小集聚产生的负效应。

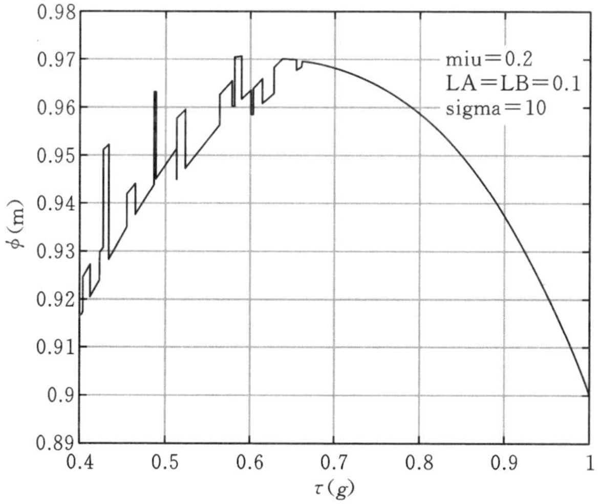

图 4-3　$\mu=0.2$，$L_A=L_B$，$\sigma=10$ 的数值模拟

由图 4-3，当 $\sigma=10$ 时，与 $\sigma=6$ 的情况存在很大不同。在 $\tau(g)$ 没有达到“稳定点”之前，集聚的负效应 $\varphi(m)$ 有着更强烈的、更多次的不规则波动。注意到，随着高新技术产品替代弹性的增大，$\tau(g)$ 的“稳定点”也相应增大到了 0.660 5。那么对于使得 $\tau(g)<0.6605$ 的那部分 g，并不存在实际的经济意义。这说明，对于替代弹性越高的高新技术产品，需要有越低的交易成本或者越高的绿色经济发展水平，否则这系列产品的企业不适宜在该区域形成集聚。

可以把图 4-3 大致分为两个部分：一个是 $0.4\leqslant\tau(g)<0.6605$ 的部分，另一个是 $0.6605\leqslant\tau(g)\leqslant1$ 的部分。当 $0.6605\leqslant\tau(g)\leqslant1$ 时，高新技术产品集聚的负效应 $\varphi(m)$ 是剩余函数 $\tau(g)$ 也就是绿色经济发展水平 g 的单调递减函数。因此，对于 $\tau(g)\in[0.4, 1]$，可以大致认为随着绿色经济发展水平的提高，高新技术产品集聚带来的负效应会先增后减。

（三）调整高新技术劳动力的分布系数 *h*

由既定公式，有 $h=\frac{L_A}{L_A+L_B}$ 和 $\mu=L_A+L_B$，因此 h 越高表示任意两个区域高新技术企业的劳动力比重差距越大，劳动力分布越不均匀。空间经济学常用的做法是，利用 $\frac{L_A}{L_B}$ 的比值也就是 $\frac{h}{1-h}$ 测量工业集聚程度，h 越大表明区域 A 发生的集聚程度越大；再利用实际工资 $\frac{\omega_A}{\omega_B}=\frac{w_A p_A^{-\mu}}{w_B p_B^{-\mu}}$ 表示工业劳动力的流动倾向。当 $\frac{\omega_A}{\omega_B}>1$ 时，表明工业劳动力有向区域 A 聚集的趋势；当 $\frac{\omega_A}{\omega_B}<1$ 时，表明工业劳动力有向区域 B 聚集的趋势；当 $\frac{\omega_A}{\omega_B}=1$ 时，表明工业劳动力不会向任一区域流动。因此，利用 $\frac{L_A}{L_B}$ 与 $\frac{\omega_A}{\omega_B}$ 的关系可以研究区域长期均衡的稳定性问题。例如，假设有某种冲击使得 $\frac{L_A}{L_B}>1$ 时，总是有 $\frac{\omega_A}{\omega_B}<1$，那么长期工业劳动力不会被吸引到区域 A，从而这两个区域会维持稳定的均衡分布，不会因为这种冲击发生改变。但是，若有某种冲击使得 $\frac{L_A}{L_B}>1$，进而导致 $\frac{\omega_A}{\omega_B}$

>1，那么长期工业劳动力会被吸引到区域 A，工业在区域 A 的集聚会一直持续下去，直至形成核心-边缘的空间分布模式。

上述区域稳定性问题的一大核心假设是交易成本（或运输成本）τ 是给定的。由于已经假定了交易成本 τ 是绿色经济发展水平 g 的函数 $\tau(g)$，而研究目的是集聚与绿色经济发展的关系，因此上述的分析方法（在变量选择上）是不适用的。然而，这便于理解 h 的经济意义，也可以从另一种角度对其进行分析和解释。此时，h 理解为已存在的集聚程度，h 越大则代表天然形成的集聚程度越大，那么就可以用 h 和 m 研究集聚的稳定性问题。

首先，给定 $\mu=0.2$ 和 $\sigma=6$，这里考虑了高新技术产业产值占比和高新技术产品替代弹性都是一般的情况。假设 $L_A=L_B=0.1$，意味着这个系统处于一个不发生集聚的均衡状态，那么就是上述图 4.2 所展示的情况。此时，假设有某种冲击使得高新技术企业向某个区域发生集聚，那么集聚的负效应 $\varphi(m)$ 会随着绿色经济发展水平 g 的增加而呈现大致上单调递减的情况。关于该情况的讨论已在上文中详细解释过，此处不再赘述。

现在，保持 $\mu=0.2$ 和 $\sigma=6$ 不变，依此假设 $L_A=1.2L_B$、$L_A=2L_B$、$L_A=4L_B$、$L_A=9L_B$，可以得到不同的数值模拟结果。其中，图 4-4、图 4-5 分别展示了 $L_A=2L_B$、$L_A=4L_B$ 的图示。

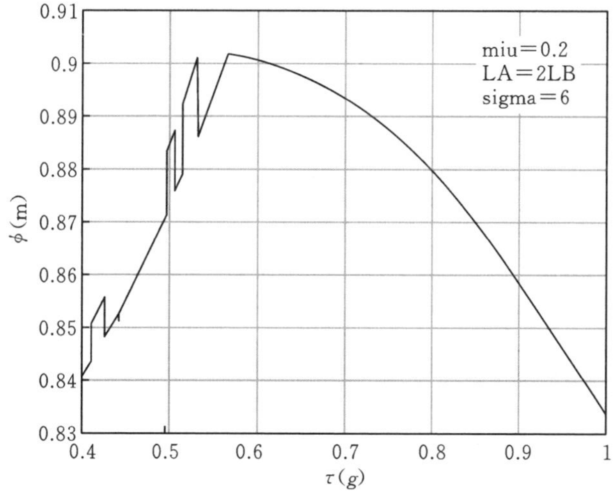

图 4-4　$\mu=0.2$，$L_A=2L_B$，$\sigma=6$ 的数值模拟

由图 4-4，在 $\tau(g)$ 达到“稳定点”0.564 5 之前，$\varphi(m)$ 有着更多次数和

更加强烈的波动。随着初始集聚程度 $h=\frac{L_A}{L_A+L_B}$ 的增加，使得区域高新技术企业集聚稳定的"稳定点"相应地增加了。对于使得 $\tau(g)<0.5645$ 的 g，假若集聚程度满足天然给定的 $\frac{L_A}{L_B}=2$，那么这样的集聚是不稳定的。这也意味着，对于任意只存在两个地区的经济系统，假若某个区域天然形成了较大的集聚优势，那么就需要有相应更高的绿色经济发展水平或更低的交易成本得以维持集聚。

进一步，在 $0.4\leqslant\tau(g)\leqslant 1$ 的范围内，集聚的负效应 $\varphi(m)$ 会随着剩余函数 $\tau(g)$ 也就是绿色经济发展水平 g 的增加首先增加，再达到"稳定点"0.564 5 后发生变化，即此时 $\tau(g)$ 的增加会减小集聚的负效应。利用 Matlab 2022b，该图像的三次项拟合函数可以表示为 $\varphi(m)=1.188\tau(g)^3-3.165\tau(g)^2+2.58\tau(g)+0.2327$。

由图 4-5，当 $L_A=4L_B$ 时，高新技术企业集聚的负效应 $\varphi(m)$ 大致上也会随着剩余函数 $\tau(g)$ 的增加先增后减。规律性的结论是，随着初始集聚程度 h 的增加，使得该集聚得以维持的 $\tau(g)$ 稳定点也增加了（增加到 0.623 5）。对于 $0.4\leqslant\tau(g)<0.6235$ 也就是交易成本比重满足 $1-\tau(g)\geqslant 0.3765$ 的情况，假若天然已经形成了高新技术行业集聚，那么这种集聚必然是不稳定的。

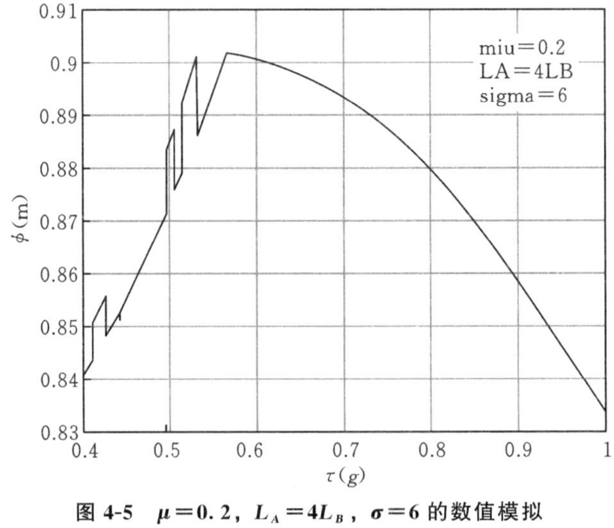

图 4-5 $\mu=0.2$，$L_A=4L_B$，$\sigma=6$ 的数值模拟

略有不同的是，随着初始集聚程度 h 的增加，当 $\tau(g)$ 超过稳定点后，

$\varphi(m)$ 单调递减的曲线愈发平缓。当 $L_A=1.2L_B$ 时，$\varphi(m)_{\tau(g)=0.4} \gg \varphi(m)_{\tau(g)=1}$；当 $L_A=2L_B$ 时，$\varphi(m)_{\tau(g)=0.4} \approx \varphi(m)_{\tau(g)=1}$；而当 $L_A=4L_B$ 时，则 $\varphi(m)_{\tau(g)=0.4} \ll \varphi(m)_{\tau(g)=1}$。这表明，只要使得 $\tau(g)$ 达到"稳定点"的绿色发展水平 g 足够大，那么随着高新技术行业初始集聚程度 h 的增加，通过维持集聚而带来的负效应 $\varphi(m)$ 会逐渐平缓。

维持集聚的稳定性和绿色经济如何对集聚产生影响是本部分讨论的重点问题。对于改变高新技术产业集聚水平 μ，不会对绿色经济对集聚的影响产生显著的变化；而通过改变高新技术产品替代弹性 σ 和高新技术产业初始集聚程度 h，则可以得到显著的结论。表 4-1、表 4-2 分别展示了通过改变 σ 和 h 的数值模拟的表格结果。

表 4-1　$\varphi(m)$ 关于 $\tau(g)$ 的主要变化（$\mu=0.2, L_A=L_B$）

	$\sigma=2$	$\sigma=4$	$\sigma=6$	$\sigma=8$	$\sigma=10$
g 对于 $\varphi(m)$ 的关系	单调递减	单调递减	单调递减	先增后减	先增后减
$\tau(g)$ 的"稳定点"	0.4	0.4	0.409 5	0.583 5	0.660 5
$\varphi(m)$ 的下确界	0.5	0.75	0.833 3	0.875	0.9
$\varphi(m)$ 的上确界	0.714 286	0.925 6	0.955 1	0.964 8	0.970 6
拟合函数三次项系数	0	0	−0.117 3	0.164 3	−0.130 7
拟合函数二次项系数	0.209 1	−0.209	−0.136 2	−0.905 4	−0.355 9
拟合函数一次项系数	−0.645 4	−0.007 62	0.170 6	0.914 7	0.667 2
函数凹凸性	凸函数	凹函数	凹函数	凹函数	凹函数

表 4-1 从直观上展现了当其他因素不变，高新技术产品替代弹性发生变化时，高新技术企业集聚的负效应关于绿色经济发展水平的变化，结论如下：(1) 高新技术产品替代弹性是决定产业集聚负效应和绿色经济发展水平关系的重要变量，也是影响产业集聚对绿色经济发展水平的重要变量；(2) 随着高新技术产品替代弹性的增加，绿色经济发展水平对产业集聚负效应的影响从单调递减逐渐转化为先增后减；(3) 高新技术产品替代弹性的增加会同时增加集聚负效应的下确界和上确界，这表明集聚带来的风险和成本也会相应地扩大；(4) 对于替代弹性越高的高新技术产品，由于其剩余函数 $\tau(g)$ 的"稳定点"越大，因此越不适宜在交易成本过高或绿色经济发展水平过低的地

区进行生产。这也解释了为什么在现实生活中边远地区或运输成本过高的地区不存在规模的高新技术行业集聚。

表 4-2 $\varphi(m)$关于$\tau(g)$的主要变化($\mu=0.2,\sigma=6$)

	$L_A=1.2L_B$	$L_A=2L_B$	$L_A=4L_B$	$L_A=9L_B$
g 对于 $\varphi(m)$ 的关系	先增后减	先增后减	先增后减	先增后减
$\tau(g)$ 的“稳定点”	0.458 5	0.564 5	0.623 5	0.680 5
$\varphi(m)_{\tau(g)=1}-\varphi(m)_{\tau(g)=s}$	0.105 6	0.068 3	0.036 5	0.016 5
$\varphi(m)$ 的下确界	0.833 3	0.833 3	0.776 4	0.735 9
$\varphi(m)$ 的上确界	0.938 9	0.901 7	0.869 8	0.849 8
拟合函数三次项系数	0.418 8	1.188	0.606 4	−0.281 3
拟合函数二次项系数	−1.32	−3.165	−2.038	−0.128 5
拟合函数一次项系数	1.061	2.58	2.015	0.784 1
函数凹凸性	凹函数	先凹后凸	凹函数	凹函数

注：$\varphi(m)_{\tau(g)=s}$ 表示当$\tau(g)$到达“稳定点”时，对应的$\varphi(m)$的值。对于$\varphi(m)_{\tau(g)=1}\equiv 0.833\,3$，且$\varphi(m)$关于$\tau(g)\in[0.4,1]$先增后减，因此 $\inf\varphi(m)$ 的值取决于$\varphi(m)_{\tau(g)=1}$与$\varphi(m)_{\tau(g)=0.4}$的大小。

表 4-2 从直观上展现了当其他因素不变，区域高新技术劳动力分布系数（或高新技术行业初始集聚程度）h 变化时，高新技术企业集聚的负效应关于绿色经济发展水平的变化；与替代弹性的研究不同的是，此部分还研究了集聚稳定性的问题。总的来说，结论如下：（1）高新技术劳动力分布系数是决定产业集聚负效应和绿色经济发展水平关系的重要变量，从而也是影响产业集聚对绿色经济发展水平的重要变量；（2）随着高新技术行业初始集聚程度的增加，使得集聚得以维持所需要的绿色发展水平也在增加（相应地需要更低的交易成本），否则这个集聚就是不稳定的；（3）当高新技术行业初始集聚程度相当大时，只要绿色发展水平保证这个集聚得以维持，那么它对集聚的影响就会相当小。在极端情况下，二者近似于无关；（4）当绿色发展水平足以维持集聚的稳定性时，随着高新技术行业初始集聚程度的增加，集聚所需的成本会越小，面临的风险也会越小。但是，若绿色发展水平较低使得集聚不稳定时，集聚面临的风险则会随着初始集聚程度的增加先减后增。

五、本章小结

本章拓展了KFV框架下克鲁格曼核心-边缘模型的基础模型，构建了绿色经济发展对于高新技术产业集聚影响的空间均衡模型，利用数值模拟的方法探讨了二者的关系和集聚稳定性的问题。该模型的核心思想是把集聚的负效应引入到生产者行为当中，把绿色经济发展系数引入到运输成本当中，从而建立了二者间的数学逻辑。根据数值模拟的结果，主要结论如下：（1）绿色经济发展水平对高新技术产业集聚的稳定性起着重要作用，当绿色经济发展水平过低时，高新技术产业会被分散，即使在初始阶段形成了集聚，这个集聚也会很快被破坏；（2）绿色经济发展水平对高新技术企业集聚存在着倒U形非线性关系。另外，还探讨了高新技术产值占比、高新技术产品替代弹性、高新技术产业初始集聚程度对改变二者关系的影响，主要结论是随着高新技术行业初始集聚程度的增加或高新技术产品替代弹性的增加，使得集聚得以维持所需要的绿色经济发展水平都会增加。当前我国各地区绿色经济发展水平显著提升，理论模型以及数据模拟结果解释了绿色经济发展水平通过降低运输成本为产业集聚提供了新的理论洞见。

第五章 “双碳”目标下碳交易市场（CTM）的实现机理与区域协作研究

一、导论

从工业革命开始，经济发展所导致的大气污染使全球气候正在发生剧变，从而导致极端天气、自然灾害等频发，严重影响全球生态安全和可持续发展。世界资源研究所的数据显示，由于我国过去的粗放型发展模式，2005 年我国碳排放量就超过美国，成为全球碳排放量最高的国家。2021 年，全球碳排放量 338.84 亿吨，同比增加 5.63%；中国 2021 年碳排放量 105.23 亿吨，同比增加 5.50%，占全球碳排放总量的 31.06%；而美国同期碳排放量 47.01 亿吨，同比增长 6.35%，占全球总数的 13.87%①，不到中国的一半。在我国人均收入还没有达到发达国家门槛的条件下，我国面临经济发展与碳减排的双重压力。因此，如何有效控制碳排放已成为包括中国在内的全球社会高度关注的重要问题之一。

1988 年，联合国环境规划署和世界气象组织联合发起并成立了政府间气候变化委员会，《联合国气候变化框架公约》于 1992 年 5 月达成，得到了 189 个温室气体排放国的自愿承诺和支持，其中包括美国和中国。该框架公约是迄今为止关于减少和消除温室气体排放的最重要国际公约之一，它以其强制性和灵活性相结合的特点，成为解决全球环境问题的有力武器。作为全球首个全面控制温室气体排放的文件，它成功地规避了温室效应对人类社会经济发展所带来的负面影响，同时为各国应对全球气候变暖问题提供了基本的国际合作框架。

---

① 数据来源：世界资源研究所，以下同。

一直以来，联合国广泛关注气候变化情况，并自 1995 年起连续举办全球气候大会，加强世界范围内关于气候变化情况的工作交流和相互协商，就各个国家的职责义务和相关利益展开多轮磋商。

1997 年 12 月，在日本京都举办的第一届联合国气候大会上审核通过了《京都议定书》。这是人类第一部限制各国温室气体排放的国际法案，它确定了控制全球碳排放的总量目标和分解指标，是碳排放交易体系发展史上具有里程碑意义的文件。

2015 年 12 月 12 日，第二十一届全球气候会议上 197 个国家通过了《巴黎协定》，其主要内容为：将全球气温升幅限制在比工业化前水平高 2℃以内，并寻求将气温升幅进一步限制在 1.5℃以内的措施；每 5 年审查一次各国对减排的贡献；通过提供气候融资，帮助贫困国家适应气候变化并改用可再生能源。《巴黎协定》的签署标志着向低碳世界转型的开始，其实施为推动减排和建设气候适应能力的行动提供了路线图。截至目前，全球已有超过 120 个国家和地区提出了自己的碳中和达成路线。

2022 年，全球的极端气候事件频发，如巴基斯坦的毁灭性洪水、欧洲多地的极端酷暑和山火不断敲响气候危机的警钟。与此同时，全球也持续受到俄乌冲突、经济下行、能源短缺和新冠疫情等众多危机的叠加影响。第 27 届全球气候大会在埃及沙姆沙伊赫举办，围绕四个主要议题展开：减缓（减少温室气体排放）、适应（适应极端气候）、融资和合作。闭幕大会上，一项名为《沙姆沙伊赫实施计划》的协议最终发布，长期悬而未决的“损失与损害”资金被确立设定，气候变化问题成了一个三维的问题，即“减缓、适应和损失损害”。会议还重申将全球变暖幅度控制在比工业化前水平高 1.5℃的目标，以及全球需要在 20 年内减少温室气体排放，到 2030 年排放量减半。

可以看出，世界各国都对减少碳排放问题给予高度关注，到 21 世纪中叶全球实现碳中和的呼声日益强烈，这是全人类碳中和的美好愿景。世界各国也仍在对加强沟通，致力于全球气候治理问题上达成共识，表 5-1 梳理了近十年来全球气候大会的工作成果。

中国作为最大的发展中国家，一直积极参与全球环境治理，习近平总书记在党的二十大报告中强调：立足我国能源资源禀赋，坚持先立后破，有计划分步骤实施碳达峰行动，并提出要完善能源消耗总量和强度调控，重点控制化石能源消费，逐步转向碳排放总量和强度“双控”制度。

表 5-1　近十年来全球气候大会工作成果

时间	地点	达成成果
2012	卡塔尔多哈	就 2013 年起执行《京都议定书》第二承诺期及第二承诺期以 8 年为期限达成一致，从法律上确保了该议定书第二承诺期在 2013 年实施。加拿大、日本、新西兰及俄罗斯明确不参加第二承诺期。
2013	波兰华沙	发达国家再次承认应出资支持发展中国家应对气候变化。
2014	秘鲁利马	就 2015 年巴黎气候大会协议草案的要素基本达成一致。
2015	法国巴黎	《巴黎协定》签署，为 2020 年后全球应对气候变化行动作出安排。
2016	摩洛哥马拉喀什	通过《巴黎协定》第一次缔约方大会决定和《联合国气候变化框架公约》第 22 次缔约方大会决定。
2017	德国波恩	按照《巴黎协定》的要求，为 2018 年完成《巴黎协定》实施细则的谈判奠定基础，同时确认明年进行的促进性对话。
2018	波兰卡托维兹	各缔约方达成了《巴黎协定》的实施细则，为落实《协定》提供了指引。
2019	西班牙马德里	达成了包括《智利-马德里行动时刻》在内的 30 多项决议，见证了全球对于提高国家自主贡献目标（NDCS）的广泛呼声。
2021	英国格拉斯哥	就《格拉斯哥气候公约》达成一致并最终完善了《巴黎协定规则手册》。
2022	埃及沙姆沙伊赫	名为《沙姆沙伊赫实施计划》的协议发布，长期悬而未决的“损失与损害”资金被确立设定。

我国提出“双碳”目标两年多来，逐步构建了实现“双碳”目标的具体机制与实施方案，但也存在诸多不足。一是区域发展不平衡，各地区实现“双碳”目标压力不一致。例如我国西南部和西北部地区生产的绿电比较多，在“双碳”背景下，一些高附加值但是耗费能源的工业产业近几年由东部地区转到了西部地区，有利于促进西部地区的经济发展和人才培育，也有利于推动工业产业布局在全国范围内的低碳优化。但是，西部地区绿色能源丰富的地区仍面临人才储备、资金投入能力不足等问题，需要国家在重点地区开展重点政策扶持。二是区域间缺乏有效协作机制，经济发展大省和新能源发展大省如何加强各方面合作，促进新能源的投资和技术共享需要进一步思考。

二、碳交易市场（CTM）的实现机理

碳交易市场（Carbon Trading Market，简称CTM，下同）是指以碳排放权交易为实质的碳信用市场。所谓碳排放权，就是对重点排放单位在指定期间内所配置的碳排放额度。碳排放市场主体在某一地区、某一段时间内，以排放总量确定和限制参与碳排放权指标配额的分配和交易，即为碳排放权交易。

CTM可充分依托碳排放权资源整合交易市场化功能，作为市场机制控制和减少碳排放的有效手段，对加强区域合作，提升碳交易各方的综合效益，加快绿色协调发展，实现碳达峰碳中和发挥重要作用。作为落实国家碳达峰目标与碳中和愿景的制度创新和重要政策工具，CTM应充分发挥其市场化节能减排、推动我国各地区可持续经济发展、企业产业结构升级、能源结构调整，加快企业创新发展等方面的激励机制。

（一）CTM推动企业节能减排，实现其他污染综合治理

市场经济政策的实施不仅能够为减少碳排放和减少污染提供强有力的动力机制，同时也能够产生长期的激励效应。碳排放权交易就是通过市场机制来实现对碳排放量的限制或调节，以达到保护环境目的的经济行为。市场经济政策的手段可分为两类，一类是以市场为基础的政策手段，另一类则是通过构建市场来实现的政策手段，其中后者主要涉及市场权益的交易。当前我国碳排放权已纳入全国统一碳市场体系，但由于碳市场还不完善，导致碳排放权交易效率不高。建立一个高效运转的中国统一碳市场，采用市场竞争和价格调节机制，以交易碳排放配额资源为手段，充分利用市场机制。通过碳市场实现减排目标需要完善的法制体系作保障。相对于当前国内其他排放权交易方式，碳交易市场的核心优势在于将碳排放权实现市场化，即赋予其相应的市场定价机制。在这种条件下，企业等重点减排单位，因自身利益或国家经济目标而选择购买或者使用碳排放配额。作为一项经过法律确认的资产，碳排放配额具有法律效力，可以在合法范围内对所有权进行变更。在我国现有条件下，碳排放配额市场应采取“先交易后分配”的方式进行。由于企业等重点排放单位所属行业、所处区域和发展基础的差异，它们对碳排放配额

的需求也存在差异。制定碳排放配额有偿使用制度和碳排放配额交易市场运行规则，可形成碳配额交易体系。在碳交易市场中，可以为那些拥有超配额碳排放和富余碳配额的企业提供一个有序、高效的交易平台，以便它们能够购买或出售这些产品。通过建立统一平台，实现碳配额交易与其他各类交易的对接，并以价格机制引导和促进碳交易市场健康发展。通过运用交易机制，不仅解决了部分企业排放配额不足的难题，同时也将实施节能减排行动的企业所获得的多余碳配额转化为企业的重要价值资源，促进了市场内碳配额的流通，为企业实现节能减排提供了一条可行之路。

一项关于中国碳市场运行态势及市场专项调研报告指出，自 2013 年碳交易试点政策在北京、上海、天津、广东等八个试点省份开展以来，各试点省份 CTM 规模不断扩大，碳交易事件数量不断提升。2014—2020 年，碳市场中碳配额成交量从 1 578.59 万吨增加至 4 340.09 万吨，累计成交量达到 23 686.06 万吨；而碳交易成交金额从 0.49 亿元增加至 12.67 亿元，累计成交额达到 57.26 亿元。目前，中国试点碳市场已成长为配额成交量规模全球第二大的碳市场。在八个试点省份中，广东的 CTM 规模最大、活跃度最高，累计成交量超过一亿吨，占八个试点省份累计总成交量的 42.97%；而在累计成交额方面，广东作为碳交易试点活跃度最高的试点，交易累计成交额达 22.35 亿元，占累计总交易额的 39.03%。但是部分地区如天津和重庆的 CTM 成熟度低且表现效果不佳，市场发展几乎处于停滞状态。其中，天津的碳市场累计交易成交量最小，仅为 823.53 万吨；而重庆的碳市场交易事件数量是八个试点地区中最少的，活跃度最低，累计成交额为 0.53 亿元。通过以上统计数据不难推断，由于经济发展水平、产业结构和能源消费结构的差异，各试点碳市场的规模和活动存在很大的异质性。

现有研究表明，碳交易可以显著改善试点地区碳排放总量。关于中国碳交易的减排效果的研究主要有两个方面。一是部分文献对中国碳交易的减排效果开展了定性分析。例如杨秀汪等（2021）发现碳交易试点地区减排效果较为明显①；董直庆和王辉（2021）认为碳交易不仅可以降低试点地区碳排

① 杨秀汪，李江龙，郭小叶. 中国碳交易试点政策的碳减排效应如何?：基于合成控制法的实证研究 [J]. 西安交通大学学报（社会科学版），2021，41 (3)：13.

放，而且具有逐年增强的特点[①]；张继宏等（2019）发现不同行业的减排效果和减排成本差异较大，这可以有效促进碳市场的活跃度[②]；陈晓红等（2016）通过建立Stackelberg博弈模型验证了不同决策模式下碳交易价格对清洁型、低减排成本、高减排成本以及污染型制造商的碳排放变化趋势[③]。二是对中国碳交易的减排效果开展了定量实证分析。例如，姬新龙和杨钊（2021）使用PSM-DID和SCM方法发现碳交易可以有效减少试点地区二氧化碳排放量，且平均每年可以减少约12%[④]。曾诗鸿等（2022）认为碳交易政策能使试点地区的碳排放强度下降9.5%，其中，碳市场规模和活跃度每增加1%，将分别使得试点地区碳排放强度下降0.9%和0.7%[⑤]。由此可见，碳交易可以减少温室气体排放总量，有助于实现二氧化硫和雾霾等空气污染的协同治理效应。

（二）碳交易促进经济可持续发展

中国作为减排潜力最大的国家，政府颁布了一系列环境规制的强制性目标与措施，还需要考虑在最大限度减少环境不利影响的情况下，同时促进经济发展，减少对经济的不利影响。对于我国经济绿色低碳发展而言，碳排放权交易是一项至关重要的措施，然而，仅仅对其环境效应进行评估是不够全面认识其对可持续发展的重要意义的。碳排放权交易体系具有总量管制与市场调控的双重属性。第一，环境管制条件下受管制企业或区域均不同程度地产生了部分环境治理成本；第二，碳排放交易也以市场经济理论为依据，可以有效率地完成政府减排目标，规范资源配置，使企业在环境保护与经济效益之间取得平衡。

---

① 董直庆，王辉．市场型环境规制政策有效性检验：来自碳排放权交易政策视角的经验证据［J］．统计研究，2021，38（10）：48-61.

② 张继宏，郅若平，齐绍洲．中国碳排放交易市场的覆盖范围与行业选择：基于多目标优化的方法［J］．中国地质大学学报（社会科学版），2019，19（1）：34-45.

③ 陈晓红，曾祥宇，王傅强．碳限额交易机制下碳交易价格对供应链碳排放的影响［J］．系统工程理论与实践，2016，36（10）：2562-2571.

④ 姬新龙，杨钊．基于PSM-DID和SCM的碳交易减排效应及地区差异分析［J］．统计与决策，2021（17）：154-158.

⑤ 曾诗鸿，李璠，翁智雄，等．我国碳交易试点政策的减排效应及地区差异［J］．中国环境科学，2022，42（4）：1922-1933.

根据波特假说，适宜的市场型环境规制能够有效地协调经济增长和环境保护，而科学合理的环境规制则能够激发企业技术进步和提高生产效率，从而实现企业经济利润的增长，并产生波特效应。以波特假说为基础，构建碳交易机制，相较于其他以命令控制型环境管制为基础的方案，碳排放权交易试点政策更具有效性，能够直接推动企业进行技术创新并提升其价值，从而促进经济增长。

研究表明，企业在进行低碳转型和节能减排技术创新时，通过参与碳市场可以有效降低其边际减排成本，从而实现碳交易。一些学者运用一般均衡模型对我国各碳市场试点地区的经济增长情况进行了模拟，研究结果表明，碳市场的建立不仅显著减少了碳排放量，而且对中西部等重工业地区的经济发展产生了显著的促进作用。此外，一些学者还发现建立碳市场能够增加我国企业的研发投入、技术创新能力等方面，进而提升我国经济整体水平。建立碳市场是一项有效的措施，可以提高控排企业的减排效益，降低边际成本，增加企业收益，同时改善环境，促进企业、国家和地区的经济增长。

碳交易的经济效应机理主要有以下两种。

一是碳交易政策→增加企业价值→经济增长。企业进入碳交易市场并采取低碳行为，可以从政府提供的低碳补贴和碳市场交易激励措施中获得收益，这将有助于提升企业价值并获得经济红利。通过分析发现，政府在碳交易市场上进行的交易激励措施可以降低企业的温室气体排放强度，从而促进企业积极地履行社会责任，进而提升企业价值。政府向企业提供低碳补贴，有助于缓解企业减排成本的压力，同时激励企业更加注重研发和创新，从而提高其市场竞争力。企业通过参与碳交易市场进行碳排放权交易可以获得额外收益。当企业需要承担更多减排目标时，他们可以直接获得政府提供的补贴，从而获得相应的收益。同时，碳交易市场也是一种投资场所，可以使企业获得长期稳定的投资收益。此外，碳排放权作为一种物权，以碳配额量的形式成为企业的一项特殊资产。在政府发放的免费碳配额未使用完毕的情况下，企业可以将剩余的碳配额在碳市场上出售，从而创造更多的营运现金流，进而提高企业的利润。相反，若企业的实际碳排放量超过其所持有的碳配额数量，那么只能通过在碳交易市场上进行交易来购买碳配额，这将导致生产成本的增加，从而对企业绩效产生不利影响。

二是碳交易政策→研发创新动力→经济增长。在遵守碳配额限制的前提下，实施碳交易政策将刺激企业进行技术创新，以实现最大化的经济利益。地方政府已经成立了技术支持小组，以确保碳交易政策的实施。为确保碳交易政策的有效实施，地方政府成立了一支专业技术支持团队。各行业协会积极发挥专业技术力量，为行业试点提供技术指导，协助其实现减排目标，从而提升碳交易政策的绩效水平。在这个过程中，一方面，监管引发的技术创新为工艺带来了新的节能技术，从而缓解了产品本身及相关过程的污染问题，改善了环境绩效，实现了减排目标；另一方面，环境管制的影响与市场的先发优势之间的相互作用，增强了创新抵消潜力，促进了研发创新外溢效应，超过了合规成本，从而提高了企业的市场竞争力。

（三）CTM推动企业产业结构升级

于斌斌（2017）提出产业结构优化升级是经济高质量发展的重要基础之一，具有“资源转换器”和“污染物控制体”的称号①；且产业结构升级是提升绿色全要素生产率的重要途径（原毅军，谢荣辉，2015）②。刘志彪等（2020）认为新旧产业的持续更替会使低碳、清洁、高新技术产业逐渐发展起来，从而会持续优化全社会的资源配置，提高生产效率，进而提升绿色全要素生产率③。赵领娣和张磊（2016）提出产业结构升级作为促进资源能源节约、推动经济高质量发展的重要动力，是中国城市实现绿色发展转型的重要途径④。查建平等人（2012）进一步提出，如果引导资本偏向于第三产业及高新技术产业，则可以有效地降低二氧化碳排放强度，从而降低整体的污染排放水平，并有助于提高地区经济绿色发展水平⑤。

推行CTM发展，将促进企业全面转型升级，推动社会总体的产业结构的

---

① 于斌斌．产业结构调整如何提高地区能源效率?：基于幅度与质量双维度的实证考察［J］．财经研究，2017，27（1）：21-28.

② 原毅军，谢荣辉．FDI、环境规制与中国工业绿色全要素生产率增长：基于Luenberger指数的实证研究［J］．国际贸易问题，2015，31（8）：34-41.

③ 刘志彪，凌永辉．结构转换、全要素生产率与高质量发展［J］．管理世界，2020，35（7）：45-57.

④ 赵领娣，张磊，徐乐．人力资本、产业结构调整与绿色发展效率的作用机制［J］．中国人口·资源与环境，2016，26（11）：106-114.

⑤ 查建平，唐方方，别念民．结构性调整能否改善碳排放绩效?：来自中国省级面板数据的证据［J］．数量经济技术经济研究，2012，29（11）：18-33.

优化和升级。推行 CTM 是为了满足社会对低碳经济和绿色发展的需求，根本目的在于推动经济发展方式的转变。通过相关措施来引导企业向节能减排方向转型，降低碳排放水平。从传统生产方式转向高效率的绿色生产方式，实现高碳产业的低碳化发展。同时，随着我国经济进入到后工业化时期，产业结构也将发生改变，由第二产业为主向第三产业和第一产业并重转变，产业结构的变化也会对能源消费结构产生影响。随着碳排放权交易的启动，那些高碳产业将面临市场淘汰。因此，这些企业必须转变发展方向，推出更多低污染、低能耗的绿色产品，实现可持续发展；同时，通过调整生产技术和生产组织结构，来降低能源消耗和污染物排放强度。企业转变发展模式，则国民经济中绿色低碳的产业行业比重会逐渐提高，这不仅会切实改变目前我国绿色清洁的产业比重偏低、产业结构不合理的状态，而且也会改善我国目前的环境污染状况。我国政府将逐步推行 CTM，从而实现节能减排目标和可持续发展战略，促进产业与地区的深度融合，从而实现产业结构的优化和地区绿色发展的良性互动。

（四）CTM 促使企业能源结构调整，实现绿色发展

过度的资源开发将对环境造成无法逆转的负面影响，此外，许多不可再生化石能源的使用过程中会释放出温室气体。我国是一个能源消耗大国，能源消费总量巨大，但由于人口众多，人均可支配收入偏低，导致我国能源消费水平偏低，能源利用率不高。新时代生态文明建设的紧迫任务要求我们必须通过优化能源结构、探索和应用清洁可再生的新能源来实现。随着我国经济进入新常态，产业结构不断调整，能源消费也出现明显变化。通过优化能源消费结构，推广新能源的使用，可以提高能源供给，满足人民的能源需求，同时减少对不可再生能源的消费量，促进能源结构的升级和优化，从而有效实现碳减排。

在我国发展低碳经济和发展清洁能源的策略背景下，碳排放交易政策也在努力朝着能源结构优化的目标而努力。实行碳排放交易，其实就意味着以传统的化石类为主要燃料的传统能源使用受到了限制，企业只能被动地去寻找和使用排碳量少的替代能源或者新型清洁能源，减少使用传统能源并减少碳排放与环境污染，同时还可以提高能源开发利用效率，优化能源结构。碳排放交易试点省市目前纳入的参与企业主要为高耗能、高排放、高污染的

“三高”企业，在碳排放交易政策的约束下，参与企业不能再无偿排放二氧化碳，只能将排放成本及污染成本内化；且参与企业碳排放量被限制为固定额，为了减少碳排放，降低排放成本，企业只能调整自己生产的能源结构，减少对传统化石能源的使用，开发使用更加划算的新清洁能源，从而推动整体能源结构优化升级。因此，随着碳排放交易的推广，将从排放源头控制和减少高碳能源的使用，推动能源结构优化升级，实现经济、环境和资源协调可持续的发展。

数据显示，2021 年我国煤炭消费占一次能源消费总量的比重为 56.0%，石油占比 18.5%，天然气占比 8.9%，水电、核电、风电等非化石能源占比 16.6%。对比 2012 年，我国煤炭消费占比下降了 12.5 个百分点，清洁能源消费占比提升了 11 个百分点。这类清洁能源消费量的增多，可减少煤和石油的用量，使得能源结构更加合理，并有效地减少二氧化碳排放量，因而大大改善环境污染、温室效应问题。随着低碳经济的发展，碳排放交易等低碳政策的实施，许多清洁能源、新能源也在不断地被开发中，能源结构优化也将持续进行下去。

（五）CTM 推动企业科技创新

《科技支撑碳达峰碳中和实施方案（2022—2030 年）》指出：“聚焦国家能源发展战略任务，立足以煤为主的资源禀赋，抓好煤炭清洁高效利用，增加新能源消纳能力，推动煤炭和新能源优化组合，保障国家能源安全并降低碳排放，是我国低碳科技创新的重中之重。充分发挥国家战略科技力量和各类创新主体作用，深入推进跨专业、跨领域深度协同、融合创新，构建适应碳达峰碳中和目标的能源科技创新体系。针对能源绿色低碳转型迫切需求，加强基础性、原创性、颠覆性技术研究，为煤炭清洁高效利用、新能源并网消纳、可再生能源高效利用，以及煤制清洁燃料和大宗化学品等提供科技支撑。到 2030 年，大幅提升能源技术自主创新能力，带动化石能源有序替代，推动能源绿色低碳安全高效转型。”

因此，在节能减排技术领域，那些致力于推进节能低碳技术研究和产品供应的企业，应当抓住机遇，不断改进管理方式，全力提升技术创新能力，积极开发高品质的绿色产品和技术，以满足市场的需求。另外，在产业转型升级的过程中，依照市场规律，淘汰高排放产业，积极推动低能耗低碳排产业的发展。最后，在国家政策方面，要积极制定并实施相关政策措施支持低碳经济的快速健康发展，加大对低碳化项目投资力度，完善财税金融等配套政策，引导资金流向低碳产业和低碳项目。

王林辉（2020）根据波特假说提出在合理的环境规制约束下，短期内会增加企业的生产成本，但长期来看的话，会推动企业生产技术创新，提高能源及资源的使用效率，从而提高生产效率来降低成本，增加竞争力，促进区域经济发展①。蔡乌赶等（2017）认为技术创新是一种优化资源配置的手段，可以有效地降低单位产出能耗，进而在长期内提高绿色全要素生产率水平，尤其是在实施了严格的节能减排政策与排放标准后，将会形成更为有效的绿色技术创新激励机制，由此进一步促进绿色全要素生产率的提升②。

三、美日欧等发达国家 CTM 的经验借鉴

（一）美国 CTM 的成功经验

一是建立有效的限额与交易机制。美国碳排放政策构建了不同的配额分配机制（李涛，2021）③。各国的排放控制体系虽有不同，但运行机制几乎都是基于限额与交易倡议，由政府设定减排限额，以限额内的排放量为标准确定排放许可权，并以许可权的互换方式对各方的排放指标进行调节（胡荣，徐岭，2010）④。排放权可以通过免费分发、出售、拍卖等方式来实现，也可以通过多种方式来实现。每个参与者的排放量都会被监测并被记录在案。这一机制可以帮助减少它们的排放量，直到它们的边际费用与排放权的市价相等，这样就可以使参加实体的遵守费用降到最低。

二是加强区域排放权交易体系之间的对接。美国的一些州实行区域性的

---

① 王林辉．经济增长和环境质量相容性政策条件：环境技术进步方向视角下的政策偏向效应检验［J］．管理世界，2020，39（8）：25-33.

② 蔡乌赶，周小亮．中国环境规制对绿色全要素生产率的双重效应［J］．经济学家，2017，23（4）：69-75.

③ 李涛．北美地区碳排放交易机制经验与启示［J］．海南金融，2021（6）：83-87.

④ 胡荣，徐岭．浅析美国碳排放权制度及其交易体系［J］．内蒙古大学学报（人文社会科学版），2010，42（3）：17-21.

CTM 制度，各区域之间加强联系和对接是美国成功的重要原因（郑爽，2020）①。随着 RGGI 的正式运行和 WCI 的设计筹备，各区域排放体系之间的对接逐渐提上了议事日程。因此，WCI 在设计过程中已经充分重视各区域排放体系之间的对接，甚至包括与 EUETS 和世界上其他总量控制与交易体系的对接，并设计了相互连接的基本条件以及合作的方式与权利等。随着世界总量控制与交易体系的逐渐发展，各区域排放体系之间的对接也将不断增强。

三是具备成熟的气候产品交易平台。作为美国唯一批准的清洁发展项目 CDM 的交易系统，芝加哥气候交易所（CCX）是世界上首家自愿参与温室气体减排量交易和对减排量负有法律约束力的市场交易平台，它为 CTM 发展提供成熟气候产品交易平台（姚晓芳，2011）②。CCX 的会员数量众多，其旗下子公司遍布全球，为碳交易提供了极大的便捷。CCX 积极的全球扩张步伐带动了其 CTM 份额迅速增长，积极开发碳交易产品和工具。CCX 的 CTM 产品体系已经相当完备，这使得它成为全球唯一一个能够同时进行 CO_2、CH_4、N_2O、HFCs、PFCs、SF_6 等 6 种温室气体减排交易的市场，无论是进行碳信用现货交易还是进行碳期货交易，都能轻松实现。这些产品具有较好的流动性和价格弹性，能够满足不同层次的需求，并且能够有效降低交易风险。CCX 所生产的主要产品涵盖了温室气体排放配额（GEA）、经过认证的排放抵消额度（CEO）以及经过认证的先期行动减排信用（CEAC），这些产品均为其主要产品。CCX 不断扩充其交易产品和工具，为会员提供了多元化的交易选择，从而丰富了它们的交易体验。

（二）日本 CTM 的成功经验

一是强调政府主导和扶持。日本是世界上最低碳的国家之一，这得益于东京先进的 CTM 机制，东京 CTM 制度中充分强调政府领导，鼓励全民参与（石华军，2012）③。在各个发展阶段，政府制定了相应的战略规划和目标，建

① 郑爽．国际碳排放交易体系实践与进展［J］．世界环境，2020（2）：50-54.

② 姚晓芳，陈菁．欧美碳排放交易市场发展对我国的启示与借鉴［J］．经济问题探索，2011（4）：35-38.

③ 石华军．欧盟、日本、丹麦碳排放交易市场的经验与启示［J］．宏观经济管理，2012（12）：78-80.

立了CTM体系，并从多个角度制定了政策法规，以确保目标的顺利实现；同时，政府还积极鼓励和支持社会力量参与环保事业发展，如设立环保基金、成立绿色基金、组建专业环保公司等等。为了鼓励更多企业积极融入CTM体系，环境省制定了“政府资助，企业减少排放”的模式，通过特别的折旧和补助金制度等多项财政政策，为企业提供经济支持，引导其开发新技术和转变生产方式。

二是中央和地方合力共建CTM体系。在日本，CTM在中央层面的推进，主要由环境省和经济贸易产业省所主导，这两个部门所设立的系统各有其独特的重点和方向。JVETS系统和JVER系统是环境省为低能耗产业（如酒店、办公楼等公用设施、食品饮料业和其他制造业）以及林业而设立的两个系统；经济贸易产业省所设立的JVETS系统旨在为大型、高能耗企业提供支持和帮助。CTM需求的低迷和收效甚微，是因为无论何种体系，都以自愿参与为主，缺乏必要的强制性；同时由于没有专门的法律规定，造成各行业之间竞争激烈。在当前阶段，得益于国家政策的引导和地方政府的大力支持，东京、埼玉和京都三个地方已成为地方性CTM的主要目的地。通过比较分析，发现其各自存在的优势与劣势，并提出一些建议。这类地方性CTM主要以强制性为主导，对交易规则进行了严格的规定，具有高度的可操作性，同时也取得了显著的减排效果。

三是重视国际市场，加强国际合作。除了在与其他国家进行双边谈判方面积累了丰富的经验外，日本政府还成立了多个重要的国际合作机构和技术专业机构，以促进国际合作和技术发展（尹小平，2011）[①]。作为国内CTM体系的重要补充，国际市场不仅有助于优化资源配置，同时也为交易双方带来了互惠共赢的局面。日本借助国际CTM，不仅大量购买了碳排放配额，还为本国经济发展争取了一定的空间，从而实现了可持续发展的目标；在获取碳排放配额的同时，通过输出本国技术并与发展中国家建立双边抵消机制，日元在CTM计价结算中的地位得到提升，旨在成为未来碳交易国际金融体系中的主要货币。

四是积极研发和推广减碳技术。为了推动环保事业，日本成立了低碳研究推进中心，致力于研发对环境有益的新技术，以实现绿色创新的目标（张

---

① 尹小平. 日本碳交易的机制与成效［J］. 现代日本经济，2011（3）：20-26.

怡，2022）①。日本投资 300 亿美元，推动环境能源革新技术发展计划；推出针对纯电动汽车、生物质能源和智能交通系统等领域的技术创新政策，以促进节能减排；推进超级节能船舶的研发工作，开展船舶能耗指标标准化的研究工作；持续注资于化石燃料减排技术设备，以促进烟气脱硫和环保产业的发展；深入探究新一代太阳能电池和碳回收技术等领域的研究和开发，以推动该领域的进一步发展。

（三）欧盟 CTM 的成功经验

一是做出明确的路线时间发挥引领作用。欧盟碳排放贸易体系的建立采取“三步走”策略，建立清晰明确的发展计划②。在 2005 年正式启动交易之前，欧盟 CTM 已经明确了未来 15 年的三个发展阶段，并提前三年开始研究 2021—2030 年第四阶段的时间表和路线图，以便更好地推进其发展，它分为三个阶段，分别是试验阶段、第一承诺期、第二承诺期。在履行《京都议定书》第一承诺期之前的三年里，欧盟进行了大量的初步尝试，其中包括六种温室气体的试验阶段，仅涉及二氧化碳交易，并设置了企业进入门槛，以获取足够的总量减排和交易经验，以满足欧盟的需求。

二是引入总量控制与配额分配的灵活机制，维持市场平衡。CTM 的发展和市场平衡稳定可以通过欧盟实施的灵活总量控制和配额分配机制得到充分维护（李威，2023）③。配额总量调整机制的主要作用在于，当市场出现预期外的波动（例如金融危机）导致需求不足、配额大量剩余时，通过适当减少配额总量来维持市场平衡，从而达到调节市场供需关系、进一步实现市场平衡的目的；为了维持新设企业与其他企业之间相对公平的竞争环境，必须满足新设企业进入市场所需的配额要求。

三是开放和兼容的属性。欧盟是由发展水平不同的国家组成的，碳交易体系非常开放，推动了低碳技术在欧盟和全球的发展。开放性主要体现在它

---

① 张怡，李万超，袁迪，等．美欧日发展低碳经济的实践与启示［J］．金融纵横，2022（10）：33-37.

② 侯燕磊，魏巍．借鉴欧盟碳交易市场衔接机制经验　力促我国碳交易市场有为有序发展［J］．中国经贸导刊，2023（2）：53-56.

③ 李威．欧盟碳排放权交易体系对我国碳市场发展的借鉴与启示［J］．海南金融，2023（4）：44-51.

与《京都议定书》和其他排放交易体系的衔接上。欧盟还建立了国际碳行动伙伴关系，这也为 CTM 发展提供了国际平台；同时，该系统还可与其他国家或地区的排放交易实现对接，以实现跨体系的兼容性。这一方案是 CTM 发展到相当成熟的阶段所采用的，对于目前处于发展初期的中国 CTM 而言，它提供了一个合理的构想，可用于未来统一 CTM 的构建。

（四）对我国 CTM 的启示和建议

一是发挥我国地区性优势，以区域碳市场带动全国 CTM 构建。美国和欧盟的 CTM 发展结合其自身的区域性特点。我国幅员辽阔，各区域经济发展水平不均衡，东部地区碳市场发展技术与资本要远远高于西部地区。因此需要构建全国性的 CTM，并且做到“由点及面”“以区域带动全国”逐步发展。积极构建以区域经济发展条件为依托，构建不同发展水平的区域性 CTM，继而构成全国统一的国内 CTM，然后再以区域交易市场为基石，整合各种资源和信息，逐步形成全国碳交易统一市场框架体系。

二是发挥我国的市场优势，加快完善碳排放权交易体系与平台。在全球气候变暖背景下，发达国家对减排温室气体的压力越来越大。我国目前的碳排放权交易主要采用 CDM 机制，该机制完全依赖于欧美国家的交易平台、交易方式、交易价格、交易程序以及交易手续，而我国并未拥有价格制定权。因此，亟需加快建立覆盖全国和区域的碳排放权交易体系和平台，积极探索碳交易产品和工具，扩大国内 CTM 参与机构的规模。借助气候变化谈判及其他多种手段，对当前不合理的定价模式和交易规则进行改革，以实现中国企业从单纯的排放权供应者向市场有效参与者的转型。

三是发挥我国的制度优势，完善我国碳排放权的法律制度。随着国外碳排放权交易的日益成熟和市场支配地位的日益凸显，美国在其国家立法过程中常常附带一些关于干预他国温室气体排放的条款和规定，因此，我们必须审慎分析国外气候立法的相关进展，并及早采取应对措施。此外，我们要重视对碳排放权交易市场建设的研究，加速完善我国的碳排放权法律制度，特别是对碳排放信息的统计监测与考核制度、碳汇制度等方面进行详尽规定，以促进碳排放的规范化和可持续发展。为了规范碳排放权的分配与交易，并及时跟进各个试点的减排工作进展，我们可以考虑建立一个全国统一的 CTM 网络系统，以确保企业的温室气体排放量、碳排放权分配量以及减排工作完成情况等数据能够按照统一标准进行登记录入和审核评估。

四是掌握国际碳排放动向，汲取先进减排理念。同时，把握国际碳减排趋势，增强参与能力，是我们必须努力追求的目标。在确保履行自身减排职责的同时，必须具备全球视野，汲取国际上优秀的碳减排理念和实践。此外，还应关注其他国家或地区的经验与教训。在2013年世界银行发布的可持续发展碳金融报告中，提及了一系列针对下一代碳市场的措施，其中包括与市场准备伙伴（PMR）等合作。这也是我国在未来应对气候变化时应该采取的措施之一。在国内减排行动中，除了与企业减排和清洁发展机制（CDM）等项目合作外，还应建立类似碳基金或征收碳税的机制，引进先进技术以降低成本，并将资金用于农业、森林、生物能源等领域，同时与国际合作，为建立全球统一碳市场作出贡献。

五是推动技术进步，不断完善CTM制度。CTM的进步和发展离不开创新技术的推动。国家可以通过提供资金和设立创新基金来支持技术创新，鼓励企业和研究机构开发低碳技术，从而帮助国家降低碳排放（贾智杰，2022）①。对于政府来说，一方面可以加大对知识产权的保护力度，从而促进企业和研发机构进行技术创新，降低碳排放量并提高竞争力；另一方面可以出台简化办理技术创新申请的政策，降低审批难度，有助于企业加大对碳技术的投资，从而降低技术创新成本，增加收益。

六是设定兼容开放目标，分阶段稳步推进。在制定全国统一CTM方案时，我们必须在深入分析和综合考虑我国现状的基础上，充分考虑国际碳市场的各种特征、标准和趋势，以确保方案设计的最终目标是与国际接轨，从而避免不必要的弯路，同时降低成本和资源的投入。在国内碳市场建立之前，我们应该从整体上做好准备，并制定相应的政策来保证其顺利运行，使之能够成为一个成熟而又稳定的碳市场。我国在制定发展方案和步骤时，可以借鉴欧盟的经验，将全国碳市场的构建分为多个阶段，前一阶段的工作落实再到下一阶段的工作，小范围的落实再到大范围的考虑，最终实现全国CTM的有序推进。

---

① 贾智杰，林伯强，温师燕．碳排放权交易试点与全要素生产率：兼论波特假说、技术溢出与污染天堂［J］．经济学动态，2023（3）：66-86．

四、我国中西部地区 CTM 发展情况与区域协同

（一）河南省 CTM

河南省 CTM 于 2020 年 6 月 17 日正式挂牌运行。该市场主要面向全省控制性单位和企业，旨在推进全省碳排放权交易和碳减排行动，促进碳减排技术的推广和应用，为河南省碳中和目标的实现提供支持。截至 2021 年 5 月，河南省 CTM 共成交了约 290 万吨二氧化碳排放配额，成交金额超过 2 亿元人民币。该 CTM 是中国唯一的省级 CTM，以碳排放权为交易品种，旨在通过市场机制调动企业减排积极性，推动实现碳达峰、碳中和等目标。市场采用以电力为核心，逐步扩大交易范围的方式，目前涵盖了河南、山西、湖北、江苏、浙江、福建、广东等省份的多个行业。

河南省作为中国中部地区的重要省份，具有得天独厚的地域优势。河南省地处中国中部地区的中心位置，地理位置优越，交通便利，可以辐射周边省份和地区，基于河南省的地域优势，建立 CTM 可以有效地发挥其地域经济的优势，带动低碳经济的发展，并对全国碳排放的控制和减缓具有积极的促进作用。

河南省 CTM 的建立，也为中西部地区的低碳经济发展提供了有力的支持。通过建立 CTM，可以促进河南省企业开展碳减排工作，提高其环境管理水平，同时也能为企业提供更多的附加值和商业机会。此外，CTM 还能够促进区域之间的碳排放协调和合作，形成跨区域碳交易和碳减排项目投资。这些都有助于推动中西部地区的经济转型升级和绿色发展，促进全国碳减排目标的实现。

河南省 CTM 也面临诸多问题。一是参与者不足，导致市场活跃度低下。由于碳排放交易需要各方的积极参与，而缺乏足够的参与者限制了市场的规模和流动性。缺乏参与者不仅使得交易量较少，也减少了市场的竞争性和价格发现机制的有效性。因此，吸引更多的参与者进入市场成为关键问题之一。二是河南省 CTM 监管体系不完善。健全的监管体系对于市场的顺利运行至关重要。然而，目前的监管机构可能缺乏具体实施措施，无法有效监督和管理市场活动。缺乏有效的监管可能导致市场潜在风险和违规行为的增加，损害

市场的公平性和透明度。三是河南省 CTM 缺乏数据检测技术瓶颈。碳排放交易市场需要准确、可靠的数据来计量和监测参与者的排放量。然而，由于技术限制和数据采集不足，市场可能面临数据质量不高的困扰。缺乏可靠的数据会导致交易的不准确性和不公平性，从而降低市场的信任度和吸引力。

因此，解决这些问题需要政府部门和相关利益相关者共同努力，采取措施吸引更多的参与者，加强监管机构的能力和资源投入，并推动数据检测技术的发展，以建立一个健全、公平、透明的 CTM。

（二）中西部地区碳排放压力与经济发展责任

中西部地区作为我国的经济腹地，是全国的重要制造业基地和能源资源开发区。然而，随着经济不断发展，该地区能源消耗和碳排放量也在不断增加，经济发展压力剧增。

首先，中西部地区作为我国的经济腹地和重要制造业基地，其经济发展对全国经济增长和实现共同富裕的目标具有重要意义。由于经济结构和产业布局相对单一，主要以重工业、煤炭等传统行业为主，这些行业的生产活动能源消耗较多，碳排放压力巨大。从第二产业占比的角度来看，数据显示，2021 年中西部地区的第二产业占比较高，例如重庆、山西、河南、河北等省市的第二产业占比分别为 40.1%、49.64%、41.32%、40.51%。这些省市的第二产业以重工业为主，如钢铁、化工、建材等，这些产业的生产过程中需要大量的能源，产生大量的碳排放。这种碳排放压力不仅对当地的环境质量和生态系统造成负面影响，也与全球气候变化密切相关。

其次，中西部地区作为中国相对落后的地区，人均 GDP 低于全国平均水平，大部分地区经济发展的任务比较繁重。但是，随着国家对环境保护的重视和全球气候变化的加剧，中西部地区在经济增长的同时也需要承担减少碳排放的责任，遵守国际减排承诺。这就使中西部地区面临着双重责任，即在经济增长的同时降低碳排放，实现经济发展和环境保护的协同发展。

构建中西部地区 CTM 是解决经济增长和碳排放双重压力的有效途径。中西部地区可以通过 CTM 的市场机制实现二氧化碳排放权的交易和调节，一方面，能够为企业提供高效且低成本的减排手段，同时也能帮助政府监管减排行为。另一方面，中西部地区的企业可以更好地实现碳减排，同时也有助于促进经济的发展和结构升级。具体来看主要有三种机制。一是 CTM 的运行能够有效提高碳排放效率。CTM的出现将政府干预的环境管制转换为企业之间的经济行为，在最大化企业经济收益的同时也能实现对碳排放的控制，是提高碳排放效率的有效手段（钟莹，2022）①。二是CTM通过碳排放权交易机制能够有效激励企业的绿色技术创新。碳排放权交易机制是一种市场激励型环境规制政策，在CTM中，企业可以通过购买其他企业的盈余配额来弥补超额的排污成本，也可出售实现排污成本节约而产生的配额盈余。企业通过科研技术创新将污染物的排放量降至规定配额或以下，不仅节约了外购配额的成本，还可能通过出售配额获利，更有利于激励企业研发创新（李江涛等，2022）②。三是CTM将促进产业链转型和产业结构优化。交易市场的建立，增加了企业制造费用，为实现节能减排方面的限额，企业必须提高治理方面的支出或买进相应的碳排放权额度。在优胜劣汰的竞争中，企业可以优化技术与工艺，减少排放，提高经济效益，推动产业链转型与可持续发展，优化经济结构（宋晓玲等，2018）③。

（三）碳金融促进中西部地区绿色发展的机制分析

碳金融是指以碳排放权为基础的金融活动和金融产品，它涉及碳市场的运作、碳交易的金融工具和金融机构在碳市场中的参与等方面。碳金融的主要目标是通过金融手段促进碳减排和推动低碳经济发展。

中西部地区CTM需要投入大量的技术和基础设施建设，这些投资需要资金支持，但中西部地区由于财政基础相对薄弱，缺乏足够的资金来进行这些重要的技术研发和基础设施建设。碳金融就可以提供资金来源和金融产品，为中西部地区的CTM提供充足的资金，推动CTM的健康运行和可持续发展。碳金融促进中西部地区绿色发展的具体机制如下。

一是增加全社会对节能减排的投入。在政府的财政金融政策、产业发展政策等引导下，资本市场会有更多资金流向环保产业和项目。同时，企业的

① 钟莹．我国CTM运行对区域碳排放效率的影响及作用路径研究［D］．长春：吉林大学，2022．

② 李江涛，陶思源．碳排放权交易机制、媒体压力与企业绿色技术创新：基于湖北省CTM的研究［J］．财会通讯，2022（19）：69-74．

③ 宋晓玲，孔垂铭．中国CTM对地区经济结构影响的实证分析［J］．宏观经济研究，2018（9）：98-108．

融资也会受到更强的环保条件约束，污染严重或不达标的企业难以获得资金支持和保障，这也会促使企业加大污染治理投入。这些措施可以有效减少碳排放量，从而实现碳减排的目标。

二是提升陆域碳汇能力。碳汇增加主要源于植被增加，新种植 5 000 亿棵树理论上可以储存 2 000 亿吨碳。因此，扩大森林覆盖率是重要的碳移除途径，从而助力实现碳中和。绿色金融的发展会引导更多资金流向绿色农业开发项目、绿色林业开发项目等，进而提升陆域碳汇能力。从国泰安数据库提供的主要银行绿色信贷资金流向表中可以看出，银行向绿色林业开发项目和绿色农业项目发放的贷款金额逐年攀升。绿色林业和农业开发项目通过科学培育优质健康森林以及合理调整优化树种、龄组及密度结构，能够显著增强森林固碳速率和碳汇能力，进而从碳移除维度赋能碳中和（田嘉莉等，2022）①。

三是优化能源消费结构。传统化石能源消耗是碳排放的主要来源，清洁能源消费的增加有助于减少二氧化碳排放和二氧化硫排放。碳金融可以通过引导资金流向低碳和清洁能源技术的研发、应用和推广，从而优化能源消费结构。例如，金融机构可以为可再生能源项目提供融资支持，以达到减少对传统能源消耗，降低碳排放量，促进能源消费向清洁能源转型的目的。碳金融可以扩大碳交易和碳市场的范围与力度，进一步激励企业降低能源消耗，通过减少碳排放获得经济利益，进而推动能源消费结构优化。

四是推动产业结构升级。首先，CTM 的实施可以通过碳定价的方式引导企业减少碳排放量，从而推动高碳排放行业向低碳排放行业的转型，进而促进产业结构的优化。其次，银行通过绿色信贷支持低碳和环保型产业的发展，鼓励企业采用清洁生产技术和绿色产品，从而减少对环境的污染，实现产业结构的优化。此外，绿色金融衍生产品可以为绿色产业提供融资支持，吸引更多的社会资金进入低碳、环保型产业领域，从而进一步推动产业结构的转型升级。

（四）中西部地区 CTM 面临的六大问题

中西部地区 CTM 面临的问题主要包括以下六个方面。

---

① 田嘉莉，黄文艳，彭甲超，等. 绿色金融赋能碳中和的传导机制与空间效应［J］. 西部论坛，2022，32（5）：44-62.

一是碳市场交易制度体系不健全。中西部地区CTM制度体系方面主要包括缺乏统一的交易规则、交易机制不完善、信息不对称和缺乏市场化机制这四个问题。具体而言，缺乏统一的交易规则导致不同地区之间的交易存在差异，这给市场参与者带来了不便；交易机制不完善，形式相对单一，缺乏多元化的交易方式，不够灵活；信息不对称使得市场参与者难以获取全面和准确的市场信息，影响了交易的公正性和透明度；同时，缺乏市场化机制也使得交易价格主要由政府指导，缺乏市场供需平衡的自发调节机制。

二是碳排放数据的不全面和不准确。由于缺乏监管机构和标准化的数据采集系统，中西部地区企业的碳排放数据不完整、不准确。根据责任主体不同，碳排放数据质量问题可分为两类（龙迪等，2022）①。一类是重点排放单位、咨询机构和检验检测机构恶意造假。例如，内蒙古包头海平面金属科技有限公司擅自停运窑尾自动监测设备，并拆除窑尾自动监测设备冷凝器的温控器导致数据恒值。内蒙古鄂尔多斯高新材料有限公司委托中碳能投科技（北京）有限公司，将2019年排放报告所附的该年度各12份检测报告中部分内容篡改后，虚报给自治区生态环境厅委托的第三方核查机构进行核查。在河南、山西等地也出现了采用相似手段伪造、篡改数据的案件。另一类是核查机构不核查数据来源的真实性，核查工作走过场导致数据失真。例如，青岛希诺新能源有限公司核查程序不合规，虚构核查报告内容，与碳排放单位的实际情况明显不符。

三是政府部门监管不足。一方面，政府相关部门的监管体系不完善，导致监管工作缺乏有效的依据和规范。监管机构的职责不明确，导致在监管企业的环保行为方面存在重复和遗漏，监管工作效率低下。监管机构的手段不足，由于缺乏先进的监测技术和设备，无法及时且有效地发现和制止企业提供虚假数据或规避政府督查的行为。另一方面，政府相关部门的行政处罚力度不够，导致企业的机会成本很低，使得高碳排放企业通过一些非法手段来躲避监测，甚至篡改数据。即使被发现，也可以通过贿赂等手段逃避处罚。

四是企业参与度的不足导致市场活跃度不够。中西部地区的企业在实现增产不增污或增产减污时，面临着企业意识和参与度不足的问题。相比于东

---

① 龙迪，范丹婷，SLATER H，等. 碳排放数据质量问题及提升建议［J］. 环境保护，2022，50（12）：54-56.

部地区的企业，中西部地区的企业在资金、人才和管理等方面存在一定的短板，导致更好的清洁生产方案被束之高阁，无法持续有效地开展。部分企业更关注效益和收益问题，对清洁生产的作用认识不足，往往没有将其视为提高企业竞争力的重要举措。相反，部分企业家通常将开展清洁生产审核视为完成管理部门任务的工作，一旦通过审核，就不再关心任何与清洁生产相关的信息。因为企业领导层对碳减排重视不够，导致中西部地区 CTM 交易量低和市场活跃度不够（陈楠，2019①）。

五是碳市场作用发挥不完全，碳市场的价格发现功能有待加强。在中西部地区的试点碳市场中，碳价普遍偏低且存在差异性，不能真实反映控排单位减排的成本与收益（王红玲等，2021）②。另外，各个试点项目在碳减排的硬约束效果上也存在着明显的欠缺，一些地方政府的顾虑是，如果限制碳排放会阻碍当地经济增长，从而导致失业率上升，这一系列的连锁反应就使得相关部门、企业等主体缺乏参与碳市场的动力，给予企业碳排放指标过多。而碳市场的初衷，就是通过市场的方式，倒逼高碳排放型企业通过产业转型、工艺改进等方式实现真正的节能减排，获得更长远的利益。然而，在实践过程中，不同试点的碳市场对于控排企业违约的处罚力度不尽相同，并且以政府为主，导致碳配额的过度供应，使得碳价格偏低，这对碳市场的投融资活动产生不利影响，碳市场优化资源配置的功能无法充分发挥。此外，碳排放权资产的法律属性不明确，碳价缺乏有效的价值评估体系，这些也将阻碍碳市场作用的有效发挥。

六是碳金融发展的不平衡问题突出。从地域上看，中西部地区的优劣产业分布与东部沿海地区有很大差异，例如煤炭、钢铁、电力、水泥等高碳行业在中西部地区占比较高，而东部沿海地区第三产业发达，高碳企业相对较少。但目前我国开展的 CTM 主要集中于东部沿海发达省份，中西部省份较少，造成了有关省份的碳排放权标准不一致、控排企业权责错位等问题。从发展潜力看，中西部地区农林产业的发展潜力巨大，应该重视发展农林产业

---

① 陈楠. 探讨目前企业清洁生产面临问题及解决对策 [J]. 环境与发展，2019，31（5）：211-212.

② 王红玲，徐浩. “双碳”目标下中国碳金融发展现状、存在问题与对策建议 [J]. 农村金融研究，2021（10）：3-8.

增加对二氧化碳的中和量，把农林产业增加对二氧化碳的中和量作为评价碳达峰和碳中和工作的一个重要标准。然而，当前中西部地区各参与方对碳金融市场的作用认识不到位，并且过分强调 CTM 的金融属性，只关注高碳企业的碳减排，而忽略了农业 CTM 的构建，导致了我国碳金融市场的发展严重失衡。

（五）加大沿海地区对中西部地区 CTM 发展壮大的协作机制

由于沿海城市拥有丰富的资源和基础设施，以及较高的经济活动水平，全国大部分的能源公司和金融机构主要聚集在沿海地区。这使得沿海地区在碳交易市场的建立和发展方面具有一定的资源优势。因此沿海地区可以为中西部地区的碳交易市场的建立和完善提供帮助和支持，建立如下的区域协同机制。

一是碳市场交易体系制度协同。首先提供经验支持。沿海地区已经形成了较为成熟的碳排放权交易体系和模式，可以向中西部地区在交易流程、交易规则、交易方式等方面提供经验和技术支持，帮助其建立完善的交易体系和规则。例如，中西部地区 CTM 在制定碳配额分配政策过程中，需要综合考虑中西部地区的实际情况，包括产业结构、发展水平、经济发展和环境保护的关系等因素，以确保政策的科学性和可操作性，从而促进碳金融市场的可持续发展。在制定碳定价时，需要考虑到地区经济发展水平、行业特点、CTM 供需情况和碳市场的成熟度和交易量来进行定价。另外推动政策落实。东部沿海地区可以在中央政府合作授权下，构建与中西部地区的协商机制和合作磋商机制，促进中西部地区的 CTM 发展。

二是碳排放数据监测与报告技术支持。该项技术是碳市场建设中至关重要的一环。沿海地区拥有大量在数字技术领域突出的企业，例如蚂蚁金服、京东、华为等龙头示范企业。这些企业拥有的人工智能、大数据、物联网、云计算等方面的技术，可以用于监测碳排放数据的收集、处理和分析。因此，东部地区企业可以凭借其技术优势和资本优势，为中西部地区提供环保监测系统的建设、监测设备选型、技术培训等多方面的技术支持。同时，这些还可以加大东部地区与中西部地区的企业合作力度，共同研发更加智能化和高效的监测技术，提高碳排放数据的准确性和精度，进一步推动中西部 CTM 的发展。

三是制定完善的排放监管协同机制。东部沿海地区可以为中西部地区提供适应性强的监管体系建设方案。例如，可将政府各职能部门官员的环保工作完成情况、环境监测和治理成效纳入绩效考核体系，对其在环保工作中的表现进行评估和考核，绩效考核的结果将直接影响官员的晋升和评优，鼓励其加大对环保工作的投入和支持。要针对官员包庇协助隐瞒和不当干预、违法操作等违法行为，给予严厉惩罚。要协同中西部地区建立完善的信息披露制度，要求明确企业信息披露的内容、方式和时间要求，从而提高信息披露的透明度和规范性。企业参与 CTM，需要按照规定定时进行信息披露，否则将面临相应的惩罚和融资风险，促使企业提高信息披露的必要性和重视程度。

四是提高企业参与度，激发 CTM 活力。首先，沿海地区可以向中西部地区提供 CTM 的运营经验和市场营销方案，帮助中西部地区吸引更多的企业参与碳交易。比如可以通过建立产业联盟、开展碳交易培训、提供技术咨询等方式来提高中西部地区企业的参与度。其次，沿海地区的一些金融机构也可以为中西部地区提供资金支持，鼓励企业参与 CTM，增强市场活跃度。再次，沿海地区还可以通过投资中西部地区的碳减排项目实现碳减排，推进碳减排技术在中西部地区的应用和推广，进一步促进碳市场作用的发挥。最后，中西部地方政府可以考虑通过税收减免、补贴、奖励等措施来鼓励企业积极参与碳交易。比如，可以对符合条件的企业给予减免企业所得税、增值税、土地使用税等税费优惠，以降低企业实际运营成本。同时，还可以设立碳交易专项资金，用于支持企业参与碳交易，例如为企业提供碳信用担保、奖励碳减排量大的龙头企业等。

五是大数据和人工智能技术支持。沿海地区在大数据和人工智能技术方面具有优势，可以为中西部地区提供相关技术支持。例如，在大数据分析方面，沿海地区在大数据领域积累了大量的数据挖掘和分析经验。通过采用大数据技术，可以对大规模的数据进行深入挖掘和分析，从中提取有价值的信息和洞察，并为企业和政府决策提供科学支持。在建立碳排放交易市场时，中西部地区可以借鉴这些经验，利用大数据技术对企业的碳排放数据进行挖掘和分析，优化碳排放交易市场的设计和运营。在人工智能领域，沿海地区在人工智能领域有一定的技术积累，包括机器学习、深度学习、自然语言处理等技术。这些技术可以应用于碳排放数据的处理和分析，例如通过建立碳排放数据预测模型、碳排放异常检测模型等，实现对碳排放行为的智能识别和预测。这些技术可以为中西部地区建立碳排放交易市场提供技术支持，提高 CTM 的效率和精确性。

六是技术培训和人才支持。沿海地区可以为中西部地区提供 CTM 相关的技术培训和人才支持，包括培训课程、专业认证、人才引进等方面的支持，提升中西部地区在 CTM 建设和发展过程中的技术能力和人才素质。例如沿海地区有许多高校和科研机构可以为中西部地区提供 CTM 相关的人才培养和交流方面的支持，例如研究生培养、学术交流、专业技能培训等。

五、本章小结

从第一次工业革命开始，发展经济所导致的大气污染使全球气候正在发生剧变，从而导致极端天气、自然灾害等频发，严重影响全球生态安全和可持续发展，这引起了世界各国的广泛注意。联合国也相继开展多次会议，集中讨论如何有效减少碳排放量，致力于在全球气候治理问题上达成共识。目前我国由于受到过去粗犷式发展模式的影响，正面临经济发展与碳减排的双重压力，因此如何有效控制碳排放已成为包括中国在内的全球社会高度关注的议题。

本章首先分析了碳交易（CTM）的六大实现机理。第一，CTM 推动企业节能减排，实现其他污染综合治理。碳排放权交易是通过市场机制来实现对碳排放量的限制或调节，以达到保护环境的目的的经济行为。第二，CTM 促进经济可持续发展。通过建立碳市场能够增加我国企业的研发投入、提高技术创新能力，进而提升我国经济整体水平，同时可以提高控排企业的减排效益，降低边际成本，增加企业收益，改善环境，促进企业、国家和地区的经济增长。第三，CTM 推动企业产业结构升级，实现绿色发展。CTM 促进企业调整生产技术和生产组织结构来降低能源消耗和污染物排放强度。通过企业转变发展模式，国民经济中绿色低碳的产业行业比重会逐渐提高，这不仅会切实改变目前我国绿色清洁产业比重偏低、产业结构不合理的状态，而且也会改善我国目前的环境污染状况。第四，CTM 推动企业科技创新。长期来看，CTM 会推动企业生产技术创新，提高能源及资源的使用效率，从而提高生产效率来降低成本，增加竞争力，促进区域经济发展。

参考相关文献和资料，本章进一步总结了美、日、欧等国家和地区 CTM

的成功发展经验，主要有以下几个方面。第一，设置有效的限额与交易机制。第二，强调政府主导和扶持。第三，重视国际市场，加强国际合作。根据美、日、欧的成功经验并且结合我国状况，本章对我国 CTM 提出相应的建议。一是发挥我国地区性优势，以区域碳市场带动全国 CTM 构建。我国幅员辽阔，各区域经济发展水平不均衡，因此需要构建全国性的 CTM，并且做到“由点及面”“以区域带动全国”，逐步发展。二是发挥我国的市场优势，加快完善碳排放权交易体系与平台。通过加快建立覆盖全国和区域的碳排放权交易体系和平台，积极探索碳交易产品和工具，扩大国内 CTM 参与机构的规模。三是发挥我国的制度优势，完善我国碳排放权的法律制度。我们可以考虑建立一个全国统一的 CTM 网络系统，以确保企业的温室气体排放量、碳排放权分配量以及减排工作完成情况等数据能够按照统一标准进行登记录入和审核评估。四是掌握国际碳排放动向，汲取先进减排理念。汲取国际上优秀的碳减排理念和实践，加强国际合作，为建立全球统一碳市场作出贡献。五是推动技术进步，不断完善 CTM 制度。国家可以通过提供资金和设立创新基金来支持技术创新，鼓励企业和研究机构开发低碳技术，从而帮助国家降低碳排放。六是设定兼容开放目标，分阶段稳步推进。在制定全国统一 CTM 方案时，我们必须在深入分析和综合考虑我国现状的基础上，充分考虑国际碳市场的各种特征、标准和趋势，以确保方案设计的最终目标是与国际接轨。

本章最后分析了我国中西部地区 CTM 的发展情况。河南省建立的 CTM 机制能够促进河南省企业开展碳减排工作，提高其环境管理水平，同时也能为企业提供更多的附加值和商业机会，还能为中西部地区的低碳经济发展提供有力的支持。然而，河南和中西部地区 CTM 均面临着几大问题，例如碳市场交易制度体系不健全、碳排放数据的不全面和不准确、政府部门监管不足、企业参与度的不足导致市场活跃度不够等。所以，我国需要根据当前特定国情特点，加快建立沿海地区对中西部地区 CTM 发展壮大的协作机制，例如碳市场交易体系制度协同、碳排放数据监测与报告技术支持、制定完善的排放监管协同机制、提高企业参与度、激发 CTM 活力、大数据和人工智能技术支持、技术培训和人才支持等。

第六章　长三角扩容与绿色发展

一、引言

继党的十八大实施的京津冀协同发展、长江经济带建设等引领区域发展等重大战略后，党的十九大提出加快形成以创新为引领、城市群为主体的协调发展新格局，深入实施区域协调发展战略。区域一体化作为区域协调发展的重要步骤，能够有效推动资源、要素等的合理有效配置，打破区域行政分割和市场壁垒，加强区域间的经济联系和空间交流，进而促进区域协调发展。而长三角扩容作为区域一体化的典型实践、城市群建设的突出代表，一方面既推动了长三角城市群的协同发展，也促进了周边城市的联动发展，实现了区域经济的共同增长；但另一方面在实现经济增量的同时，环境与资源对发展的制约效应愈发明显，实现绿色发展，协调好资源、环境与经济发展的关系显得尤其重要。

绿色发展就是以效率、和谐、可持续为发展目标的经济增长和社会发展方式，它是基于可持续发展理念，为实现经济、社会、生态的协调统一，以资源节约、环境友好为表现形式，以绿色低碳为发展路径，以促进发展方式变革的发展模式（胡鞍钢，周绍杰，2014）[①]。它颠覆了传统的发展模式，成为新时代全球可持续协调发展的必经之路。就我国而言，党的十八届五中全会提出将绿色发展与创新、协调、绿色、开放、共享等发展理念共同构成五大发展理念；就全球而言，世界各国的经济发展方式逐渐从粗放型转向了绿色化（Brand，2012；D'Amato 等，2017；钱易，2020）[②]，绿色发展成为各

---

① 胡鞍钢，周绍杰．绿色发展：功能界定、机制分析与发展战略［J］．中国人口·资源与环境，2014，24（1）：14-20．

② 钱易．努力实现生态优先、绿色发展［J］．环境科学研究，2020，33（5）：1069-1074．

国综合发展的重点之一。长三角作为我国经济增长极和长江经济带的示范引领地区，实现绿色发展关乎整个经济带的整体发展质量，有助于国家区域协调发展战略的稳步推进。此外，《长三角区域一体化发展规划纲要》提出要紧扣“一体化”和“高质量”，大力提倡并推进生态绿色一体化发展。长三角扩容这一政策到底给城市群带来了怎样的影响？以及它是否实现了绿色发展？这有待进一步实证检验。如果长三角扩容实现了绿色发展，它的作用机制是什么？如果没有实现绿色发展，又需要怎样做才能实现绿色发展？基于此，本章构建实证模型着力探究长三角扩容对绿色发展的影响，以期对今后的城市群扩容和城市群建设起到一定的积极作用。

二、文献综述

区域一体化和经济全球化是21世纪并驾齐驱的两种发展趋势，区域一体化可以通过提升产业控制力和加深经济辐射度，推动城市或国家的产业发展向全球高端迈进，进而影响经济全球化的发展进程（梁军，从振楠，2020）。同时区域一体化既可以促进要素的跨区域流动①②③，又可以通过政府间的信息共享避免产业重复建设（王洪庆等，2005）④，还可以加强区域合作，形成良性竞争的局面。不容置疑，区域一体化加强了城市与城市之间的协同合作发展，促进了经济互容、政治互通、信息共享、机制共建局面的形成，经济社会联系进一步深化。

然而在区域一体化的过程中，是否实现了绿色发展不免成为区域协调发展的关键问题。实现区域协调发展必须实现生态、经济、社会的协调，而在为保护和改善社会与生态环境状况的努力中，绿色发展已经成为全球经济和

---

① HARRIS T F, IOANNIDES Y M. Productivity and metropolitan density [R]. Department of Economics, Tufts University, 2000.

② YOUNG A. The razor's edge: distortions and incremental reform in the People's Republic of China[J]. Quarterly journal of economics, 2000, 115(4): 1091-1135.

③ JEANNENEY S G, HUA P, LIANG Z C. Financial development, economic efficiency and productivity growth: evidence from China [J]. CERDI, 2006, 26: 27-52.

④ 王洪庆，朱荣林．长三角经济一体化的关键：产业结构的调整与互动［J］．长江流域资源与环境，2005，14（1）：1-5.

社会发展的主流价值取向（Skea，Nishioka，2008）。首先，学者们对绿色发展的认识逐步深刻，过去学者们认为绿色发展是在生态环境容量和资源承载能力的制约下，通过保护生态环境以实现可持续发展的一种发展模式（王玲玲，张艳国，2012；胡鞍钢，周绍杰，2014）。而在现阶段，绿色发展更加强调生态优先，同时又必须实现经济、社会和生态环境三大系统之间整体协调发展（钱易，2020）。其次，学者多构造绿色发展的评价指标对发展现状和发展动态进行评估。大多数学者构建了绿色发展效率指标，运用数据包络法或全要素生产率相关模型，通过静态比较或动态分析对城市或城市群的绿色发展进行了测度评价。Kortelainen 运用数据包络法对欧盟 20 个成员国 1990—2003 年的环境绩效进行了静态的比较分析。郭艳花等（2020）采用考虑非期望产出 SBM-DEA 模型测算了 2011—2015 年吉林省限制开发区的绿色发展效率，重点探究了产业集聚对绿色发展效率的影响，表明产业集聚水平与绿色发展效率之间呈现 U 形关系，且在时间上波动上升，空间上分布不均衡。Cheng Cuiyun 等（2020）对“一带一路”周边 49 个国家的绿色发展水平进行了评价，结果表明绿色发展水平呈现出空间差异，表现为西高东低的阶梯差异。

于中国而言，城市群一体化是区域和城市一体化合作的主要形式之一①，长三角是我国开放程度最大、经济发展动力和活力最强的城市群，其分步扩容的发展模式被认为是我国在城市规划进程中区域一体化发展合作的典范。这一成功实践也受到学术界的广泛关注，学者们分别从定性和定量的角度对长三角扩容的不同方面的影响进行了研究。从理论层面，主要分析了长三角的历史变迁及其边界划分问题（刘曙华，沈玉芳，2010）②。从实证层面，主要是基于实证模型研究了其对经济发展和环境污染等方面的影响。刘乃全等（2017）提出在产业分工、经济联系和市场统一三大机制的共同作用下，2010 年长三角扩容显著促进了整体城市、原位城市和新加入城市的经济增长。而王全忠和彭长生（2018）的研究则发现长三角城市群扩容的加入效应低于预

---

① 梁军，从振楠. 城市群扩容能否提高外商直接投资强度?：来自长三角的准自然实验 [J]. 世界经济与政治论坛，2020 (4)：137-155.

② 刘曙华，沈玉芳. 长江三角洲经济区扩容探析 [J]. 地理与地理信息科学，2010，26 (5)：44-47.

期水平，加入城市群对周边城市的经济增长的拉动效应是有限的，且经济增长的主要驱动力来自要素投入。① 但从出口与 FDI 的角度而言，长三角扩容是既提高了整体城市、原位城市和新加入城市的对外直接投资强度，还显著促进了整体城市和原位城市的企业出口（梁军，从振楠，2002；强永昌，杨航英，2020）②。中国实现经济高速增长的同时也带来了严重的环境污染，从长三角扩容的环境治理效应来看，以城市群扩容的区域一体化合作方式既不增加新加入城市的排污密度，又降低了原位城市的污染密集度，证明了区域一体化的减排效应，但在新进城市与原位城市之间的转移可能存在污染（尤济红，陈喜强，2019）③。但就水体污染而言，长三角扩容却提高了污水排放强度，同时降低了污水处理率，给整体长三角城市群带来了负面的环境效应（赵领娣，徐乐，2019）④。从城市创新来看，长三角扩容可以促进创新资源流动整合和知识技术的溢出，同时扩容还能扩大市场规模。综合合成控制法和 PSM-DID 模型，研究发现长三角可以显著提升城市的创新水平，且对新进城市的促进作用更强（邵汉华等，2020）⑤。

综上所述，学者们运用不同的模型和研究方法对绿色发展进行了广泛深入的研究，也从不同角度探讨了长三角扩容的影响效应。但长三角扩容这一政策是否会影响城市的绿色发展，针对这一问题的研究学者们尚未涉及。故根据已有研究，在前人研究的基础上，本章着重探究长三角扩容政策对城市绿色发展水平的影响效应。本章的边际贡献主要在于：（1）以 2010 年和 2013 年两次大规模的扩容为背景，利用准自然实验法评估长三角区域一体化对环境污染的影响，并采用双重差分模型对其进行评估，有效避免了传统回归分

---

① 王全忠，彭长生．城市群扩容与经济增长：来自长三角的经验证据［J］．经济经纬，2018，35（5）：51-57.

② 强永昌，杨航英．长三角区域一体化扩容对企业出口影响的准自然实验研究［J］．世界经济研究，2020（6）：44-56.

③ 尤济红，陈喜强．区域一体化合作是否导致污染转移：来自长三角城市群扩容的证据［J］．中国人口·资源与环境，2019，29（6）：118-129.

④ 赵领娣，徐乐．基于长三角扩容准自然实验的区域一体化水污染效应研究［J］．中国人口·资源与环境，2019，29（3）：50-61.

⑤ 邵汉华，王瑶，罗俊．区域一体化与城市创新：基于长三角扩容的准自然实验［J］．科技进步与对策，2020，37（24）：37-45.

析方法中可能出现的样本选择偏误问题和参数估计的内生性问题。（2）一些学者证明扩容政策具有减排效应，另一些学者又证明长三角扩容对环境治理具有消极影响。本章基于这一相反结论，考虑到长三角的分步扩容事实，采用渐进双重差分法再次对长三角扩容政策所导致的环境治理效应进行研究，以检验长三角扩容政策对环境污染的影响。（3）为说明本章主要结论的有效性和稳健性，本章采用安慰剂检验、替换控制变量并限制样本和替换关键变量等方法进行了一系列的稳健性检验。（4）将城市绿色发展效率的动态变化与环境治理机制相结合，突出技术进步与技术创新的现实性和必要性。

本章余下部分的结构如下：第三部分为理论分析与研究假设，第四部分为研究方法与数据说明，第五部分为实证结果及分析，第六部分为主要结论。

三、理论分析与研究假设

（一）制度背景

1982 年上海经济区成立，但我国当时正处于改革开放初期，市场发育不足，市场分割现象比较严重，上海经济区最后无声无息退出历史舞台。为推进改革开放进程和区域经济一体化发展，1992 年上海、无锡、苏州、常州、南通、杭州、嘉兴、湖州、宁波、绍兴、舟山、扬州、南京和镇江 14 个市经协委组织成立了长三角经协委主任联席会。1997 年上述 14 个城市和泰州组建了长三角经济协调会这一跨区域经济合作组织。2003 年长三角经济协调会进行了首次扩容，将浙江台州吸纳进来，基本形成了“15＋（1）”模式。随后在 2010 年、2013 年、2018 年、2019 年协调会分别进行了四次较大规模的扩容（见表 6-1），长三角至此实现了对江浙沪皖的 41 个城市的全域覆盖。长三角五次分步向外扩容反映了长三角对外围城市扩散能力的加强和城市间经济联系的强化，不仅在更广阔的地域范围内实现人流、物流、资金流和信息流的融通，而且有利于发挥各个城市的资源禀赋优势和区位优势，进一步优化规模效应和结构效应①。

---

① 刘乃全，吴友. 长三角扩容能促进区域经济共同增长吗［J］. 中国工业经济，2017（6）：79-97.

表 6-1　长三角扩容历程

扩容阶段	长三角新进城市	扩容政策影响
第一次扩容（2003 年）	台州市	奠定了长三角城市群的主体形态，初步建立起长三角城市多层次交流对话机制。
第二次扩容（2010 年）	盐城、淮安、金华、衢州、合肥、马鞍山	地理范围首次拓展到安徽地界；经济增长极扩散作用不断体现，促进了区域经济共同增长；为其他地区一体化推进和城市群建设起到示范和实践作用。
第三次扩容（2013 年）	芜湖、滁州、淮南、徐州、宿迁、连云港、丽水、温州	促进了更大范围的区域合作发展；城市间经济联系不断增强，各项制度不断完善；经济协商合作、区域协同治理等机制不断完善。
第四次扩容（2018 年）	安庆、池州、铜陵、宣城	实现对江浙沪的全覆盖；改革开放政策进一步深化，向心力显著增强；实现了更大范围的要素流动、市场开放和产业转移。
第五次扩容（2019 年）	蚌埠、黄山、六安、淮北、宿州、亳州、阜阳	实现江浙沪及安徽的全域覆盖；逐渐推进区域一体化高质量发展，生态绿色一体化发展。

（二）理论分析

区域一体化过程不仅是地理范围扩张的过程，更是多个地区间协同合作发展的过程。

2019 年国务院印发了《长江三角洲区域一体化发展规划纲要》，对长三角一体化发展作出了重要部署，也对各个地区政府统筹协调合作提出了新的要求。加之近年来新型城市化发展战略的稳步实施与推进，城市群内部政府的合作进一步深化。近年来，沪苏浙皖四地积极探索干部交流机制建设和破除行政壁垒①，共同谋划打造干部双向挂职交流平台，努力打破省域行政区划的界限②。通过地方之间的政府合作，地区间的行政壁垒、市场壁垒和技术壁垒得以有效削弱或消除，市场逐渐统一，地区商品和要素趋于自由流动。而商

① 2018 年，沪苏浙皖四地政法系统联合签署《沪苏浙皖政法系统关于推进更高质量平安长三角法治长三角建设总体方案》，提出要探索建立互补共赢的区域政法队伍建设和人才培养交流合作机制，建立区域政法干部交流轮岗挂职机制等。

② 2019 年 6 月，长三角生态绿色一体化发展示范区内的上海青浦、江苏吴江、浙江嘉善三地市场监管部门共同谋划打造干部双向挂职交流平台。

品和要素的流动会带来经济集聚，与此同时扩散效应会加速资源、要素向外转移，有效提高了经济的运行效率，促使地区间经济联系不断紧密。随着政府间合作的深化、市场的统一和经济联系的密切，各地区开始追求区域一体化的高质量发展，尤其格外关注生态绿色一体化发展。根据文献研究，区域一体化的确会对绿色发展产生一定影响，这主要是通过正负反馈机制实现的。

区域一体化会通过某些因素促进绿色发展，正反馈因素主要表现为以下三个方面。首先，区域一体化会带来知识和技术溢出。发达地区拥有先进的技术、先进的产业以及先进的人才，由于经济增长极的扩散效应，这些资源不断向新加入的城市发展，提升了新加入地区的技术水平，降低了单位 GDP 能耗，从而实现了绿色发展。其次，市场需求扩大。随着一体化程度的不断提高，原有市场逐渐扩大变成新的市场。一体化前，许多没有市场优势的原有地区需要通过发展先进产业来满足发展需要，一体化后它们可以通过扩大的市场去购买，从而淘汰掉不发达或是污染较大的企业与行业，低污染水平的产业和行业就会加快发展以弥补市场空缺。最后，产业结构不断调整与升级。随着国家经济水平的发展，各地的产业结构在不断地优化升级，同时加大了对高端人才的需求。而市场一体化范围的不断扩大会带来更多的竞争者，为提升竞争力，留住或吸引高端人才，企业需要提供更多的高附加值岗位，从而使得产业结构不得不优化升级。同时，根据外部性理论，行业内同一产业的专业化集聚所产生的地理邻近性有利于技术外溢和知识扩散，使得企业间可以通过共享基础设施和相关生产性服务来提高生产效率，进而推动产业结构的升级优化。

负反馈机制即区域一体化会通过某些因素阻碍绿色发展，负反馈因素主要表现为以下五个方面。第一，污染产业向新进城市转移。区域一体化消除了地区间的市场壁垒，促进了生产要素的自由流动，同时吸引大量的劳动力和能源资源投入，促使低端产业和制造业向新进长三角城市转移，从而导致长三角新进城市的污染加剧。第二，公共服务能力不足。各地区政府的公共服务意识不够强烈，公共服务设施不够完善，致使污水不能及时处理；环保行业未建立统一的信息查询平台，治污企业和排污企业存在严重的信息不对称，从而极易出现逆向选择问题，使得真正需要排污的企业不能及时排污。第三，消费升级。现阶段，我国经济社会实现了跨越式发展，人民的消费水平不断提高，消费结构发生了显著变化，人们不再满足于简单的生存方式和生活模式，更多地追求高品质生活，进而导致家电需求和机动车需求急剧上升，能耗增加，污染排放加大。第四，技术交易市场不完善。我国对产权市场重视不足，交易技术主体参与性不高，技术转移动力不足，使得技术需求与供给不匹配（姜江[①]，2020），进而导致技术很难进入企业。此外，技术需求成本比较高，进一步导致控污技术不能实现。第五，各地区政府间的空间协同治理机制不够完善。共建共享共生共荣的意识不够强烈，可能出现只关心自身利益而忽视整体发展的“恶性竞争”局面，进而加剧长三角地区新进城市的环境污染。

毋庸置疑，在区域一体化的过程中，正反馈因素和负反馈因素同时存在，究竟哪种因素占据主导地位，是否促进了绿色发展，有待进一步研究论证。本章认为产业结构和技术创新是影响绿色发展最重要的两个因素。首先，区域一体化会逐步推动整个长三角地区产业结构的不断升级优化，进而实现绿色发展；其次，区域一体化可以通过技术创新提高生产效率，降低单位 GDP 能耗，以及加快节能减排技术和设备的研发制造，从而实现绿色发展。故本章从产业结构和技术创新的角度加以探讨，提出以下假设。

H1：长三角扩容能够通过产业结构升级优化实现绿色发展，但产业结构升级具有异质性，故长三角扩容政策会导致长三角地区新进城市环境污染加剧。

H2：长三角扩容能够通过创新效应减轻整个一体化地区的环境污染程度，进而实现绿色发展。

四、研究方法与数据说明

（一）研究方法

1. 基于 Malmquist 指数模型的绿色发展水平测度

一般而言，绿色发展水平的测度要以绿色发展的实质性内涵为核心，尽可能地协调好经济、资源与环境三者之间的矛盾[②]。随着经济增长与生态、环

① 姜江．当前中国技术交易市场发展面临的主要问题［J］．社科纵横，2020，35（1）：34-38.

② 韩晶，陈曦．长江经济带沿线城市绿色发展水平时空演变特征［J］．华东经济管理，2021（1）：24-34.

境、资源之间的矛盾越来越突出，学者们在测度绿色发展时将环境污染、能源消耗以及生态破坏等因素纳入DEA分析框架，并结合方向性距离函数将其作为要素投入或是非期望产出，用以测度环境约束下的生产效率（Chung，Fare，Grosskopf①，1997）。DDF模型以最大化边界利益为核心目的，在提升期望产出的同时降低非期望产出，符合绿色发展的实质内涵。韩晶和陈曦采用投入视角下考虑固定规模报酬和非期望产出的方向性距离函数DDF模型对中国城市的绿色发展水平进行测度，对城市的绿色发展水平做了详细的静态分析。然而由于绿色发展是一个长期且连续的过程，故学者们提出了一个全局参比Malmquist指数（Pastor，Lovell，2005）②，将绿色发展水平从静态分析延伸至动态变化，并在此基础上将绿色发展水平的变动情况分解为技术效率的变化（effch）和技术进步的变化（techch），而技术效率的变化又可继续分解为纯技术效率变化（pech）和规模效率变化（sech）。因此tfp可以分解为：tfp＝effch ＊ techch＝sech ＊ pech ＊ techch。

城市绿色发展水平评价指标分为投入指标和产出指标。选择劳动力、资本和能源消费作为投入指标。其中劳动力投入选择各城市年末就业人数总量（单位：万人）表示；资本投入选择资本存量表示，对资本存量的计算采用永续盘存法：

$$K_t = I_t / P_t + (1 - \delta_t) K_{t-1}$$

其中，K_t 表示 t 期资本存量，I_t 表示 t 期投资额，δ_t 表示 t 期折旧率，P_t 表示固定资产投资价格指数。梳理国内文献对基期固定资本存量年份的选择，考虑数据的可得性，本章中各地级市全市的基期固定资本存量主要采用各地级市当年（2004年）固定资本存量，各地级市的固定资产投资价格指数主要以各省的固定资产投资价格指数度量，资本折旧率采用张军的做法取9.6％。产出指标则分为期望产出和非期望产出。具体如表6-2所示。

---

① CHUNG Y H, FARE R, GROSSKOPF S. Productivity and undesirable outputs: a directional distance function approach[J]. Journal of Environmental Management, 1997, 51: 229-240.

② PASTOR J T, LOVELL C A. A global malmquist productivity Index[J]. Economics Letters, 2005, 88(2): 266-271.

表 6-2　长三角城市绿色发展水平评价指标体系

指标类型	指标定义	指标度量	单位
投入	劳动力	年末全社会就业人数	万人
	资本	资本存量	万元
	能源消费	全社会用电量	万千瓦时
产出	期望产出	地区生产总值	万元
	非期望产出	工业废水排放量	万吨
		工业 SO_2 排放量	吨
		工业烟粉尘排放量	吨

2. 多期双重差分法

双重差分法是政策影响评估、制度绩效考核和项目评价等经常采用的一种科学有效的评估方法，也是目前学术界广泛采用的一种方法。它通常将受到政策影响的地区或个体作为实验组，并选择一组未受政策影响的地区或个体作为对照组，并将对照组在政策实施前后的差异视作纯粹的时间效应，用实验组在政策实施前后的差异变化量减去对照组的前后差异变化量即可得到政策实施的“净效应”。它可以在一定程度上排除模型可能产生的内生性问题，排除其他干扰因素而准确识别出政策与处理目标之间的因果关系。本章将长三角扩容是否提高了绿色发展效率作为一项准自然实验，采用双重差分法检验扩容政策对绿色发展水平的“净效应”，对绿色发展效率是否提高进行更为科学的因果检验和阐述。本章以进入长三角的城市作为实验组，未进入长三角的其他城市作为对照组，采用多期双重差分法检验长三角扩容对城市绿色发展的影响效应。故构建如下双重差分模型：

$$Y_{it} = \alpha + \beta D_{it} + \gamma X_{it} + \mu_i + \delta_t + \varepsilon_{it} \tag{6-1}$$

其中，i 表示城市，t 表示年份；Y_{it} 为绿色发展的衡量指标，表示 i 城市 t 年的城市绿色发展水平；D_{it} 表示因个体而异的处理期虚拟变量，若个体 i 在第 t 期接受处理，代表进入处理期，则此后时期均取 1；否则取值为 0。回归系数 β 度量了长三角扩容政策对绿色发展的净影响，当其显著为负时，表明长三角城市群扩容显著促进绿色发展；当其显著为正时，表明长三角城市群扩容显著抑制绿色发展。X_{it} 为一系列控制变量，μ_i 为城市固定效应，δ_t 为时间固定效应，ε_{it} 为随机扰动项。

（二）变量选取

1. 被解释变量

本章选取 SO_2 为污染物排放主要指标，之所以选择 SO_2 主要是基于以下考量：其一，中国 70%的工业污染物为 SO_2 排放，而自 1998 年以来历年制定的减排政策目标均将 SO_2 作为主要的污染物；其二，我国能源燃烧主要以煤炭为主，燃烧产生的 SO_2 是主要的有害污染排放物，受到环保部门的严格监控。同时为排除经济发展和经济规模对 SO_2 排放量的影响，本章用每亿元 GDP 的 SO_2 排放量作为实验的被解释变量。

2. 核心解释变量

本章的核心解释变量是长三角扩容政策虚拟变量和时间虚拟变量的交乘项，政策虚拟变量根据国家公布的长三角扩容后的城市名单进行赋值，如果该城市为扩容实施的城市，则赋值为 1，否则赋值为 0。时间虚拟变量在扩容政策实施之前统一设置为 0，实施年份之后设置为 1。

3. 控制变量

为排除其他变量对生态绿色发展的影响，本章参照彭小辉、王静怡和冉启英等的研究，引入以下控制变量。（1）经济发展水平的对数（$\ln pgdp$）。在经济发展的过程中，一方面会产生大量的污染物，另一方面较高的经济发展水平会加大环保力度。根据环境库兹涅茨曲线，环境污染与经济增长之间存在倒 U 形的曲线关系，换言之经济发展会影响环境状况，本章以各城市的人均地区生产总值指标加以衡量。（2）资本（$\ln dk$）。根据柯布道格拉斯生产函数模型，资本与劳动力是影响经济发展的重要因素，用年末固定资产投资总额表示。（3）劳动力（$\ln labor$）。用年末全社会就业人数表示。（4）人口密度（pop）。人口增长在带来“人口红利”的同时也会带来一定的环境污染，人口密度则体现了人口分布与经济集聚水平的关系①；人口生活和生产活动通常会加剧环境污染（童玉芬、王莹莹，2014）②。本章以各城市行政区域内单位面积的人口数衡量。（5）对外开放（$open$）。对外开放可以引进资金、技

① 刘乃全，吴友. 长三角扩容能促进区域经济共同增长吗［J］. 中国工业经济，2017（6）：79-97.

② 童玉芬，王莹莹. 中国城市人口与雾霾：相互作用机制路径分析［J］. 北京社会科学，2014（5）：4-10.

术和管理，通过规模效应、技术效应和结构效应对绿色发展产生影响，本章以当年实际使用外资占地区生产总值的比重表示。（6）人力资本水平（ln *hum* ）。环境治理需要依靠高素质人才的参与，人力资本水平越高，人们的环保意识越强，知识创新和技术创新能力越强，越有利于环境状况的改善，本章以每万人在校大学生数表示人力资本水平。

具体使用的变量及定义如表 6-3 所示。

表 6-3　变量及定义

变量名称	变量定义
$\ln gSO_2$	SO_2 排放量（吨）除以进行价格平减后的地区生产总值（亿元）的值，再取对数。
ln *pgdp*	以 2005 年为基期，进行价格平减，得到的各城市的人均地区生产总值（元），再取对数。
ln *dk*	以 2005 年为基期，进行价格平减后的年末固定资产投资总额（万元）取对数。
ln *labor*	年末全社会就业人数（万人）取对数。
pop	人口密度，各城市行政区域内单位面积的人口数（万人/平方千米）。
open	对外开放度，以 2005 年为基期对实际使用外资和地区生产总值进行价格平减，并且经过汇率换算后，实际使用外资（亿元）占地区生产总值（亿元）的比例。
ln *hum*	人力资本水平，每万人在校大学生数。

（三）数据来源与样本处理

本章以 2005—2019 年江浙沪和中部六省地级以上城市为初始样本，剔除掉中途新增城市以及被撤除的城市，并剔除掉 2005 年以前就已经包含在长三角以内的 16 个城市。本章最终选取这七个省份的 89 个城市为研究样本。文中涉及的数据主要来源于 2006—2020 年《中国城市统计年鉴》，部分缺失的数据通过各省市统计年鉴以及各城市的国民经济和社会发展统计公报进行填报，其余部分缺失的数据，通过线性插值法进行填补。此外，为剔除价格因素的影响，凡涉及金额的变量，本章均以 2005 年为基期的各城市所在省份的 GDP 平减指数作平减处理。由于实际使用外资额的单位是美元，本章先用人民币的年平均汇率进行单位换算后再进行平减处理。部分地区的在某些年份的在校大学生人数为零，故先对原有数据统一加 1 之后再取对数。经上述处理后，本章采用的主要变量的描述性统计如表 6-4、表 6-5 所示。

表 6-4 2005—2019 年处理组与控制组的 GSO_2 的描述性统计

年份	样本数	处理组			样本数	控制组		
		均值	最小值	最大值		均值	最小值	最大值
2005 年	25	117.743 1	3.215 019	853.074	64	189.220 1	24.532 49	860.568 8
2006 年	25	111.457	9.290 399	572.837 4	64	176.240 6	2.409 309	783.994 8
2007 年	25	62.231 04	0.784 479 1	268.903 2	64	117.900 4	16.998 31	511.754 7
2008 年	25	43.277 84	0.539 195 1	209.121 4	64	77.074 59	9.352 483	326.429 4
2009 年	25	23.445 84	0.364 770 5	116.223 9	64	45.503 14	5.948 413	272.986 2
2010 年	25	21.615 63	0.033 589 8	103.388 6	64	36.584 06	4.419 27	203.636 4
2011 年	25	18.004 93	1.860 362	78.058 22	64	28.499 58	1.935 889	156.967
2012 年	25	10.752 72	0.912 932 3	49.966 25	64	16.005 77	1.054 207	83.358 15
2013 年	25	5.319 959	0.287 406 5	36.253 26	64	12.737 02	0.780 819	59.890 81
2014 年	25	6.029 804	0.549 981 4	26.050 62	64	9.416 456	0.430 785	41.731 05
2015 年	25	4.462 526	0.437 336 5	15.844 28	64	6.694 151	0.354 085	24.541 24
2016 年	25	2.378 254	0.189 459 1	13.441 77	64	2.661 979	0.119 894 7	11.938 67
2017 年	25	0.674 277 6	0.0372 363	4.001 779	64	0.565 771 6	0.014 553	4.833 215
2018 年	25	20.987 91	0.013 485 3	302.056 8	64	6.567 931	−34.749 7	72.806 5
2019 年	25	0.602 505 5	0.196 486 2	2.538 003	64	0.294 134 2	−9.374 39	4.166 511

表 6-5 其他变量的描述性统计

变量	N	mean	sd	min	max
ln *pgdp*	1 333	10.789 08	1.091 79	7.929 05	14.044 8
ln *dk*	1 329	16.222 16	1.255 997	13.121 72	20.045 1
ln *labor*	1 335	3.545 961	0.638 483 2	1.853 17	5.941 22
pop	1 335	0.049 564 2	0.028 839 3	0.011 916	0.301 856
open	1 335	0.025 384 1	0.024 200 2	0	0.285 426
ln *hum*	1 335	5.159 247	1.108 641	0	7.746 5
Number of city	89	89	89	89	89

五、实证结果及分析

（一）城市绿色发展水平动态测度及分析

使用 Stata 16 软件，在基于 DEA-Malmquist 指数模型的基础上，考虑到绿色发展效率具有动态变化的特点，本章对 2005—2019 年的中部六省及长三角地级以上城市的绿色发展要素生产率进行测算。由于篇幅限制，仅列出样本期内累乘后被评价单元首末年份的 Malmquist 指数，Malmquist 全要素生产率变化指数及其子指标的绿色发展效率测算结果如表 6-6 和附表 6-1、附表 6-2、附表 6-3（见报告末）所示。

表 6-6 2005—2019 年中部六省级及长三角地区 89 个城市各年绿色发展效率动态变化

年份	技术效率	技术进步	纯技术效率	规模效率	全要素生产率
	effch	techch	pech	sech	tfpch
2005—2006	0.989 0	1.079 3	0.951 4	1.049 5	1.020 3
2006—2007	1.268 4	0.875 9	1.156 2	1.101 6	1.021 9
2007—2008	0.949 0	1.046 6	0.989 5	0.962 3	0.983 4
2008—2009	0.870 7	1.194 1	0.883 8	0.993 9	1.010 8
2009—2010	1.073 9	0.981 9	1.063 3	1.000 7	1.023 3
2010—2011	0.828 1	1.211 8	0.932 8	0.896 3	0.946 1
2011—2012	1.030 2	0.871 4	1.015 4	1.019 9	0.897 0
2012—2013	1.049 5	0.968 0	1.003 6	1.048 1	1.011 1
2013—2014	0.954 6	0.983 9	1.000 1	0.956 9	0.947 4
2014—2015	1.008 0	0.305 5	0.981 2	1.026 8	0.313 2
2015—2016	1.013 3	1.013 2	1.036 0	0.980 2	1.056 8
2016—2017	1.056 9	1.974 7	1.073 2	0.980 5	2.104 3
2017—2018	1.442 5	1.299 5	1.363 4	1.062 1	1.866 9
2018—2019	0.732 8	0.914 6	0.787 5	0.932 8	0.676 0
平均值	1.019 1	1.051 5	1.017 0	1.000 8	1.062 7

从整体来看，2005—2019 年中部六省及长三角城市绿色发展全要素生产

率指数上下浮动，有一定的分化，呈现波折变动趋势。2005—2019 年全要素生产率指数均值为 1.062 7 大于 1，表明中部六省及长三角地区 89 个城市绿色发展效率整体得到有效提高，年平均增长 6.27%。2005—2019 年技术进步均值为 1.051 5 大于 1，年平均增长 5.15%。分年度来看，2014—2015 年绿色发展的全要素生产率指数最低（0.313 2），2016—2017 年全要素生产率指数最高（2.104 3），上下波动幅度较大。根据上表可知，2015—2016 年、2016—2017 年、2017—2018 年 techch 值和 tfpch 值均大于 1，中部六省及长三角城市绿色发展效率呈上升趋势；2013—2014 年、2014—2015 年、2018—2019 年 techch 值和 tfpch 值均小于 1，中部六省及长三角城市绿色发展效率呈下降趋势。另外，根据图 6-1 所示 Malmquist 指数的分解结果，2013—2019 年技术进步变化指数和全要素生产率指数的变化趋势总体一致，表明技术进步是推动中部六省和长三角城市绿色发展效率提升的主要因素。

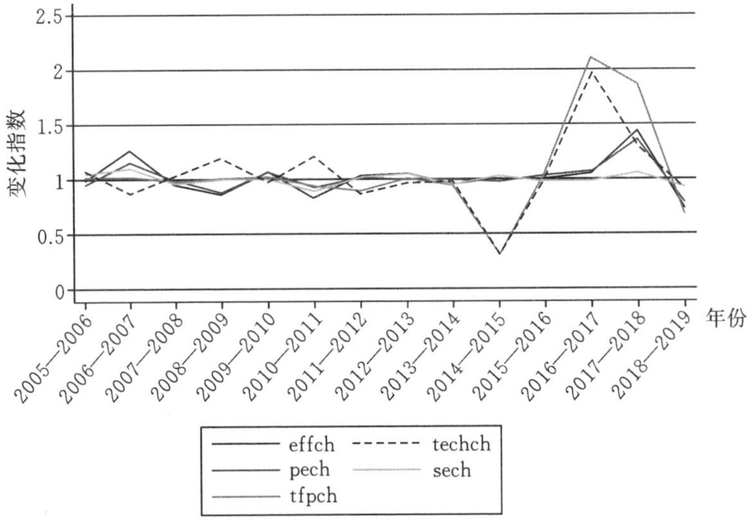

图 6-1 2005—2019 年城市绿色发展水平 Malmquist 指数及其分解指标

从城市层面来看，如附表 6-1、附表 6-2、附表 6-3 可知，武汉市、温州市、南阳市等 33 个城市的绿色发展效率值小于 1，吕梁市、丽水市、马鞍山市、朔州市以及襄阳市绿色发展效率值等于 1，其他 51 个城市在 2005—2019 年的绿色发展效率值都大于 1，说明大多数城市的绿色发展效率在逐年提升。整体来看，2005—2019 年中部六省及长三角 89 个城市的绿色全要素生产效率指数均值为 1.049，技术效率为 1.020；进一步将全要素指数分解为技术效率和技术进步，从技术效率的角度来看，有 1 座城市的技术效率保持不变，54 座城市的技术效率大于 1，34 座城市的技术效率小于 1，这说明各城市的技术效率发展差异较大。从技术进步的角度来看，有 35 个城市的技术进步指数小于 1，3 个城市的技术进步指数等于 1，51 个城市的技术进步指数大于 1，各城市 2005—2019 年技术进步指数均值为 0.989，年均降低 1.1%，各城市技术创新水平有待提升。

（二）双重差分回归分析

1. 基准回归结果

表 6-7 为基准计量模型（1）的回归结果。第（1）列表示未加控制变量的回归结果，第（2）—（7）列表示依次加入控制变量的回归结果。第一行显示随着控制变量的逐步加入，长三角扩容与环境污染的变动之间确实存在因果关系。在没有加入控制变量时，核心解释变量的回归系数为 0.443，在 1% 的显著性水平上显著为正，说明长三角扩容对新进城市的污染物排放具有较为显著的促进作用。而随着控制变量的加入，核心解释变量的系数仍在 1% 的显著性水平上显著为正，数值在 0.329—0.443 之间，说明控制变量促进了 SO_2 的排放。同时根据（2）—（7）列可以明显看出除了 ln *labor*，其余控制变量则会抑制二氧化硫排放强度。长三角扩容对新进城市的 SO_2 排放有显著的正向作用，与前文的理论分析的表述大致一致。通过城市群扩容，城市间加强了经济社会联系和产业合作，但由于经济增长水平的差异以及高端产业与低端产业产出效益的差异，新进城市与原位城市进行了产业转移，从而将带有一定污染的低端产业转移到了新进城市，加剧了新进城市的环境污染。换言之长三角扩容非但没有起到节能减排的作用，反而增加了新进城市的环境污染程度，不利于整个区域的绿色发展。

2. 稳健性检验

2.1　平行趋势及动态趋势检验

多期双重差分法检验政策效应需要满足平行趋势假设，即处理组和控制组在政策实施前必须具有相同的变化趋势。常见的平行趋势检验有两种，一种是均值作图法，即比较不同类别的被解释变量均值的时间趋势；一种是事件分析法，即比较政策实施节点的虚拟变量与政策变量的交互项，若政策发生前的交互项的系数不显著，则说明共同趋势假设成立。本章通过绘制被解释变量的时间趋势图来对处理组与控制组在长三角扩容前是否具有一致变化趋

表 6-7 基准回归结果

变量	(1)	(2)	(3)	(4)	(5)	(6)	(7)
	$lnSO_2$	$lnSO_2$	$lnSO_2$	$lnSO_2$	$lnSO_2$	$lnSO_2$	$lnSO_2$
D	0. 443***	0. 436***	0. 436***	0. 430***	0. 430***	0. 340***	0. 329***
	3. 80	3. 70	3. 74	3. 42	3. 42	2. 80	2. 75
Open		−2. 718*	−2. 755*	−1. 714	−1. 715	−1. 454	−1. 481
		−1. 71	−1. 72	−1. 05	−1. 04	−0. 91	−0. 93
ln *hum*			−0. 080**	−0. 094**	−0. 094**	−0. 082**	−0. 080**
			−2. 45	−2. 55	−2. 55	−2. 16	−2. 11
ln *pgdp*				−0. 619***	−0. 618***	−0. 362**	−0. 373**
				−3. 83	−3. 82	−2. 16	−2. 25
pop					0. 010	−0. 497	−0. 516
					0. 01	−0. 45	−0. 47
ln *dk*						−0. 347***	−0. 340***
						−2. 84	−2. 78
ln *labor*							0. 103
							0. 86
Constant	4. 699***	4. 753***	5. 196***	10. 981***	10. 981***	13. 526***	13. 174***
	79. 00	73. 82	26. 33	7. 14	7. 08	7. 06	6. 57
Observations	1 325	1 325	1 325	1 323	1 323	1 319	1 319
R-squared	0. 737 2	0. 739 6	0. 740 9	0. 706 1	0. 706 1	0. 711 9	0. 716 3
Number of id	89	89	89	89	89	89	89
city FE	YES	YES	YES	YES	YES	YES	YES
year FE	YES	YES	YES	YES	YES	YES	YES
city cluster	YES	YES	YES	YES	YES	YES	YES

注：*、**、*** 对应统计上的显著性水平，分别为 10%、5%和 1%。括号内为稳健性 *t* 统计量。

势进行判断。同时，考虑到长三角扩容后，新进城市受到的影响存在持续性，但这种持续性的影响如何变化有待进一步检验。故同时构建长三角扩容发生的反事实和动态效应，以同时检验平行趋势假定和政策的动态效果。本章以政策实施当期作为基期，引入一系列虚拟变量 $d\_4_{i,t}$—$d4_{i,t}$ 代替（6-1）式中的 $pol_{i,t}$，模型设定如下：

$$Y_{i,t}=\alpha+\beta_1\times d\_4_{i,t}+\beta_2\times d\_3_{i,t}+\beta_3\times d\_2_{i,t}+\beta_4\times d\_1_{i,t}+\beta_5\times d1_{i,t}+\beta_6\times d2_{i,t}+\beta_7\times d3_{i,t}+\beta_8\times d4_{i,t}+\mu_i+\delta_t+\varepsilon_{i,t} \tag{6-2}$$

其中 $d\_4_{i,t}$ 定义为：如果年份 t 是城市 i 首次被纳入扩容范围之前的第 4 年，则赋值为 1，否则为 0，$d\_3_{i,t}$—$d\_1_{i,t}$ 的定义同理；$d1_{i,t}$ 的定义为：如果年份 t 是城市 i 首次被纳入扩容范围之后的第 1 年，则赋值为 1，否则为 0，$d2_{i,t}$—$d4_{i,t}$ 的定义同理。平行趋势检验结果图 6-2 所示。

从检验结果来看，在扩容政策实施的前 4 年，系数 β 在 0 附近且在 95% 的置信水平上不显著，说明处理组和控制组在政策实施前不存在明显的差异，满足平行趋势检验。

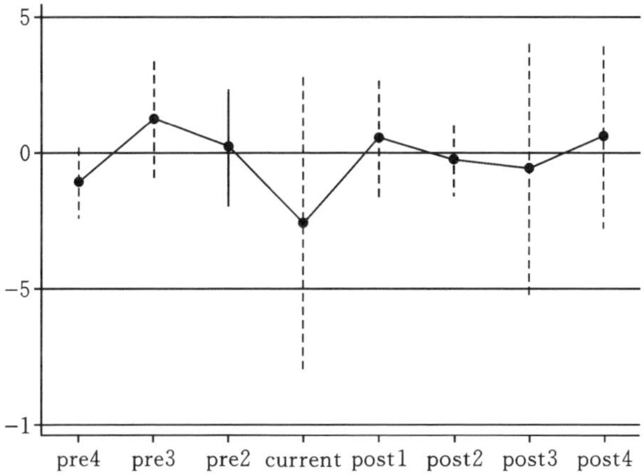

图 6-2　平行趋势和动态趋势检验

2.2　安慰剂检验

为了对本章基本回归结果的稳健性进行检验，降低结果的偏差，本章首先进行安慰剂检验。具体做法是：将长三角扩容政策的时间人为提前一年、两年，虚构长三角扩容时间，在此基础上进行基准回归。

回归结果如表 6-8 所示，在以下结果中，将政策时间提前一年时，系数不显著；将政策时间提前两年时的系数仍不显著，这意味着在虚拟的长三角扩容政策时间下，长三角扩容政策都不会对处理组城市产生与正常扩容政策时间相同的环境效应，说明本章的基准回归结果稳健。

表 6-8　安慰剂检验

VARIABLES	(1)	(2)
	lngSO_2	lngSO_2
*D*1	0.197	
	(1.51)	
*D*2		0.221
		(1.58)
控制变量	Yes	Yes
Observations	1 319	1 319
R-squared	0.714 5	0.713 3
Number of id	89	89
city FE	YES	YES
year FE	YES	YES
city cluster	YES	YES
Control var	YES	YES

注：*、**、*** 对应统计上的显著性水平，分别为 10%、5%和 1%。括号内为稳健性 t 统计量。

2.3　替换控制变量并限制样本

考虑到本章处理组与控制组在各方面的条件不同，为消除变量选择中的内生性问题，本章考虑选择不同的控制变量考察扩容总政策对环境污染的影响，以进一步检验回归结果的准确性。本章选取产业结构（第二产业占第三产业的比重）、工业总产值为新的控制变量，回归结果如表 6-9 的第（1）列所示。同时替换被解释变量，被解释变量表示为工业废水排放量（取对数）；工业粉尘排放量（取对数），回归结果如表 6-9 第（2）（3）列所示。从表 6-9 可以看到，无论是改变控制变量还是替换被解释变量，$D_{i,t}$ 的回归系数均在 5%的显著性水平上显著为正，说明长三角扩容的确显著提升了 SO_2 的排放量，加大了新进城市的环境污染，进一步验证了本章结论的稳健性。

表 6-9　稳健性检验

VARIABLES	(1)	(2)	(3)
	$\ln gSO_2$	ln gyfs	ln gyfc
$D_{i,t}$	0.454***	0.231***	0.595***
	(4.02)	(3.09)	(4.34)
控制变量	Yes	Yes	Yes
Observations	1 302	1 327	1 302
R-squared	0.652 4	0.672 1	0.675 0
Number of id	89	89	89
city FE	YES	YES	YES
year FE	YES	YES	YES
city cluster	YES	YES	YES

注：*、**、*** 对应统计上的显著性水平，分别为 10%、5%和 1%。括号内为稳健性 t 统计量。

3. 作用机制检验

根据理论分析，新进城市不会因受到长三角扩容影响而促使产业结构升级，但长三角扩容后由于资源要素的自由流动和中心城市的辐射扩散作用，科技创新能力和技术水平显著提升，生产效率得以提高，有利于节能技术的应用与推广，进而促进环境状况的改善。基于此，本章构建如下中介模型：

$$Z_{i,t} = \alpha_1 + \beta_1 D_{i,t} + \gamma X_{i,t} + \mu_i + \delta_t + \varepsilon_{i,t} \tag{6-3}$$

在此基础上，本章进一步将长三角扩容的虚拟变量与创新效应的交互项引入基准回归模型中，模型构建如下：

$$Z_{i,t} = \alpha + \beta D_{i,t} + \beta_2 Z_{i,t} D_{i,t} + \gamma X_{i,t} + \mu_i + \delta_t + \varepsilon_{i,t} \tag{6-4}$$

其中，$Z_{i,t}$ 为中介变量——创新效应。专利从申请到实际投入使用具有一定时滞，不能反映出当年的真实创新水平，故本章以各城市专利申请授权数作为创新效应的代理变量。同时，部分地区在某些年份的专利申请授权数为 0，故在原有所有数据的基础上做加 1 后再取对数处理。$D_{i,t}$ 为核心解释变量，$X_{i,t}$ 为控制变量，μ_i 为城市固定效应，δ_t 为年份固定效应，$\varepsilon_{i,t}$ 为随机扰动项。相关变量的表述前文已经说明，此处不再赘述，结果如表 6-10 所示。

表 6-10 机制检验

VARIABLES	(1)	(2)
	z1	ln SO_2
$D_{i,t}$	0.442***	−0.133
	(3.16)	(−0.19)
ln *tec*		0.108*
		(1.91)
z1		0.040
		(0.45)
Constant	1.552	10.044***
	(0.32)	(4.83)
Observations	1 157	1 157
R-squared	0.851	0.665
Number of id	89	89
city FE	YES	YES
year FE	YES	YES
city cluster	YES	YES

注：*、**、*** 对应统计上的显著性水平，分别为10%、5%和1%。括号内为稳健性 *t* 统计量。

第（1）列探究了长三角扩容对创新效应的影响，第（2）列探究了扩容政策实施后创新效应对环境的影响。第（1）列的系数为正，且在5%的显著性水平上显著，表明长三角扩容的确促进了新进城市的技术创新水平，进入长三角的城市比未进入长三角的城市有更高的创新水平。说明新进城市进入长三角后消除了与原有城市之间的市场壁垒，生产要素和创新资源能够自由流通共享，加强了区域间和城市间的技术联系与技术合作。第（2）列的系数表明，创新效应显著促进了环境污染的加剧，这可能是由于一方面城市的技术创新促进了生产效率的提高，加快了污染产业的快速发展，加大了污染物的排放，而节能减排技术不成熟，不能从源头防护或是排放治理。另一方面，扩容政策导致的产业转移会带来技术和技术人员的转移，而高端技术和人才的转移会导致新进城市的技术进步和技术创新能力不足，新进城市只能发展低端产业，进而导致低端产业的污染排放增加。但如果加强各个地区的技术创新能力和提高科技研发水平，长三角扩容是能够通过创新效应促进整体区域的绿色发展。但根据交互项系数可以看出，创新效应的交互项不具备显著性。

六、本章小结

本章基于 2005—2019 年中部六省及长三角 89 个城市的面板数据，首先用 Malmquist 指数分析各城市绿色发展效率的动态演化趋势，再采用多期双重差分法分析了扩容政策对环境产生的影响，并通过一系列的稳健性检验，得出以下结论。

第一，通过 Malmquist 指数的测算，说明技术进步增长不足限制了技术效率对绿色发展的推动作用，即技术进步变化降低是阻碍城市绿色发展的重要因素。而从城市角度来看，城市绿色全要素生产率小于 1，呈现下降趋势，同样表明技术进步限制了城市的绿色发展进程，各城市技术创新水平有待提升。

第二，在长三角扩容过程中，资源要素得到了重新配置，新进城市在获得扩容红利的同时，对环境污染有显著的促进作用，不但没有起到节能减排的作用，反而加大了新进城市的环境污染，不利于长三角城市的绿色发展。

第三，长三角扩容的产业结构升级具有异质性，使得长三角扩容政策导致了长三角地区新进城市的环境污染加剧，即长三角扩容导致了新进城市的污染加剧。

第四，通过创新机制检验，发现进行科技创新的确能够缓解环境污染加剧的压力，促进环境污染问题的解决。这与第一点技术进步阻碍了城市的绿色发展的结论相结合，双重表明提升科技创新水平的重要性。

第七章　基于长江经济带大保护的生态补偿量化与实现路径分析

一、长江经济带生态补偿计算分析

（一）生态系统服务价值计算分析

现有对生态系统服务价值的计算方法分为两种：一种是借鉴 Costanza 的当量因子法，通过使用当量因子表计算出生态系统服务价值；另一种是服务功能价值法。因为当量因子法目前使用较为广泛且计算方法比较成熟、更能简单有效地计算出生态服务价值，国内以谢高地（2015）为主的众多学者也是借鉴和改进此方法进行生态系统服务价值的测算，更是建立了符合我国生态系统服务价值的当量因子表。该方法更加适用于我国实际生态现状。

本章借鉴当量因子法来计算生态系统服务价值，对长江经济带各市的生态系统服务价值当量因子进行部分修正，得到的结果如表 7-1 所示。其中，生态生产用地中耕地对应农田中的水田，林地对应森林中的阔叶，草地对应草地中的草原，水域对应水域中的水系，建设用地对应荒漠中的裸地，未利用地对应荒漠。

借鉴国内学者的计算方法，把标准当量定义为全国范围内的农田平均每公顷每年产粮的经济价值。同时，借鉴其他学者的研究成果，标准当量也可以用每公顷每年产粮的市场价值的 1/7 进行衡量，计算公式可改写为：

$$E_a = \frac{1}{7} \times \frac{T_i}{A_i} \tag{7-1}$$

在公式中，E_a 代表每公顷农田产粮的经济价值，T_i 代表长江经济带内每年产粮的总产值，A_i 代表长江经济带内每年产粮的种植面积。

本章搜集整理了长江经济带内 11 省 110 个地级市的粮食数据，根据长江经济带各省粮食作物的总产值以及种植面积等数据，通过上述公式计算出了

2017 年长江经济带各省的单位农田产出粮食的经济价值（见表 7-2）。

表 7-1　长江经济带生态系统服务价值当量因子表

生态系统分类	供给服务			调节服务				支持服务			文化服务
二级分类	食物生产	原料生产	水资源供给	气体调节	气候调节	净化环境	水文调节	土壤保持	维持养分循环	生物多样性	美学景观
耕地	1.36	0.09	−2.63	1.11	0.57	0.17	2.72	0.01	0.19	0.21	0.09
林地	0.29	0.66	0.34	2.17	6.50	1.93	4.74	2.65	0.20	2.41	1.06
草地	0.10	0.14	0.08	0.51	1.34	0.44	0.98	0.62	0.05	0.56	0.25
水域	0.80	0.23	8.29	0.77	2.29	5.55	102.24	0.93	0.07	2.55	1.89
建设用地	0.00	0.00	0.00	0.02	0.00	0.10	0.03	0.02	0.00	0.02	0.01
未利用地	0.01	0.03	0.02	0.11	0.10	0.31	0.21	0.13	0.01	0.12	0.05

表 7-2　长江经济带各省的单位农田产出粮食的经济价值

地区	粮食播种面积（公顷）	粮食总产值（亿元）	单位农田产出粮食的市场价值（元/公顷）	单位农田产出粮食的经济价值（元/公顷）
上海市	133 100	33.8	25 394.440 27	3 627.777
江苏省	5 527 310	1 338.37	24 213.767 64	3 459.11
浙江省	977 200	229.4	23 475.235 37	3 353.605
安徽省	7 321 800	1 334.1	18 220.929 28	2 602.99
江西省	3 786 300	721.69	19 060.560 44	2 722.937
湖北省	4 852 990	1 069.8	22 044.141 86	3 149.163
湖南省	4 978 900	1 086.856 2	21 829.243 41	3 118.463
重庆市	2 030 700	337.229 8	16 606.579 01	2 372.368
四川省	6 292 000	1 372.8	21 818.181 82	3 116.883
贵州省	3 052 780	468.7	15 353.219 03	2 193.317
云南省	4 169 200	738.53	17 713.949 92	2 530.564

据此可得到长江经济带各省的生态系统服务价值系数表，如表 7-3 所示。

表 7-3　长江经济带各省的生态系统服务价值系数表

地区	耕地	林地	草地	水域	建设用地	未利用地
上海市	14 112.05	83 257.49	18 392.83	455 685.1	725.555 4	3 990.555
江苏省	13 455.94	79 386.57	17 537.69	434 498.8	691.821 9	3 805.021
浙江省	13 045.52	76 965.24	17 002.78	421 246.3	670.721	3 688.966
安徽省	10 125.63	59 738.62	13 197.16	326 961.6	520.598	2 863.289
江西省	10 592.23	62 491.41	13 805.29	342 028.1	544.587 4	2 995.231
湖北省	12 250.24	72 273.29	15 966.26	395 566.4	629.832 6	3 464.079
湖南省	12 130.82	71 568.73	15 810.61	391 710.2	623.692 7	3 430.31
重庆市	9 228.513	54 445.86	12 027.91	297 993.2	474.473 7	2 609.605
四川省	12 124.68	71 532.47	15 802.6	391 511.7	623.376 6	3 428.571
贵州省	8 532.003	50 336.63	11 120.12	275 502.5	438.663 4	2 412.649
云南省	9 843.895	58 076.45	12 829.96	317 864.2	506.112 9	2 783.621

生态系统服务价值评估模型如下：

$$ESV_s = \sum (A_k \times VC_{s,k}) \tag{7-2}$$

$$ESV = \sum (A_k \times VC_k) \tag{7-3}$$

其中，ESV_s 为研究区内某一种生态系统类型单项服务功能 s 的总价值，ESV 为研究区内生态系统服务的总价值，A_k 为 k 类土地的土地利用面积，$VC_{s,k}$ 为 k 类土地的 s 种生态系统服务功能的单位面积生态系统价值，VC_k 为 k 类土地的单位面积生态系统服务价值。

根据式（7-1）（7-2）（7-3）可以计算得出长江经济带各市的生态系统服务价值总量，约为 75 000 亿元。整体而言，位于上中游的城市生态系统服务价值总量较大，价值总量在 600 亿元以上的城市中上中游城市占到了 76.92%，下游城市中 70%以上的城市的价值总量在 600 亿元以下。成渝城市群和长三角城市群中的生态系统服务价值总量较低，长江中游城市群的生态系统服务价值总量较高。同时，各市生态系统服务价值总量相差非常大，安徽省淮北市的生态系统服务价值总量最小，约为 44.11 亿元，重庆市的生态系统服务价值总量最大，约为 2 640 亿元，是淮北市的 60 倍左右。

从长江经济带各市人均生态系统服务价值上来说，上游地区的城市人均生态系统服务价值普遍较高，下游地区中超过 85%的城市人均生态系统服务价值在 2 万元以下。云南省的 8 个城市人均生态系统服务价值均在 1.2 万以上，其中，普洱市是所有城市中人均生态系统服务价值最高的，为 7.97 万元。上海市和重庆市的人均生态系统服务价值较低，分别为 0.28 万元和 0.86 万元，除此之外，安徽省的人均生态系统服务价值最低，为 0.88 万元，其中，阜阳市和亳州市是所有城市中最低的，约为 0.18 万元。

（二）生态补偿计算分析

根据现有文献，对于生态补偿总额的计算并没有统一的方法。通过比较，借鉴国内学者相对使用较多的计算方法，如计算生态系统服务价值和生态赤字/盈余，利用区域内各省市的经济发展水平差异等指标对生态补偿进行修正，从而计算出生态补偿总额 E。

1. 生态补偿修正系数

生态补偿，是指运用一定的方法，对同一生态区域内不同的省市之间或者不同生态区域之间的生态差距进行的补偿。在运用某种方法计算额度的时候，要综合考虑生态实际状况以及经济发展水平、产业结构、生活习惯等因素。国外学者 Maslow（1943）提出了需求层次理论，他把人类的需求分为 5 个层次，从低到高依次是生理需求、安全需求、社交需求、尊重需求和自我实现需求，当实现一种需求后就会进入到下一层次的需求，即提高自身的生活标准。这种需求的提高是从被动到主动、从初级到高级的过程，非常符合 S 型 R. Pearl 生长曲线。本章用某市的人均国内生产总值除以长江经济带的人均国内生产总值表示某市的社会经济发展水平，用 S 型 R. Pearl 生长曲线来模拟各省市愿意支付的额度，并使用恩格尔系数来衡量长江经济带内的生活水平，用环境污染治理投资总额与财政支出的比值体现研究区域对生态环境的重视程度，生态补偿修正系数 r_i 的表达公式如下：

$$r_i = l_i \times \frac{1}{1+\mathrm{e}^{-t}} \times s_i = (PGDP_i / PGDP) \times \frac{1}{1+\mathrm{e}^{-t}} \times \frac{f_i}{f} \qquad (7\text{-}4)$$

其中，l_i 为补偿意愿，s_i 为重视生态程度，$PGDP_i$ 为区域 i 的人均国内生产总值，$PGDP$ 为长江经济带的人均国内生产总值，e 为自然对数的底数，t 为恩格尔系数的倒数，f_i 为某市所在省的环境污染治理投资总额，f 为某市所在省的财政支出总额。据此算出长江经济带各地级市生态补偿修正系数如表 7-4 所示。

表 7-4 长江经济带各地级市生态补偿修正系数

城市	补偿修正系数	城市	补偿修正系数	城市	补偿修正系数	城市	补偿修正系数	城市	补偿修正系数
上海市	0.046	温州市	0.030	萍乡市	0.023	株洲市	0.019	遂宁市	0.007
无锡市	0.240	丽水市	0.028	景德镇市	0.021	岳阳市	0.014	内江市	0.007
南京市	0.196	衢州市	0.032	九江市	0.023	常德市	0.013	南充市	0.004
苏州市	0.244	合肥市	0.104	宜春市	0.012	郴州市	0.010	雅安市	0.008
常州市	0.182	芜湖市	0.092	赣州市	0.010	衡阳市	0.008	达州市	0.004
扬州市	0.125	铜陵市	0.064	吉安市	0.010	益阳市	0.007	广元市	0.004
镇江市	0.132	马鞍山市	0.071	抚州市	0.010	张家界市	0.006	巴中市	0.002
南通市	0.118	黄山市	0.028	上饶市	0.008	娄底市	0.006	昆明市	0.019
泰州市	0.088	蚌埠市	0.028	武汉市	0.142	永州市	0.004	玉溪市	0.013
徐州市	0.051	宣城市	0.027	宜昌市	0.081	怀化市	0.004	曲靖市	0.004
淮安市	0.045	淮北市	0.021	鄂州市	0.070	邵阳市	0.002	丽江市	0.003
盐城市	0.047	池州市	0.027	襄阳市	0.048	成都市	0.039	临沧市	0.002
连云港市	0.038	安庆市	0.019	荆门市	0.031	攀枝花市	0.045	普洱市	0.002
宿迁市	0.031	滁州市	0.019	黄石市	0.036	德阳市	0.016	保山市	0.003
杭州市	0.156	淮南市	0.013	咸宁市	0.022	自贡市	0.011	昭通市	0.001
宁波市	0.135	宿州市	0.009	十堰市	0.021	绵阳市	0.010	贵阳市	0.038
舟山市	0.096	六安市	0.008	随州市	0.017	资阳市	0.008	六盘水市	0.017
绍兴市	0.087	亳州市	0.007	孝感市	0.011	宜宾市	0.009	遵义市	0.014
嘉兴市	0.081	阜阳市	0.005	荆州市	0.011	乐山市	0.011	安顺市	0.009
湖州市	0.060	南昌市	0.064	黄冈市	0.008	泸州市	0.007	铜仁市	0.006
台州市	0.045	新余市	0.061	长沙市	0.078	广安市	0.007	毕节市	0.006
金华市	0.041	鹰潭市	0.039	湘潭市	0.024	眉山市	0.008	重庆市	0.030

2. 生态补偿标准模型与结果

本章通过将生态系统服务价值的测算和生态足迹的测算结合在一起，来计算生态补偿总额（见表 7-5）。这样可以有效地避免运用单一方法进行测算导致结果出现较大偏差的问题。生态补偿额的计算公式为：

$$E = ESV_i \times ED \times N_i \times r_i \tag{7-5}$$

其中，E 为生态补偿标准值，ESV_i 为区域 i 的单位面积生态系统服务价值，ED 为生态盈余/赤字，N_i 为区域 i 的人口，r_i 为区域 i 的生态补偿修正系数。

表 7-5 长江经济带各地级市生态补偿总额（单位：亿元）

城市	补偿金额	城市	补偿金额	城市	补偿金额	城市	补偿金额	城市	补偿金额
上海市	−100.45	温州市	2.17	萍乡市	5.42	株洲市	−2.56	遂宁市	0.05
无锡市	−75.27	丽水市	6.76	景德镇市	10.25	岳阳市	−0.03	内江市	0.07
南京市	−34.46	衢州市	11.63	九江市	20.90	常德市	0.94	南充市	0.19
苏州市	−105.58	合肥市	−6.98	宜春市	2.36	郴州市	4.02	雅安市	12.91
常州市	−78.18	芜湖市	−4.70	赣州市	2.15	衡阳市	0.85	达州市	0.50
扬州市	−39.48	铜陵市	−4.95	吉安市	2.58	益阳市	1.87	广元市	2.82
镇江市	−13.06	马鞍山市	−5.20	抚州市	3.69	张家界市	11.37	巴中市	2.73
南通市	−10.97	黄山市	25.79	上饶市	7.30	娄底市	1.49	昆明市	−5.05
泰州市	−3.08	蚌埠市	0.34	武汉市	−54.29	永州市	2.09	玉溪市	−0.15
徐州市	1.11	宣城市	11.59	宜昌市	−53.02	怀化市	2.92	曲靖市	0.91
淮安市	7.26	淮北市	0.18	鄂州市	−18.00	邵阳市	1.56	丽江市	9.88
盐城市	12.33	池州市	17.01	襄阳市	−8.20	成都市	−1.71	临沧市	2.48
连云港市	8.30	安庆市	14.74	荆门市	1.96	攀枝花市	−9.67	普洱市	22.75
宿迁市	14.10	滁州市	3.60	黄石市	−2.93	德阳市	−0.70	保山市	4.19
杭州市	−23.54	淮南市	0.95	咸宁市	7.36	自贡市	−0.27	昭通市	0.76
宁波市	−8.00	宿州市	0.57	十堰市	4.68	绵阳市	1.23	贵阳市	−7.99
舟山市	−20.15	六安市	1.93	随州市	8.65	资阳市	0.17	六盘水市	−2.59
绍兴市	−8.02	亳州市	0.37	孝感市	0.72	宜宾市	0.39	遵义市	−0.37
嘉兴市	−0.67	阜阳市	0.44	荆州市	4.48	乐山市	1.99	安顺市	1.64
湖州市	1.04	南昌市	−8.05	黄冈市	6.71	泸州市	0.55	铜仁市	1.70
台州市	0.65	新余市	1.68	长沙市	−49.37	广安市	0.11	毕节市	2.10
金华市	3.81	鹰潭市	4.98	湘潭市	−1.33	眉山市	0.23	重庆市	−30.00

从省级层面看，云南省、四川省、江西省和安徽省属于生态受偿区域，其余 7 个省市属于生态补偿区域。其中，安徽省应获得的生态补偿总额最大，为 55.67 亿元，江苏省应付出的生态补偿总额最大，为 316.97 亿元。从地级

市层面看，有 72 个地级市应获得生态补偿，38 个地级市应付出生态补偿。除上海市和重庆市外，其余各省均有生态受偿区域和生态补偿区域，江西省约有 91%的地级市应获得生态补偿，江苏省约有 62%的地级市应付出生态补偿。各地级市应获取或者付出的生态补偿数额差距较大，黄山市应获得生态补偿的总额最大，为 25.79 亿元，应获得最少生态补偿的地级市为遂宁市，为 0.05 亿元，仅为黄山市的千分之二；应支付最少生态补偿的地级市为岳阳市，为 0.03 亿元，苏州市应付出的生态补偿总额最大，为 105.58 亿元，是岳阳市的 3 519 倍。

3. 生态补偿优先级模型与结果

生态补偿不仅要解决总额问题，而且要解决哪些地区优先补偿、哪些地区延后补偿的问题。国内学者王女杰（2010）等在效率和公平的前提下，提出生态补偿优先级概念，区分出哪些地方需要优先补偿，哪些地方可以延后补偿（见表 7-6）。他们采用区域单位面积生态系统服务价值与区域单位面积生产总值的比值来计算：

$$ECPS_i = \frac{ESV_i}{GDP_i} \tag{7-6}$$

其中 $ECPS_i$ 为 i 地区耕地生态补偿优先级，GDP_i 表示该地区当年单位面积 GDP 产值，ESV_i 同上。

$ECPS_i$ 的值越大就说明该地区的生态补偿优先级越高，越需要尽快补偿；相反，值越小就可以延后补偿。

表中数值越大意味着生态补偿的优先级越高，省级整体优先级由高到低为云南省、贵州省、四川省、江西省、湖南省、湖北省、安徽省、重庆市、浙江省、江苏省和上海市。云南省的生态补偿优先级最高，为 139，是生态补偿优先级最低的上海市的 62 倍左右。地级市层面上，普洱市、丽江市、临沧市、怀化市、雅安市和保山市的生态补偿优先级均大于 1，这些地区生态补偿迫切程度较高，除了云南省的 4 个地级市是因为单位面积 GDP 水平相对较低以外，怀化市和雅安市是由于单位面积生态系统服务价值较高。上海市、成都市和南京市的生态补偿优先级均小于 0.03，其中，上海市是由于经济发展水平较高，成都市和南京市则应提升单位面积的生态系统服务价值。

表 7-6　长江经济带各地级市生态补偿优先级

城市	生态补偿优先级	城市	生态补偿优先级	城市	生态补偿优先级	城市	生态补偿优先级	城市	生态补偿优先级
上海市	0.022	温州市	0.138	萍乡市	0.185	株洲市	0.256	遂宁市	0.129
无锡市	0.047	丽水市	0.995	景德镇市	0.343	岳阳市	0.449	内江市	0.094
南京市	0.032	衢州市	0.424	九江市	0.628	常德市	0.396	南充市	0.181
苏州市	0.082	合肥市	0.066	宜春市	0.455	郴州市	0.542	雅安市	1.201
常州市	0.050	芜湖市	0.074	赣州市	0.732	衡阳市	0.275	达州市	0.403
扬州市	0.120	铜陵市	0.175	吉安市	0.785	益阳市	0.607	广元市	0.864
镇江市	0.054	马鞍山市	0.112	抚州市	0.759	张家界市	0.974	巴中市	0.792
南通市	0.042	黄山市	0.781	上饶市	0.718	娄底市	0.298	昆明市	0.171
泰州市	0.069	蚌埠市	0.121	武汉市	0.062	永州市	0.737	玉溪市	0.487
徐州市	0.059	宣城市	0.477	宜昌市	0.366	怀化市	1.259	曲靖市	0.448
淮安市	0.284	淮北市	0.047	鄂州市	0.214	邵阳市	0.692	丽江市	2.940
盐城市	0.168	池州市	0.644	襄阳市	0.269	成都市	0.027	临沧市	1.429
连云港市	0.143	安庆市	0.576	荆门市	0.454	攀枝花市	0.360	普洱市	3.351
宿迁市	0.252	滁州市	0.281	黄石市	0.246	德阳市	0.084	保山市	1.083
杭州市	0.103	淮南市	0.157	咸宁市	0.582	自贡市	0.078	昭通市	0.942
宁波市	0.056	宿州市	0.077	十堰市	0.938	绵阳市	0.375	贵阳市	0.076
舟山市	0.063	六安市	0.586	随州市	0.613	资阳市	0.168	六盘水市	0.180
绍兴市	0.100	亳州市	0.079	孝感市	0.268	宜宾市	0.268	遵义市	0.403
嘉兴市	0.032	阜阳市	0.091	荆州市	0.679	乐山市	0.373	安顺市	0.332
湖州市	0.132	南昌市	0.110	黄冈市	0.560	泸州市	0.300	铜仁市	0.619
台州市	0.131	新余市	0.153	长沙市	0.064	广安市	0.170	毕节市	0.403
金华市	0.161	鹰潭市	0.228	湘潭市	0.138	眉山市	0.196	重庆市	0.135

二、长江经济带生态补偿的体制机制障碍

自1988年以来，我国不断建立健全生态补偿的法律体系，同时为更好地保护和治理现有的生态环境，国家和长江经济带11个省市均出台了一系列生态环境保护政策，反映了政府对生态环境建设的重视程度，以及对生态补偿机制建立的迫切性。政策的制定就是为了更好地实践，近年来，各省市对生态环境的保护和治理力度不断加大，积极探索生态补偿机制建设，在森林、草原、湿地、流域和水资源、矿产资源开发、海洋以及其他重点生态功能区等领域已经取得初步成效。但长江经济带内的生态补偿尚处于初级阶段，还有很大的完善空间，对长江经济带的生态补偿研究要更加深入，要积极探索多元化的机制，以促进生态和经济的双重发展。从中我们可以发现较为明显的问题与不足，主要表现在以下几个方面。

（一）生态补偿相关制度不完善

首先是法律体系不完善。目前开展长江经济带生态补偿有了一定的法律基础，但是整体缺乏完整性与系统性。我国的根本大法宪法中目前并没有对生态补偿的相关规定。从其他具体的法律来看，生态补偿的规定也是零零散散地出现在很多法律之中，没有一部专门以生态补偿为对象的法律出台。尽管一些相关部门也提出生态补偿的政策建议和规章制度，但其因为没有明文规定导致实施起来处处受限，一些有法不依、执法不严的现象时有发生。长江经济带各省市也相继出台了有关生态补偿的一些法律法规，但只适用于各省市内部，规范单个地方的生态补偿实践，对于长江经济带中跨区域的生态补偿机制构建的意义不大。并且，在相关规定中，并没有对各利益相关者的权利、义务、责任界定及补偿内容、方式和标准等要素予以明确规定。所以，整体来说，关于生态补偿的法律体系构建还处在初级发展阶段，还需要不断完善，不断健全。

其次是产权界定不明晰。我国自然资源资产产权实行多年的国家所有与集体所有的二元所有制，各类自然资源分属不同部门，产权互相独立，没有形成有机整体。在实际运用中，由于权责不清、权益落实极难、相关保护制度不健全等问题，常常出现产权纠纷多发、资源开发粗放、生态退化严重的情

况。虽然国家已经着手推进自然资源资产产权制度改革，但是彻底解决这一问题仍需要一定的时间。而产权明晰正是构建生态补偿机制的重要前提条件之一，有助于各省市建立生态账本，将自然资源资产价值化，构建各区域间权责一致的横向生态补偿机制。

再次是企业及公众缺位。对生态补偿的研究和实践工作主要目的是构建一个完善的以政府为主导、市场积极参与的多元化生态补偿机制，从而更好地服务于生态系统，构建出一个生态文明的高质量体系，促进经济和生态环境共同发展。然而，现有的对长江经济带的生态补偿研究及试点工作基本上都是由政府主导并实施的，企业和公众并没有意识和机会去参与到生态补偿机制的建设。这样保护和治理生态环境的重任就压在政府身上，市场无法参与分担相关压力，无法共享治理成果。保护整个生态环境不仅是政府的职责和义务，而且也是每一位公民、每一个企业要共同承担的责任和义务。政府部门应该积极搭建相关平台，让每一位公民都参与进来，每个人都有建言献策的权利，每个人都有保护生态环境的义务以及享受生态环境带来的福利的权利。只有让个人、企业和政府联合起来，利益共享、责任共担，才能有效地建设出一个政府主导、市场参与的多元化生态补偿机制，才能更好地建设社会主义生态文明。

最后是跨区域协调机制不完善。长江经济带包括 11 省市，既有跨省（市）补偿，又有省（市）内补偿，补偿区域广；同时，由于财政分权和行政集权的体制，省（市）内的生态补偿机制运行比较顺畅，但跨区域的生态补偿合作会受到行政区划的限制，沟通协商成本较高。要建设一个统一的生态补偿标准需要各省市各部门的协同合作，复杂度极高，因为各省市实际情况总是千差万别，所以跨区域的生态补偿方式的探索和建立是目前长江经济带需要重点突破的难题。目前国家层面仅有一些整体性的统一指导与要求，并没有具体的对跨区域的生态补偿提出硬约束，长江经济带间没有建立起有效的跨行政区域生态补偿协调系统，区域内各省市都是独立地或者小区域地进行生态补偿工作，从而导致各省市间经济发展和生态环境差异很大。整个经济带没有统一的指导方法和规定，跨区域生态补偿根本无法实施。

（二）各主体的生态补偿观念有待改善

生态环境的治理和保护是需要从整个系统的视角出发，综合考虑各方面因素，考虑各部分的实际情况，协同治理、跨区域合作。但长期以来，我国行政管理体制为“条块结合，以块为主，分级管理”的地方管理模式，这使得整个生态系统被分割成若干小的区域，不能有效地从整体性角度出发，各地方政府各自管理，使得各地方之间的摩擦不断加大，生态补偿效率急剧下降。多个主体间存在价值偏好和利益冲突，加上信息沟通和行动协调方面的难点，利害诉求上的不一致将会使生态补偿存在内部张力。

根据研究发现，我国目前的生态环境保护和治理基本上都是以政府为主导，其他各方积极参与的模式。中央政府是环境治理政策的发布者，各地方政府积极配合实施的同时，一方面要深刻落实中央的要求，另一方面要号召广大民众和企业积极参与配合。但是实际情况却是本地政府对本地环境负责的割裂局面，甚至已经分割到了行政区和城乡这样的小区域独自保护和治理本区域的生态环境的程度。

生态系统的特点要求各地方政府间联合治理公共环境问题，但从各自实际情况出发，不同地区的经济水平差异以及对环境治理的政策和意识的差异，导致各地方政府在跨区域环境治理问题上的认识、参与意愿、参与能力和参与方式都有所不同。比如太湖蓝藻事件，环绕太湖的省市分别是位于东部的上海，位于北部的江苏以及位于南部的浙江，它们之间的产业结构、污染源种类、治污投入和水平都不相同，因此它们作为独立的决策单元，其污染物削减成本与收益比率常常存在差异。当处于高污染河流上游的政府承担了最大部分的水污染治理成本时，得到的却是极少部分的收益，而其他行政区域的水资源使用者的情况恰好相反。由于没有跨区域协同治理，各省市政府只是考虑自身的利益，不愿为保护和治理付出成本，从而导致环境污染加重，这样容易陷入“囚徒困境”，产生“搭便车”的现象。同时受偏向 GDP 的政绩考核体系的影响，地方政府会更关注本行政区的经济发展速度、社会福利水平等，尽管近年来中央政府将保护和治理生态环境、节能减排等环境指标纳入地方政府评价体系之中，但是生态文明建设的整体目标并没有纳入政绩考核体系，导致治理得多或者治理得少没有差别，所以真正的效率还是非常低下。各地方政府对环境的保护和治理往往是受自身利益所驱动的，无法纵观全局，所以容易产生冲突，导致生态环境的治理受阻，得不到预期的效果

（三）生态补偿实现机制存在缺陷

首先是补偿标准不统一。生态补偿机制顺利运行的关键在于建立科学的

生态补偿标准测算方法，从而确定补偿方向被补偿方支付的金额。理论上，计算生态补偿标准的方法主要是基于机会成本、支付意愿、生态功能价值等方法，但是各种计算方法结果差异也比较大，无法统一生态服务价值测算的标准，无法构建统一的生态补偿机制。同时在实际应用中，一些理论方法因为与实际差异大而不能被决策者采纳。

长江经济带横跨东中西部，覆盖 11 个省市，补偿区域与被补偿区域经济发展水平差异明显，对于生态环境的需求目标不同，人们的思想意识等也不相同，因此所面临的机会成本和对于良好生态环境的支付意愿也不相同，因此在长江经济带各省市的生态补偿实践中，对生态服务定价较为困难，并没有统一的补偿标准。更为普遍的是，补偿地区通常经济比较发达，对于确定补偿数额拥有较大的话语权，多方面的影响导致补偿资金并不能真正覆盖全部成本，当前长江经济带部分地区实施的生态补偿标准总体偏低，使得各主体签订生态补偿协议的积极性不高，影响补偿协议达成和执行。目前仅有江西省对流域生态补偿标准的计算做出了详细说明，其他省市仍在研究和探索阶段。所以，长江经济带生态补偿机制的构建缺乏一个统一的生态补偿标准。

其次是补偿资金来源的渠道有限。长江经济带内的生态补偿来源基本上都是通过中央财政拨款和转移支付，其他地方财政以及社会企业等组织并没有参与进来，融资渠道有限，导致资金来源渠道单一。而且，随着生态补偿制度在我国实施的范围越来越大，所需的资金数额不断加大，仅靠政府的转移支持是不足以支撑的。尤其是长江经济带涵盖了不同发展阶段的地区，经济水平差异明显，部分省市自身经济发展落后，所能提供的财力有限，无法支撑生态补偿所需资金。

再次是补偿范围偏窄。目前森林、草地、矿区资源开发的生态补偿比较成熟，流域生态补偿也在各省市大量应用，但是其他生态功能区的生态补偿才刚刚开始，例如，对海洋资源、湿地资源、耕地资源等生态功能区的补偿只是初级阶段。

然后是补偿模式单一。目前长江经济带各省市实施的生态补偿主要是由政府主导，市场参与很少。实践中主要是纵向补偿，横向补偿模式较少。目前实施横向补偿机制较多的流域和领域，实践中多以水质水量或污染因子作为依据，补偿依据比较单一。

最后是补偿方式单一。现有的生态补偿方式是通过财政转移支付、生态功能建设专项资金及相关的税费政策直接进行“输血式”补偿为主，但是以市场参与的多元化补偿方式明显不够，绿色金融贷款、产业扶植、人才引进等对补偿起到作用的方式并没有受到重视。这种“输血型”的流域生态补偿做法虽然起到了一定的积极作用，但目前这一方式已呈现出难以持续的困境，基于“奖励”和“补助”的方式无法从根本上调动长江经济带人民生态补偿的积极性。

三、长江经济带生态补偿的实施原则

（一）受益者补偿原则

受益者补偿原则是生态补偿的基本原则，即受益者需要对提供生态系统服务的主体做出相应的补偿。生态补偿凸显公平公正性，需要科学权衡各利益相关方在生态补偿过程中所得或所失，确保实现权利和义务的统一。生态系统服务提供者或生态环境保护者需要在生态治理中投入大量的人力成本、资金成本等，但同时也会一定程度地失去潜在的发展机会，生态系统服务享受者或生态环境受益者需要对这些成本进行承担，补偿保护者的损失，促进区域社会福利公平。

（二）共建共享原则

共建共享原则即共同建立生态补偿机制，共同享受生态成果。长江经济带生态补偿涉及的补偿主体较多，地级市层面有超过一百个的利益相关方，因此在构建生态补偿机制时，应紧紧把握“共抓大保护”的理念，以我国经济发展总方针为整体方向，加强各区域之间的交流沟通，保证补偿机制能够跨区域施行，维护各方利益，公平公正地进行补偿。各区域应该坚定不移以总体利益为方向，在整体方向和规划上保持一致。由于各地区在经济发展和生态建设上存在差异，所以也可以认可机制实行过程中存在的一些小差异，各方应团结合作，积极解决生态治理过程中遇到的各种问题，扫清障碍，为生态发展建立安全健康持续稳定的屏障，以促成合作共赢新局面。

（三）区域协调发展原则

长江经济带涵盖 9 省 2 市，内部异质性较大，各区域经济发展水平、产业结构各不相同，在落实生态补偿机制时应遵循统筹协调、共同发展的原则，做到区域合作互助，努力实现经济社会发展和生态环境保护的双赢。按照主体功能区规划，坚持因地制宜，分类补偿。实施生态补偿时不应一概而论，要根据各地区发展特色和功能定位分别制定补偿政策。此外，各地区应出台相应政策以适应地区的差异化发展，有效调动各方面的积极性，充分利用资源，从空间上实现区域的协调发展，保证各区域间、城市和农村之间的均衡发展。

（四）可持续发展原则

可持续发展理念就是在满足现代人需求的基础上又要保证后代人能够继续发展，其要求社会、资源、环境、人口等方方面面能够协同发展，有一方落后都无法实现可持续。生态补偿就是提高社会经济发展的同时重视生态建设，使得各方经济水平能与生态发展相适应。不仅要保证生态治理和环境保护政策的实施，还要协调各地区之间、各群体之间以及城市和农村之间的平衡与发展。

四、长江经济带生态补偿的实施目标与路径

要全面开展长江经济带生态补偿工程，改善周边环境和生态现状，需要耗费较长的时间和大规模的资金。在搭建补偿机制和开展具体工作时，不仅仅要循序渐进、先易后难地处理理论研究和体系规划的问题，也应该结合实际情况出发，紧紧围绕重点，对生态建设和经济发展的协同问题给予高度关注，让生态补偿建设的深度和广度都得以提升。通过研究，笔者认为长江经济带的生态补偿应该结合不同时期和区域的特点，分阶段设立目标，经过三个阶段共 15 年的努力，到 2035 年我国基本实现社会主义现代化时，我国能构建起科学全面的生态补偿机制，公平分配环境和经济利益，促进区域间协调平衡发展，生态环境更加美好，广泛形成绿色生产生活方式，实现生态效益、经济效益和社会效益的统一。表 7-7 展示了长江经济带生态机制实施目标的阶段、时间与内容。

（一）第一阶段

第一阶段为 2021—2025 年，构建政府主导的生态补偿机制。借鉴田纳西河以政府为主导的生态补偿成功经验，设立长江经济带生态补偿组织机构，以各级政府为补偿主客体，采取以生态足迹和生态系统服务价值为基础的生

态补偿标准，实施多元化的补偿方式。

表 7-7　长江经济带生态补偿机制分阶段实施目标

阶段	时间	目标	内容
第一阶段	2021—2025 年	政府主导的生态补偿机制	设立生态补偿机构；统一生态补偿标准；推行多元化生态补偿方式
第二阶段	2026—2030 年	补偿主体和补偿资金多元化的生态补偿机制	引入多方补偿主体；完善生态补偿的财政政策体系，建立多渠道的融资机制
第三阶段	2031—2035 年	市场为主、政府为辅多元化的生态补偿机制	完善产权相关法律法规；完善生态环境价格机制，公布生态统计报告，建立生态补偿市场

设立补偿机构。长江经济带范围广，涉及的地区数量较多，内部各省市经济发展水平异质性较大，为了能够均衡各种利害关系，必须要依靠中央政府的统一调控和统筹。所以，在早期需要依托中央和各省市推动长江经济带发展领导小组，联合各省市总河长成立长江经济带生态补偿委员会，下设长江经济带各级生态补偿办公室，协调整个经济带的生态补偿工作。此外，还要借助前沿科技构建生态补偿大数据平台，以便能够提高经济带内部不同地区的信息流通速度和相互协作的效率。

统一补偿标准。各地区的补偿标准应该保持统一，暂时以生态足迹和生态系统服务价值为基础的补偿标准为依据，综合考虑经济发展水平和居民支付意愿，按照各区域生态补偿优先级的大小进行补偿，并且要将整个过程系统化、模式化和普遍化。此外，要不断探索更为科学合理的生态补偿标准，例如生态资本核算以及生态产品价值实现机制等，或以环保、林业等多种生态环境要素设置综合指标。在支付补偿资金时，可以考虑由中央政府设立生态补偿基金，每年要求应支付生态补偿的各地级市政府将资金存入其中，然后支付给应获得补偿的各地级市。同时，中央政府也可设置奖惩办法使基金管理得以顺利运行。

丰富补偿模式。从以往的“输血模式”转换为“造血模式”。长江中上游地区在注重环保的同时，也不能完全忽视经济发展，要想一同实现这两方面的目标，最有效的方式是优化产业结构。习近平总书记指出在落实经济发展战略的时候要始终以问题为导向，将“绿色补偿”作为核心，通过强化政府扶持创造出多元化的补偿模式，例如人才输送、产业孵化、异地开发扶持等。政府要充分发挥财税政策的作用，给予生态保护地一定的补贴或者政策优惠，利用生态补偿体系建设可以加强经济实力较强和实力相对较弱的地区的协作和互助，可以采取人才帮扶、技术交流、生态园区共享等模式，进而推动保护地产业改革和优化，加快当地绿色产业的建设速度并且促进各类产业的协同发展。可以持续在长江经济带周边展开以环保项目孵化、绿色技术支撑、环保产业发展和生态园区构建等为核心的多样化生态补偿模式，提高整个区域的产业革新速度，确保长江生态环境能够朝着良好的态势发展，达到环境改善的硬性要求。

（二）第二阶段

第二阶段为 2026—2030 年，建立补偿主体和补偿资金多元化的生态补偿机制。借鉴新安江的市场参与、PPP 模式以及融资贴息模式的成功经验，引入除地方政府以外的其他补偿主体，构建“以财政转移支付为主，其他资金为辅”的生态补偿资金体系。

补偿主体多元化。与长江经济带生态补偿各环节相关的主体除了政府之外，还有诸多企业、社会团体和民众等。在第二阶段，合理性和民主性应该是建立和完善生态补偿机制需要重点关注的方面，要顾及各方的利益，并且鼓励各方参与，让利益相关的主体都有权利表达自身的观点和意见。在工作开展时，鼓励各方主体组织成立能够代表自身利益的协会组织，并且形成多方谈判机制以及成立相应的代表机构。为了鼓励社会各界的参与，生态补偿管理机构不仅仅要纳入相关学者专家，还要包括当地的群众、社会团体代表等。在做出重要决策之前，要构建合理的论证和听证机制，尽可能地考虑多方的意见，提高信息流通速度和决策的民主性，增强决策环节的透明度，让流域生态补偿体系尽可能公正。

补偿资金多元化。在遵循公平原则的基础上，将生态环境影响因素纳入传统的财政转移支付体系，从财政角度强化重点生态建设区域的扶持强度。进一步加快我国税制体系革新，围绕环保内容优化我国税法内容，充分利用税收调节作用，科学调整税率大小，确保地方税收来源稳定，能够给当地生态环保工作长期投入稳定资金。此外，要合理发挥财政资金的杠杆效应，在不违背有关政策规定的前提下借助财政资金吸纳更多的社会资金投入生态补偿中。同时，政府在生态补偿机制建设过程中可以加强和社会资金的协作；当政府主持建设相关生态项目时，可以积极吸纳符合生态环境保护要求的企业的投资；统筹财政补偿资金，同时发挥财政和货币等政策进行宏观调控，深入融合生态补偿和绿色投融资，鼓励企业使用再贷款、再担保、财政贴息等，试图寻求企业发债、以多种形式入股的股权投资基金、生态产业基金等多样化的融资路径。将多方主体都融入融资体系中，提高体系的多元化程度，激发并满足人们在生态服务方面的需要，提升人们的支付热情；出台一系列的鼓励政策来引导私企投资；和财政金融部门保持密切沟通，邀请专家进行指导；建立面向全球的基金，吸收全球非政府组织的帮助等。

（三）第三阶段

第三阶段为2031—2035年以后，建立市场为主、政府为辅多元化的生态补偿机制。不断完善产权相关的法律法规，为市场化的生态补偿机制运行提供法律基础，为生态补偿提供可交易的市场平台，鼓励各补偿主体进入生态补偿市场进行交易，形成均衡的市场价格。

政府虽然有强有力的执行能力，但是在生态补偿实践中可能会扭曲生态补偿效果，所以，以市场为主导决定生态资源分配的效率更高，要充分考虑到生态环境内涵、资源分配情况和环境破坏影响等，围绕市场建立一个能够长期适用的生态补偿机制，促进产业结构改革优化和效率提升，确保2035年能够实现预期目标，生态环境根本好转，美丽中国建设目标基本实现。

不断完善产权相关的法律法规。需要构建全面完善的产权法律体系，清晰界定政府和市场各自的责任和权力，减少政府的干预，保证参与生态补偿的政府主体、企业主体、居民等享有相对独立均等的市场地位，制定严格的环境标准，创造一个公平竞争透明规范的市场环境。

生态产品相关信息透明化。中央政府应在每年的统计报告中增加对生态环境的统计，敦促各级政府对区域内的自然资源设立生态账本，将土地、水域、森林等自然资源价值化，并及时公布生态统计报告，为各区域之间建立权责一致的横向生态补偿机制提供数据支撑。

建立生态补偿市场。首先要健全生态环境价格机制，以环境服务成本和合理盈利为标准，建立科学合理的生态补偿标准，体现生态环境的价值。其次要构建市场交易平台，借鉴排污权、碳排放权等成熟的市场，由中央政府牵头在全国范围内构建生态产品的流通市场，鼓励各补偿主体进入其中，形成内部协商价格或者均衡的市场价格。

五、本章小结

本章借鉴当量因子法计算了长江经济带生态系统服务价值，根据生态补偿修正系数建立生态补偿标准模型，量化研究了长江经济带各地级市生态补偿总额，从省级层面看，云南省、四川省、江西省和安徽省属于生态受偿区域，其余7个省市属于生态补偿区域；建立生态补偿优先级模型，得到了省级和地市级的生态补偿优先级排名。但目前长江经济带生态补偿的体制机制仍存在一些障碍，如生态补偿相关制度不完善、各主体的生态补偿观念有待改善、生态补偿实现机制存在缺陷等一系列问题，进而提出了以受益者补偿、共建共享、区域协调发展、可持续发展为原则，以制度保障机制、区域协调机制、监督约束机制和宣传教育机制为配套机制，来打造“政府主导—多元主体—市场主导”的三阶段完善生态补偿机制的实施路径。

第八章　长江中游城市群资源环境与产业结构升级耦合协调发展研究

一、引言

《国家新型城镇化规划（2014—2020年）》提出要根据城市资源环境承载能力调整优化产业结构，培育发展各具特色的城市产业体系。2015年，《长江中游城市群发展规划》正式获得国务院批复。2016年，《促进中部地区崛起“十三五”规划》明确要求发展壮大长江中游城市群，加快建立现代产业体系，提升城市群综合实力和竞争力，打造生态文明和绿色城镇化样板。然而在实际发展过程中，长江中游城市群总体上面临着资源环境承载压力过大的问题①，同时大多数城市普遍存在产业结构不合理的现象②。因此，无论是在资源环境保护方面还是产业结构调整方面，长江中游城市群均面临着重大挑战。随着我国进入新发展阶段，面对持续演变的全球疫情形势、更趋复杂严峻的国内外环境以及艰巨繁重的改革发展任务，如何从资源环境保护和产业结构调整方面着手培育发展长江中游城市群，使之成为推动国土空间均衡开发、引领区域经济发展的重要增长极，实现经济的高质量发展，是当前亟需解决的深层次问题。因此，了解长江中游城市群资源环境和产业结构升级耦合协调程度对于新发展阶段如何进一步加强资源环境保护和优化产业结构具有较强的现实意义。

耦合是指两个（或两个以上的）系统或运动形式通过各种相互作用而彼

---

① 沈威，鲁丰先，秦耀辰，等. 长江中游城市群城市生态承载力时空格局及其影响因素 [J]. 生态学报，2019，39（11）：3937-3951.

② 谢谋盛，刘伟明，王明. 长江中游城市群环境污染与经济增长关系的实证分析 [J]. 江西社会科学，2019，39（1）：66-76.

此影响的现象，耦合度是描述系统或要素彼此相互作用影响的程度[①]。具体来说，在资源环境和产业结构升级的综合系统中，两个子系统中的任意一个发生变化，都会通过耦合作用影响另一个子系统。现有文献对于资源环境和产业结构升级间关系的研究可以分为两个方面。其一是单向研究。Dinda（2004）首先从产业结构的角度出发解释了环境库兹涅茨曲线，发现产业结构调整和环境污染存在倒U形关系[②]。原毅军等（2014）认为，环境规制对产业结构升级起到了有效的倒逼作用[③]，李虹等（2018）进一步研究发现环境规制越严厉越有利于产业结构升级[④]，这与其他学者的研究结论相似[⑤,⑥]。Huang（2018）和Su（2020）等通过实证分析发现大城市的产业结构升级有利于提高能源利用和环境保护水平[⑦]。徐小鹰（2019）研究发现，区域资源匮乏和环境污染是导致产业结构不合理的重要原因[⑧]。牛方曲等（2019）发现产业结构升级有利于实现资源利用、环境保护和经济发展的平衡，进而提高资源环境承载力[⑨]。陈妍等（2021）通过对比东北地区资源型城市和非资源型城市发现，环境规制可有效促进产业升级，而资源依赖对资源型城市产业结构

---

① 高楠，马耀峰，李天顺，等. 基于耦合模型的旅游产业与城市化协调发展研究：以西安市为例［J］. 旅游学刊，2013，28（1）：62-68.

② DINDA S Environmental Kuznets Curve Hypothesis: A Survey[J]. Ecological Economics,2004,49(4) : 431-455.

③ 原毅军，谢荣辉. 环境规制的产业结构调整效应研究：基于中国省际面板数据的实证检验［J］. 中国工业经济，2014，(8)：57-69.

④ 李虹，邹庆. 环境规制、资源禀赋与城市产业转型研究：基于资源型城市与非资源型城市的对比分析［J］. 经济研究，2018，53（11）：182-198.

⑤ 胡晖，朱钰琦，方德斌，等. 环境规制影响产业结构的路径与机制：基于湘鄂赣皖地区城市的实证研究［J］. 长江流域资源与环境，2020，29（12）：2620-2635.

⑥ 陈璇，钱薇雯. 环境规制对制造业产业转移和结构升级的双重影响［J］. 统计与决策，2020，36（18）：109-113.

⑦ HUANG Y, LI L, YU Y T. Does urban cluster promote the increase of urban eco-efficiency? Evidence from Chinese cities[J]. Journal of Cleaner Production, 2018, 197: 957-971.

⑧ 徐小鹰. 资源环境约束下中国经济增长效率的影响因素研究［J］. 生态经济，2019，35（9）：151-156.

⑨ 牛方曲，封志明，刘慧. 资源环境承载力综合评价方法在西藏产业结构调整中的应用［J］. 地理学报，2019，74（8）：1563-1575.

高级化有阻碍作用，对非资源型城市的产业结构合理化具有促进作用①。孔海涛（2021）利用省级面板数据研究发现，环境规制有利于产业结构升级，而资源错配会阻碍产业结构升级，同时资源错配程度增加会降低环境规制对产业结构高度化的正向促进作用②。其二是双向研究。胡曼菲等（2010）认为，资源环境既是产业结构调整的基础，也是其制约因素，产业结构优化能够促进资源的有效利用和生态环境的保护③。于向宇等（2019）通过对省级面板数据进行实证分析发现，环境规制有利于推动产业结构优化和产业转型升级，进而破除“资源诅咒”④。高同彪等（2020）通过度量东北地区城市群高质量发展耦合协调度，发现资源环境和产业结构之间既相互影响又相互制约⑤。李小帆等（2021）以我国资源衰退型城市为研究对象，发现产业结构升级有利于减少污染物的排放，而污染物减排有助于倒逼产业结构升级⑥。

纵观已有成果，相关文献从理论、方法、不同研究区域等对资源环境和产业结构升级的关系做了大量且深入的研究，为本章的研究奠定了基本的分析框架和基础，但关于城市群的研究相对匮乏。针对不同系统之间协调发展的研究，许多学者使用耦合协调度模型方法进行分析，其中产业结构通常被作为次级指标或者子系统被纳入经济社会系统中⑦，对于资源环境和产业结构升级耦合协调发展的研究不够全面。基于此，本章以长江中游城市群为研究对象，利用耦合协调模型，度量2005—2019年该城市群各城市资源环境和产

---

① 陈妍，王士君，梅林. 东北地区非资源型城市与资源型城市产业转型的对比研究［J］. 地理研究，2021，40（3）：808-820.

② 孔海涛. 环境规制、资源错配与制造业转型升级［J］. 企业经济，2021，40（7）：127-136.

③ 胡曼菲，关伟. 基于产业结构视角的我国经济与环境耦合系统的演化分析［J］. 资源开发与市场，2010，26（10）：880-882.

④ 于向宇，李跃，陈会英，等. “资源诅咒”视角下环境规制、能源禀赋对区域碳排放的影响［J］. 中国人口·资源与环境，2019，29（5）：52-60.

⑤ 高同彪，刘云达. 东北地区城市群高质量发展研究［J］. 社会科学战线，2020（11）：245-250.

⑥ 李小帆，卢丽文. 资源衰退型城市产业结构调整与环境污染的联动效应［J］. 华中师范大学学报（自然科学版），2021，55（5）：900-907.

⑦ 唐晓灵，康铭敏. 区域资源环境与经济增长协调发展研究：以关中平原城市群为例［J］. 价格理论与实践，2021，（6）：161-164.

业结构升级耦合协调程度，并进一步利用空间计量模型探究其影响因素，得出结论及相关建议，以期完善该领域的研究，为区域协调发展提供参考。

二、指标体系构建、数据处理和模型选择

（一）指标体系构建

资源环境是城市的基础性资源，对城市的经济社会发展具有支撑和约束作用。长江中游城市群地形主要以冲积平原为主，长江从区域中间流经，区域内支流、湖泊众多，水资源丰富，但在工业化和城镇化的背景下，以及城市群地区具有人口和经济高度密集的特征，该地区存在环境污染严重、资源约束趋紧等问题①。结合上述实际情况，本章在遵循科学性、代表性、可操作性以及数据可得性等原则的基础上，借鉴李爽和刘梅香（2015）、姜磊等（2017）在相关领域的已有研究成果②③，从资源禀赋、资源消耗、环境污染和环境治理四个维度出发，选取土地、水、电、绿化以及各种废弃物的排放和治理等方面分别作为各维度的指标，以此建立资源环境综合评价指标体系。

产业结构升级是经济增长方式的转变与经济发展模式的转轨，周振华（1990）、刘伟等（2008）指出产业结构优化升级应关注要素资源在产业间的配置、协调和利用效率④⑤。本章主要通过产业结构合理化和产业结构高度化两个指标衡量产业结构升级水平，其中产业结构合理化是指在现有技术条件下产业间的相互协调，产业结构高度化是指产业结构从较低水准向较高水准发展的过程⑥。

---

① 舒晓波，冯维祥，廖富强，等. 长江中游城市群农业生态效率时空演变及驱动因子研究［J］. 水土保持研究，2022，29（1）：394-403.

② 李爽，刘梅香. 西部地区资源环境承载力与经济增长协调度分析：以陕西省为例［J］. 西安财经学院学报，2015，28（5）：46-53.

③ 姜磊，柏玲，吴玉鸣. 中国省域经济、资源与环境协调分析：兼论三系统耦合公式及其扩展形式［J］. 自然资源学报，2017，32（5）：788-799.

④ 周振华. 产业结构演进的一般动因分析［J］. 财经科学，1990（3）：1-6.

⑤ 刘伟，张辉，黄泽华. 中国产业结构高度与工业化进程和地区差异的考察［J］. 经济学动态，2008（11）：4-8.

⑥ 周振华. 论产业结构分析的基本理论框架［J］. 中国经济问题，1990（1）：1-8.

对于产业结构合理化的评价大多基于资源配置说，以要素投入结构和产出结构的耦合程度来衡量产业结构的合理化程度①。参考袁航等（2018）、刘程等（2019）学者的方法，其具体计算方法为：

$$Ind\_r = y_{1,i,t} \times \ln(y_{1,i,t}/l_{1,i,t}) + y_{2,i,t} \times \ln(y_{2,i,t}/l_{2,i,t}) + y_{3,i,t} \times \ln(y_{3,i,t}/l_{3,i,t}) \tag{8-1}$$

其中 Ind_r 表示产业结构合理化程度，$y_{1,i,t}$、$y_{2,i,t}$、$y_{3,i,t}$ 分别表示 i 地区第一、二、三产业在 t 时期占地区生产总值的比重，$l_{1,i,t}$、$l_{2,i,t}$、$l_{3,i,t}$ 分别表示 i 地区第一、二、三产业在 t 时期从业人员所占总就业人数的比例。该值反映了地区产业结构均衡状态的偏离程度，如果 Ind_r 等于 0，说明地区产业结构正处于均衡状态，否则意味着产业结构偏离均衡状态。

对于产业结构高度化程度的衡量，本章参照龚日朝等（2020）的方法对其进行计算②，具体的计算方法为：

$$Ind\_h = \sqrt{(y_{2,i,t} + y_{3,i,t})\left(y_{2,i,t} + \frac{y_{3,i,t}}{y_{1,i,t} + y_{2,i,t}}\right)} \tag{8-2}$$

其中 Ind_h 表示产业结构高度化程度，其他符号与式（8-1）保持一致。Ind_h 数值越大，意味着该地区产业结构高度化程度越高。

基于以上分析，构建资源环境和产业结构升级综合评价指标体系，如表 8-1 所示。

表 8-1 资源环境和产业结构升级综合评价指标体系

子系统		指标	单位	指标性质
资源环境综合评价子系统	资源供给	人均耕地面积	亩/人	正向
		人均公园绿地面积	平方米/人	正向
		人均水资源占有量	立方米/人	正向
	资源消耗	人均电力消费量	千瓦时/人	负向
		单位工业产值耗电量	千瓦时/元	负向
		城市人均日生活用水量	升/人	负向

① 刘程，王仁曾. 房价上涨会抑制地区产业结构升级吗？[J]. 产业经济研究，2019（2）：102-113.

② 龚日朝，潘芬萍，刘俞希. 产业结构高度化测度模型及其性质研究 [J]. 统计与决策，2020，36（12）：67-71.

续表

子系统		指标	单位	指标性质
资源环境综合评价子系统	环境污染	人均工业废水排放量	吨/人	负向
		人均工业二氧化硫排放量	千克/人	负向
		人均工业烟粉尘排放量	千克/人	负向
		可吸入细颗粒物年平均浓度	微克/立方米	负向
	环境治理	一般工业固体废物综合利用率	正向	
		污水处理厂集中处理率	%	正向
		生活垃圾无害化处理率	%	正向
		工业废水排放达标率	%	正向
产业结构升级综合评价子系统		产业结构合理化程度	无量纲	负向
		产业结构高度化程度	无量纲	正向

（二）数据来源说明与处理

1. 数据来源说明

本章所需数据主要来源于历年中国城市统计年鉴，部分数据源于历年湖北省、湖南省和江西省的水资源统计公报以及研究范围内各城市的统计年鉴。其中对于数据有缺失的指标，采用线性插值法的方法予以补全。

2. 权重计算

现有文献中的赋权方法主要包括主观赋权法和客观赋权法①。对于产业结构升级系统的指标，由于产业结构合理化程度和产业结构高度化程度同等重要②，因此对上述两个指标的权重均取 0.5。而资源环境系统中指标过多，为保证评价结果真实可靠，因此采用客观赋权法中的熵值法来确定各项指标的权重。熵值法是利用熵值携带的信息进行权重计算，结合各项指标的变异程度，通过利用信息熵这个工具计算出各项指标的权重，从而为多指标综合评

① 杨慧. 基于耦合协调度模型的京津冀 13 市基础设施一体化研究［J］. 经济与管理，2020，34（2）：15-24.

② 干春晖，郑若谷，余典范. 中国产业结构变迁对经济增长和波动的影响［J］. 经济研究，2011，46（5）：4-16.

价提供依据。具体计算步骤如下。

第一步，对原始指标数据进行标准化处理。由于数据具有不同的单位和数量级，因此需要对原始指标数据进行标准化处理以消除不同量纲的影响，即异质指标同质化。其计算公式为：

$$X_{ij}^{+}=\frac{x_{ij}-x_{\min}}{x_{\max}-x_{\min}} \tag{8-3}$$

$$X_{ij}^{-}=\frac{x_{\max}-x_{ij}}{x_{\max}-x_{\min}} \tag{8-4}$$

其中，x_{ij} 表示地区 i 相应的指标 j 的原始数值，$x_{\min}$ 和 $x_{\max}$ 分别表示 x_{ij} 中的最小值和最大值。X_{ij} 表示经过标准化处理后的值，X_{ij}^{+} 是正向指标，该指标数值越大表示评价结果越好，X_{ij}^{-} 是负向指标，该指标数值越小表示评价结果越好。但以上处理过程有可能导致个别数据为 0，故本章采用在该类数值后加 0.001 进行处理以避免赋值数的无意义。

第二步，计算样本数据比重。假设共有 n 个地区，每个地区共有 m 个指标，则地区 i（$i=1, 2, \cdots, n$）相应的指标 j（$j=1, 2, \cdots, m$）的比重 μ_{ij} 的计算公式为：

$$\mu_{ij}=X_{ij}/\sum_{i=1}^{n}X_{ij} \tag{8-5}$$

第三步，计算指标熵值。指标熵值指的是指标包含的信息的差异程度，计算公式为：

$$e_{j}=-\left(\frac{1}{\ln n}\right)\sum_{j=1}^{n}\mu_{ij}\ln \mu_{ij} \tag{8-6}$$

第四步，计算指标的差异性系数。

$$g_{j}=1-e_{j} \tag{8-7}$$

最后，计算指标的权重。

$$w_{j}=g_{j}/\sum_{j=1}^{m}g_{j} \tag{8-8}$$

（三）模型选择

1. 耦合度模型

耦合度指两个或两个以上系统之间的相互作用影响，实现协调发展的动态关联关系，可以反映系统之间的相互依赖相互制约程度。耦合度模型具体如下①：

$$U_{k=1,2}=\sum_{i=1}^{n}\sum_{j=1}^{m}(X_{ij}\times w_j) \tag{8-9}$$

$$C=2\times\left[\frac{U_1\times U_2}{(U_1+U_2)^2}\right]^{\frac{1}{2}} \tag{8-10}$$

其中，U_1 和 U_2 分别表示区域资源环境综合评价得分和产业结构升级综合评价得分。C 表示资源环境和产业结构升级的耦合度，取值区间为［0，1］，C 越大意味着资源环境和产业结构升级的相互作用越强。

2. 耦合协调度模型

由于各地的资源分布不均衡、环境差异相对较大，区域产业结构升级水平存在较大差距，有可能存在区域资源环境和产业结构升级综合评价得分都处于低值但耦合度较高的情况。而耦合协调度模型不仅能反映系统间的相互作用，还能体现协调发展的水平②。该模型具体如下：

$$T=\alpha U_1+\beta U_2 \tag{8-11}$$

$$D=\sqrt{C\times T} \tag{8-12}$$

其中，T 表示资源环境和产业结构升级的协调度，D 表示两个子系统的耦合协调度。(8-11) 式中的系数 α 和 β 分别表示两个子系统的贡献度且 $\alpha+\beta=1$，区域资源环境和产业结构升级相互支持，地位相当，因此取 $\alpha=\beta=0.5$。在计算中使 $T\in[0,1]$，从而保证 $D\in[0,1]$。参考舒小林等（2015）③和邓宏兵等（2021）④ 的观点，得到耦合协调度的划分标准如表 8-2 所示。

---

① 丛晓男. 耦合度模型的形式、性质及在地理学中的若干误用［J］. 经济地理，2019，39（4）：18-25.

② 毕国华，杨庆媛，刘苏. 中国省域生态文明建设与城市化的耦合协调发展［J］. 经济地理，2017，37（1）：50-58.

③ 舒小林，高应蓓，张元霞，等. 旅游产业与生态文明城市耦合关系及协调发展研究［J］. 中国人口·资源与环境，2015，25（3）：82-90.

④ 邓宏兵，张天铃. 长江经济带创新环境与高技术产业创新耦合协调发展研究［J］. 华中师范大学学报（自然科学版），2021，55（5）：755-766.

表 8-2 耦合协调度等级划分标准

耦合协调度 D 值区间	协调等级	耦合协调程度	分类
(0.0～0.1)	1	极度失调	失调衰退类型（不可接受区间）
[0.1～0.2)	2	严重失调	
[0.2～0.3)	3	中度失调	
[0.3～0.4)	4	轻度失调	
[0.4～0.5)	5	濒临失调	中间过渡类型（可接受区间）
[0.5～0.6)	6	勉强协调	
[0.6～0.7)	7	初级协调	协调提升类型（可接受区间）
[0.7～0.8)	8	中级协调	
[0.8～0.9)	9	良好协调	
[0.9～1.0)	10	优质协调	

三、资源环境和产业结构升级耦合协调发展结果与分析

根据耦合协调度模型的计算，可以得出长江中游城市群 2005—2019 年资源环境和产业结构升级的耦合协调度测算结果（详见附录表 8-1）。参照该结果并结合表 8-2 对耦合协调度的状态分类，可以画出 2005—2019 年长江中游城市群资源环境和产业结构升级耦合协调发展状态频次统计图，如图 8-1 所示。

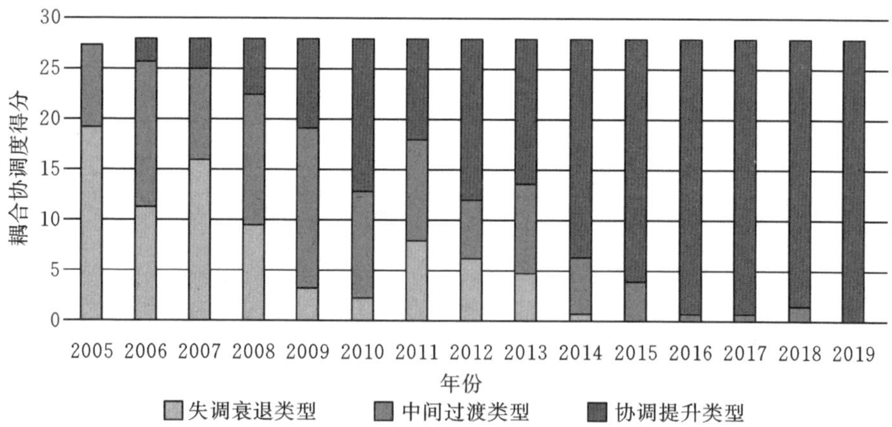

图 8-1 2005—2019 年长江中游城市群资源环境和产业结构升级耦合协调发展状态频次统计

在 2005 年到 2019 年间，长江中游城市群的耦合协调发展程度整体上呈现出波动向上的趋势。在 2005 年，仅有三个城市达到勉强协调的阶段，分别是景德镇市（0.54）、咸宁市（0.534）和岳阳市（0.58），此时大部分城市的产业结构升级综合得分均高于资源环境综合得分，这意味着长江中游城市群对产业结构升级、经济发展的重视程度远大于对资源环境的保护。到 2019 年，绝大多数城市已达到良好协调或优质协调的阶段，其中有 19 个城市已经达到优质协调阶段，这意味着长江中游城市群在进行产业结构升级的过程中同时兼顾了对资源环境的保护，从而形成了资源环境和产业结构升级的良性互动，使得二者进入了发展的成熟期。

根据长江中游城市群资源环境和产业结构升级耦合协调发展的波动程度，结合图 1，可以发现长江中游城市群的耦合协调发展呈现出两个阶段的特征。

第一个阶段（2005—2012 年），耦合协调度有所提升，总体向好发展，但波动幅度较大。变化比较明显的两个年份分别为 2007 年和 2011 年，在 2007 年失调衰退类型的城市数量增加了 5 个，而在 2011 年失调衰退类型的城市数量增加了 6 个。2007 年根据指标计算得到的资源环境综合得分是历年来的最低，这可能是因为人们对资源环境的保护不够重视，资源环境事件频发，因此失调衰退类型的城市数量有所增加。而 2011 年出现波动的原因在于，在当时国家宏观调控的大趋势下，中部地区进一步加快开放，其承接东部产业转移的能力增强，大量劳动密集型产业、资源导向型产业加快从沿海地区向内陆地区进行产业转移。从产业结构上来看，这些耦合协调发展状态回落的城市的第二产业比重有了明显的增加，而第三产业比重则相对缩小，产业结构高度化程度低，合理化程度偏离均衡状态。同时大量的工业企业涌入，导致环境污染程度加重，资源消耗量增加，进而导致耦合协调发展度的数值下降，耦合协调发展状态出现回落。因此在这一阶段中，东部沿海地区的产业向内陆转移的浪潮是导致波动幅度较大的主要原因。

第二个阶段（2013—2019 年），耦合协调度数值波动幅度较小，呈现出稳步上升的状态。2012 年党的十八大召开，十八大报告中指出，推进经济结构战略性调整是加快转变经济发展方式的主攻方向，推动产业结构优化升级是转变经济发展方式的重点任务，在提高生产力的同时更加强调人与自然的协调发展，不再制定具体的经济增长目标。我国的经济发展由过去的重速度、粗放型发展转向重质量、节约型发展，这一转变是长江中游城市群耦合协调发展以 2012 年为间隔点呈现出具有不同特点，形成前后两个发展阶段的重要原因。在 2013—2015 年，长江中游城市群资源环境和产业结构升级的耦合协调发展程度获得大幅提升，共有 10 个城市从中间过渡状态提高至协调提升状态。2015 年《长江中游城市群发展规划》正式发布，要求在长江中游城市群的建设中着重注意产业的协调发展和生态文明建设，极大地促进了资源环境和产业结构升级的耦合协调发展。在 2015 年后，长江中游城市群各城市基本都达到了协调提升类型。

此外，从各个城市的耦合协调度均值来看，长江中游城市群中三大省会城市南昌、武汉和长沙的均值水平相对较低，这是由于城市吸引力较高，人口净流入数量较大，资源消耗较多，对环境的污染程度相对于其他城市可能更大，导致耦合协调发展程度较低。但从各城市的增长幅度来看，南昌、武汉和长沙的增幅相对较大，这一特点在第二阶段中更加明显，其原因在于大城市的经济发展水平更高，对于资源环境的保护能够投入更多，为区域资源环境保护提供足够的社会经济支撑力。此外个别城市的耦合协调发展波动性较强，如景德镇、岳阳、娄底等，这可能是由于政策执行力度和实施效果不佳导致的。

四、资源环境和产业结构升级耦合协调发展影响因素分析

资源环境和产业结构升级是一个复合的系统间耦合协调，其发展程度不仅会受到政府宏观调控的影响，也会受到企业或人口因素的影响。经济发展水平是区域产业结构升级和资源环境保护的先决基础，政府的宏观调控发挥着引导性作用，工业企业越多则会产生越多的工业污染，对资源环境产生不利影响，人口集聚以及人口流动也会给资源环境带来一定的人口压力。基于以上分析，本章尝试从经济发展水平、政府行为、工业化程度、人口以及城市吸引力五个方面讨论长江中游城市群两系统耦合协调发展的影响因素。各变量的定义及描述性统计结果如表 8-3 所示。

考虑到长江中游城市群资源环境和产业结构升级的耦合协调发展中可能存在空间相关性，因此本章利用莫兰指数来进行全局空间自相关分析。全局莫兰指数结果显示大部分年份的耦合协调度存在正相关性，且 p 值在 10%的

表 8-3 变量定义与描述性统计

变量名称	定义	变量符号	平均值	标准差	最小值	最大值
被解释量	耦合协调度	*D*	0.616	0.222	0.1	0.991
经济发展水平	人均地区生产总值取对数	*ECO*	10.333	0.705	8.552	11.888
政府行为	政府支出与地区生产总值的比值	*GOV*	0.155	0.05	0.071	0.314
工业化程度	第二产业 GDP 占地区生产总值的比重	*IND*	0.495	0.075	0.286	0.67
人口	常住人口密度取对数	*POP*	5.926	0.42	5.226	7.176
城市吸引力	常住人口与户籍人口的比值	*ATT*	0.957	0.072	0.816	1.291

水平上显著。经过 LR 检验和 Wald 检验，发现 SAR 为最优模型。据此，本章构建如下空间计量模型，公式为：

$$D=\rho\sum_{j=1}^{n}w_{ij}D+\beta_1\cdot ECO_i+\beta_2\cdot GOV_i+\beta_3\cdot IND_i+\beta_4\cdot POP_i+\beta_5\cdot ATT_i+\mu_i+\varepsilon_i \tag{8-13}$$

考虑到城市人口数量与耦合协调度之间可能存在非线性关系，因此在模型公式（8-13）的基础上加入城市吸引力变量的平方项，得到：

$$D=\rho\sum_{j=1}^{n}w_{ij}D+\beta_1\cdot ECO_i+\beta_2\cdot GOV_i+\beta_3\cdot IND_i+\beta_4\cdot POP_i+\beta_5\cdot ATT_i+\beta_6\cdot ATT_i^2+\mu_i+\varepsilon_i \tag{8-14}$$

式中，w_{ij} 为反距离空间权重矩阵，i 表示地区，μ_i 表示空间效应，ε_i 表示随机扰动项。经 Hausman 检验，固定效应的空间面板模型优于随机效应，因此采用固定效应方法对上述 SAR 模型进行估算。得到的结果如表 8-4 所示，其中表 8-4 第（2）列和第（3）的分别为模型公式（8-13）和（8-14）的回归结果，表 8-4 第（5）列为 SDM 模型的回归结果。

表 8-4 耦合协调发展影响因素回归结果

变量	（1） OLS	（2） SAR	（3） SAR	（4） SAR	（5） SDM
ECO	0.220***	0.140***	0.152***	0.154***	0.159**
	（19.04）	（3.82）	（4.26）	（6.15）	（2.27）

续表

变量	(1) OLS	(2) SAR	(3) SAR	(4) SAR	(5) SDM
GOV	1.299***	1.030***	1.016***	1.175***	0.937**
	8.13)	(2.77)	(2.65)	(4.70)	(2.46)
IND	−0.692***	−0.797***	−0.750***	−0.796***	−0.794**
	(−6.60)	(−3.45)	(−3.43)	(−4.94)	(−2.17)
POP	−0.048**	0.049	0.404*	−0.056*	−0.017
	(−2.32)	(0.16)	(1.82)	(−1.79)	(−0.05)
ATT	−0.407***	0.276	10.258***	7.558***	0.561
	(−3.33)	(0.51)	(7.29)	(5.21)	(1.06)
ATT^2			−4.978***	−3.705***	
			(−8.18)	(−5.45)	
rho		2.338***	2.269***	2.181***	2.299***
		(4.11)	(4.03)	(4.75)	(5.65)
sigma2_e		0.015***	0.014***	−0.340	0.015***
		(11.46)	(10.94)	(−1.13)	(13.84)
lgt_theta				0.016***	
				(11.15)	
W×ECO					−1.403
					(−1.52)
W×GOV					5.381
					(0.70)
W×IND					2.832
					(0.74)
W×POP					29.141
					(1.32)
W×ATT					−9.446
					(−1.14)

续表

变量	(1) OLS	(2) SAR	(3) SAR	(4) SAR	(5) SDM
Constant	−0.847***			−4.463***	
	(−5.68)			(−4.90)	
控制效应		fe	fe	re	fe

Robust z-statistics in parentheses: *** $p<0.01$, ** $p<0.05$, * $p<0.1$.

为进一步判断空间外溢效应是否存在，因此对模型公式（8-14）的估计结果进行效应分解，回归结果如表 8-5 所示。

表 8-5　耦合协调发展影响因素的空间效应分解

变量	系数	直接效应	间接效应	总效应
ECO	0.152***	0.155***	0.086***	0.241***
	(4.26)	(4.26)	(3.58)	(5.70)
GOV	1.016***	1.009***	0.598*	1.607**
	(2.65)	(2.61)	(1.75)	(2.38)
IND	−0.750***	−0.743***	−0.421**	−1.165***
	(−3.43)	(−3.48)	(−2.40)	(−3.54)
POP	0.404*	0.411*	0.248	0.659*
	(1.82)	(1.81)	(1.37)	(1.70)
ATT	10.258***	10.464***	6.095***	16.559***
	(7.29)	(7.34)	(2.58)	(5.54)
ATT^2	−4.978***	−5.074***	−2.963***	−8.037***
	(−8.18)	(−8.22)	(−2.58)	(−5.73)

Robust z-statistics in parentheses: *** $p<0.01$, ** $p<0.05$, * $p<0.1$.

表 8-4 和表 8-5 的结果显示，经济发展水平（*ECO*）和政府行为（*GOV*）对资源环境和产业结构升级的耦合协调发展度在 1%的显著性水平下具有正向效应。经济发展水平会对资源环境和产业结构的协调发展产生重要影响，发挥基础性作用。经济发展水平增加 1%，区域资源环境和产业结构升级的耦合协调发展度提高 0.155%。产业结构优化升级能够有效地推动经济建设，进而

为区域资源环境的保护提供强有力的经济支撑，促进资源环境和产业结构升级协调发展。政府行为在一定程度上代表了政府的干预程度，政府对企业和个人的积极引导能够有效提高资源环境和产业结构升级的协调发展程度，发挥引导性作用。

工业化程度（*IND*）会对资源环境和产业结构升级的协调发展具有负向效应，直接效应系数为－0.743，间接效应系数为－0.421。在一个地区或城市的发展中，工业生产如果管理不善，就会造成资源浪费和环境污染，同时也会对周边地区的资源环境产生一定的负向影响。因此，在城市工业化发展过程中，要以产业升级转型来促进绿色产业发展，实现产业从高能耗、高排放、资源密集型转向低能耗、低排放、技术密集型，使工业化结构发生根本性转变。

人口（*POP*）对资源环境和产业结构升级的耦合协调发展度在10%的显著性水平上具有正向效应。人是社会实践的主体，人口密度相对较大的城市人力资源也更加丰富，对资源环境保护的投入力度更大，同时也有利于产业结构高度化和合理化发展。从城市吸引力（*ATT*）的角度来看，城市吸引力和耦合协调度成正比，但城市吸引力的平方（ATT^2）和耦合协调度成反比，说明耦合协调度会随着城市吸引力的提高呈倒 U 形变化，这意味着城市需要保持合理的人口规模。城市人口过多会带来更多的资源消耗，生态承载力过大，不利于资源环境和产业结构升级的协调发展。

考虑到在上述影响因素中，可能存在某一变量与被解释变量互为因果而导致内生性的问题，因此本章用动态空间面板模型对上述结果进行检验。动态空间面板模型不仅能够有效处理内生性问题，而且能够显著降低空间自回归系数的有偏性①。动态 SAR 模型估计结果如表 8-5 第（2）列所示，结果显示各解释变量的作用方向与基准回归结果一致。

进一步，为证明基准回归结果的稳健性，分别使用 0-1 矩阵和经济距离矩阵替换反距离矩阵进行空间计量分析。0-1 矩阵是空间计量分析中较为常用的权重矩阵，刻画了地区单元之间是否相邻的特征，相邻表示为 1，不相邻表示

---

① 赵磊，方成．城旅融合的经济增长空间效应研究：基于空间动态面板数据（SDPD）模型的实证分析［J］．中国软科学，2021（11）：67-79.

为 0。经济距离矩阵刻画了两个地区经济差距的大小，即经济空间内的“距离”①。以经济距离矩阵表示各地级市之间的经济差距，公式如下：

$$w_{ij}=\begin{cases}\dfrac{1}{|h_i-h_j|}, & i\neq j\\ 0, & i=j\end{cases}$$

其中，h_i 表示 i 地区 2005—2019 年实际 GDP 的平均值。在该权重矩阵中，实际 GDP 均值差值越小意味着两地区在经济上越邻近。用 0-1 矩阵和经济距离矩阵代替反距离矩阵后，得到的结果分别如表 8-6 第（3）列和第（4）列所示。根据表中结果可知，各解释变量的作用方向与基准回归结果的作用方向一致，因此估计结果具有较高的稳健性水平。

表 8-6　稳健性检验

变量	(1)	(2)	(3)	(4)
	SAR	SAR	SAR	SAR
*L*1.*D*		0.321***		
		(4.28)		
*L*1.*W*×*D*		−1.820*		
		(−1.95)		
ECO	0.152***	0.126***	0.186***	0.221***
	(4.26)	(2.90)	(5.69)	(6.90)
GOV	1.016***	0.689*	0.892**	1.054***
	(2.65)	(1.73)	(2.34)	(2.71)
IND	−0.750***	−0.607***	−0.818***	−0.978***
	(−3.43)	(−2.97)	(−4.17)	(−4.68)
POP	0.404*	0.555***	0.862**	0.477**
	(1.82)	(3.05)	(2.25)	(1.97)
ATT	10.258***	8.3901***	11.287***	10.458***
	(7.29)	(6.22)	(6.98)	(6.74)

① 王赫，吴朝阳. 经济差距对创新溢出与技术交流的影响：基于经济距离矩阵的空间计量研究 [J]. 经济问题，2020（9）：78-84.

续表

变量	(1)	(2)	(3)	(4)
	SAR	SAR	SAR	SAR
ATT^2	−4.978***	−4.133***	−5.576***	−5.080***
	(−8.18)	(−6.62)	(−7.18)	(−7.54)
rho	2.269***	2.688***	0.273***	0.121*
	(4.03)	(6.32)	(5.12)	(1.74)
sigma2_e	0.014***	0.013***	0.014***	0.015***
	(10.94)	(12.24)	(12.23)	(12.71)
控制效应	fe	fe	fe	fe

Robust z-statistics in parentheses：*** $p<0.01$，** $p<0.05$，* $p<0.1$.

五、本章小结

本章选取了长江中游城市群各城市的资源环境和产业结构升级评价指标，通过数据标准化处理和熵值法对各项指标赋权，衡量二者的综合发展水平，对其2005—2019年的耦合协调关系进行实证研究。研究发现，长江中游城市群资源环境和产业结构升级耦合协调发展总体呈波动上升趋势，且以2012年为间隔体现出不同的发展特点。再通过空间面板回归模型进行分析，发现长江中游城市群中各城市的耦合协调发展度存在较强的空间依赖性，而经济发展水平、政府行为和人口因素会对二者的耦合协调发展产生正向促进影响，工业化程度则会产生一定的阻碍作用。

第九章　智慧城市试点政策的环境效应影响分析
——基于多时点 DID 的实证研究

一、引言

自 1978 年改革开放以来，中国经济经过多年持续高速增长，经济总量已经于 2010 年超越日本位居世界第二，2021 年 GDP 总量已经达到美国的 76%，创造了世界经济增长的奇迹。然而，多年来粗放式高速增长与“GDP 锦标赛”的传统思维，也导致我国经济增长过程中出现生态发展失衡与环境污染等系列问题，其中空气质量问题尤为严重。《2021 年中国生态环境状况公报》指出，全国 339 个地级及以上城市中，仍有 35.7%的城市环境空气质量不达标。国家“十四五”规划明确提出，要建立健全环境治理体系，精准、科学、依法、系统治污，协同推进减污降碳，不断改善空气和水环境质量。因此，要厘清我国空气污染的因素，找出降低环境污染的体制机制，切实有效提升我国城市空气质量水平。

2008 年 IBM 初次提出智慧城市概念，认为城市建设首先应围绕信息建设和物联网展开，由此构建以可持续发展和大数据建设为核心的新型城市化体系——智慧城市应运而生，并已经在众多发达国家和发展中国家得到广泛应用。发达国家的智慧城市建设重视信息化建设，其中很大一部分以节约能源和改善环境为主题。欧洲国家中，实施以绿色生态为重点的智慧城市占总数的 33%，远高于以经济发展、人力资源发展等为重点的智慧城市占比(Beretta，2018)①。作为新型的城市治理模式，智慧城市近年来受到了中央和地方政府的高度关注，2019 年《智慧城市时空大数据平台建设技术大纲》指出，鼓励智慧城市试点在市政建设与管理、生态文明建设以及公众服务中

---

① BERETTA I. The social effects of eco-innovations in Italian smart cities[J]. Cities, 2018, 72:115-121.

的智能化应用，促进城市科学、高效、可持续发展①。

自2012年我国正式设立智慧城市试点名单后，国内学者们对该政策所产生的影响展开了深入的研究，但是研究内容多聚焦于评估该政策的经济效应。目前已有众多学者从经济效应的不同角度对智慧城市试点政策进行研究分析，研究发现智慧城市试点政策对高质量发展（赵华平，2022②；刘伟丽，2022③）、技术创新（武力超，2022）、产业结构升级（蒋选，2021④）、城市创新（田秀林，赵华平等，2022⑤；张龙鹏，钟易霖，2020⑥）等影响显著。但就智慧城市试点政策的环境效应来看，石大千（2018）⑦ 研究发现智慧城市建设平均来说可以显著降低9%～24%的城市环境污染。迄今对智慧城市试点政策环境效应的研究仅以首批智慧城市试点政策为研究对象，聚焦于智慧城市试点政策的短期影响效应，忽略了该政策的长期影响，并不能全面刻画中国智慧城市建设的整体效果，具有一定的局限性。至此，本章基于国家智慧城市试点这一准自然实验，以三批试点城市为研究对象，结合2005—2019年284个地级及以上城市的面板数据，考虑到政策时点不一致，采用多时点双重差分模型着重探讨智慧城市试点政策对城市空气污染的影响效应，并对其作用机制、异质性和稳健性进行实证分析。

本章的边际贡献主要在于以下三个方面。（1）利用智慧城市试点政策评估了其对环境污染的影响，丰富了关于环境污染影响因素方面的文献，同时，

① 武力超，李惟简，陈丽玲，等. 智慧城市建设对绿色技术创新的影响：基于地级市面板数据的实证研究［J］. 技术经济，2022，41（4）：1-16.

② 赵华平，田秀林，张所地. 智慧城市建设对经济高质量发展影响的作用机理与实证检验［J］. 统计与决策，2022，38（12）：102-105.

③ 刘伟丽，刘宏楠. 智慧城市建设推进企业高质量发展的机制与路径［J］. 深圳大学学报（人文社会科学版），2022，39（1）：95-106.

④ 蒋选，王林杉. 智慧城市政策的产业结构升级效应研究：基于多期DID的经验考察［J］. 中国科技论坛，2021（12）：31-40.

⑤ 田秀林，赵华平，张所地. 智慧城市建设对城市创新产出的作用机理与实证检验［J］. 统计与决策，2022，38（17）：184-188.

⑥ 张龙鹏，钟易霖，汤志伟. 智慧城市建设对城市创新能力的影响研究：基于中国智慧城市试点的准自然试验［J］. 软科学，2020，34（1）：83-89.

⑦ 石大千，丁海，卫平，等. 智慧城市建设能否降低环境污染［J］. 中国工业经济，2018（6）：117-135.

本章还为实现城市环境保护提供了新的思路和经验证据。（2）以 2012 年、2013 年、2014 年三次智慧城市试点名单公布为背景，借助智慧城市建设这一具有“准自然实验”性质的事件，采用多时点双重差分法全面考察了智慧城市建设试点政策的环境效应，着重考虑了政策的长期效应，并且在一定程度上避免了政策的内生性问题。（3）探究了智慧城市试点政策对空气污染的理论机制，并实证检验了产业结构升级效应、技术效应、市场效应和财政倾斜等四条作用路径。

余下部分的结构安排如下：第二部分为政策背景与理论分析；第三部分为计量设计与变量说明；第四部分为实证结果与稳健性检验；第五部分为异质性检验与影响机制分析；第六部分为智慧城市试点政策的空间溢出效应；第七部分为本章小结。

二、政策背景与理论分析

（一）智慧城市建设的政策背景

智慧城市最早由 IBM 公司于 2008 年提出，要求城市建设要以充分使用大数据、物联网、云计算等新技术为基础，促进建设模式和服务智慧化的新型城市发展模式。这对于提升城市的可持续发展具有非凡的意义。目前中国智慧城市建设经历了四个发展阶段。

第一个阶段为：2008—2014 年探索实践阶段，这个时期智慧城市建设“各自为战、分散无序”。2008 年智慧城市概念提出，引发全球热潮；2011 年 11 月，住建部出台《关于开展国家智慧城市试点工作的通知》，开展智慧城市试点工作；2012 年，住房和城乡建设部发布“关于开展国家智慧城市试点工作的通知”，并且印发了相关政策文件，这些文件明确指出智慧城市建设具有集约、绿色、低碳、智能新型发展的内涵要求。2013 年 10 月，科技部公布了大连、青岛等 20 个城市作为智慧城市试点。

第二个阶段为：2014—2015 年规范调整阶段。这个时期呈现出“国家统筹、协同指导”的特点，主要由发改委以及中央网信办牵头主导推进智慧城市的相关建设工作。2014 年国家将智慧城市列为城市发展三大目标之一，将智慧城市作为城市发展的新模式。

第三个阶段为：2015—2017 年战略攻坚阶段。这个时期呈现出“战略上升、系统整合”的特点。2015 年首次将智慧城市建设写入政府工作报告；2017 年将智慧城市建设写入党的十九大报告中。

第四个阶段为：2017 年至今全面发展阶段。这个时期智慧城市建设呈“发展下沉、特点突出”的发展态势。随着政策的日益细化，智慧城市建设对中国经济、政治、环境等多方面发展产生重大影响。

（二）理论分析

具体来看，智慧城市建设通过产业结构升级效应、技术效应、市场效应、财政支出效应等方式减少城市污染水平。

一是产业结构升级效应。智慧城市建设促进了以物联网、大数据、移动互联网、云计算、新能源材料和信息材料为代表的新兴产业发展。这些新兴产业具有知识密集、高附加值、高技术含量和低能耗、低污染的产业特点，对传统产业升级改造产生示范作用，带动上下游相关产业转型升级，进而降低城市污染排放量。此外，智慧城市建设还可以通过提升产业整体创新、研发能力以及产业协同效应，使得产业结构更加合理、能耗更低，通过产业结构升级降低对粗放式发展模式的路径依赖，促使城市减少对能源的刚性需求，降低单位产出的污染排放量①。此外，智慧城市建设加强了上下游产业的协同效应，充分发挥先进区域能源系统对能源使用与污染物排放的监管能力，进而有效监督城市环境质量，降低城市环境污染。基于以上分析，提出如下研究假设：假设 1——智慧城市可以通过产业结构升级降低城市污染水平。

二是技术效应。一方面，智慧城市建设运用现代信息技术推动了城市的技术创新，进而降低了城市环境污染。根据成本收益原则，企业绿色发展与环境污染的行为选择往往基于政企博弈的结果②，环境污染行为具有隐蔽性、投机性特点，由于信息不对称，使得城市的环境治理陷入“污染→查处→惩

① 申洋，郭俊华，朱彦．智慧城市建设对地区绿色全要素生产率影响研究［J］．中南大学学报（社会科学版），2021，27（2）：140-152.

② 韦琳，马梦茹．数字经济发展与企业绿色创新：基于“智慧城市”试点建设的准自然实验研究［J］．现代财经（天津财经大学学报），2022，42（8）：24-40.

罚→再污染”的循环怪圈①，而智慧城市建设通过借助物联网技术将感应器和装备嵌入到环境监控对象中去，进行实时监控和数据收集，并通过云计算等完成环保数据的分析，缓解信息不对称的情况，减少企业的投机排放行为，通过技术效应降低城市污染。另一方面，智慧城市建设还可以通过技术投入补贴政策和税费减免，激励企业加大投资力度，重视污染治理模式和技术手段创新，倒逼企业拓展绿色技术创新深度，迫使企业采取绿色创新的发展模式，有效降低城市污染水平。基于此，提出如下假设：假设 2——智慧城市可以通过技术效应降低城市污染水平。

三是市场效应和财政支出效应。从市场效应来看，智慧城市的新经济发展需要依托物联网、大数据、移动互联、云计算等新一代信息技术产业，以及新能源、新材料产业的发展，从而开拓以新技术和高新科技产品为需求主导的新兴市场，新兴市场的形成在一定程度上能够降低城市环境污染；从财政支出角度来看，中国智慧城市政策主要以政府为主导，在财政分权导致的“地方官员锦标赛”背景下，智慧城市政策将引导政府财政资金和政府采购向绿色、可持续的治理模式转型，降低城市污染（图 9-1）。基于此，提出如下假设：假设 3——智慧城市建设可以通过市场效应和财政支出效应降低城市污染水平。

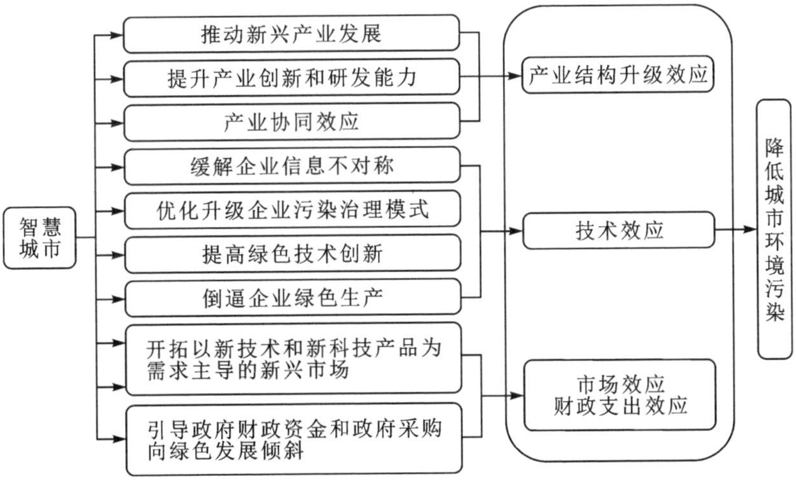

图 9-1　作用机制分析图

① 王旭，张晓宁，朱然．企业绿色创新视角下“环保督政”的价值创造效应：基于环保约谈的准实验研究［J］．科研管理，2021，42（6）：102-111.

三、计量设计与变量说明

（一）模型设定

我国在 2009 年首次提出智慧城市建设构想，2012 年正式设立智慧城市试点，2013 年和 2014 年分别出现第二批和第三批智慧城市试点城市，由于我国智慧城市试点是分批逐年批复，政策时点不是单一年份，传统双重差分模型无法对其政策效果进行有效评估，故将智慧城市试点政策看作是准自然实验，构建多期双重差分模型，检验智慧城市建设对城市空气污染的环境效应，具体的模型设定如下：

$$pollution_{i,t}=\alpha+\beta did_{i,t}+\gamma X_{i,t}+\mu_i+\delta_t+\varepsilon_{i,t} \tag{9-1}$$

其中，i 表示城市，t 表示年份；$pollution_{i,t}$ 为城市空气污染水平的衡量指标，表示 i 城市 t 年的城市空气质量水平；$did_{i,t}$ 表示智慧城市建设试点的虚拟变量。回归系数 β 度量了智慧城市试点建设对城市环境绩效的影响，当其显著为负时，表明智慧城市建设显著提升城市空气质量；当其显著为正时，表明智慧城市建设显著加大城市空气污染。$X_{i,t}$ 为一系列控制变量；μ_i 为城市固定效应；δ_t 为时间固定效应；$\varepsilon_{i,t}$ 为随机干扰项。

（二）数据来源及处理

实证分析以 2005—2019 年我国 284 个地级及以上城市的面板数据为准，是否被列为智慧城市试点以中华人民共和国住房和城乡建设部官方网站所公布的三批国家智慧城市试点名单为样本。由于智慧城市试点主要集中于地级市层面，因此在处理组和对照组的选择上进行相应的数据处理。第一，由于部分城市仅有市域内的区、县获批智慧城市，而不是在全市范围内开展智慧城市试点，若将该地级市整体作为处理组样本，会使政策效果估计出现偏差，因此将这类城市从样本中剔除，只选取试点城市为地级市所有地区的样本。第二，本章剔除 2005—2019 年进行过行政区划调整的地级市（比如莱芜市、巢湖市）。第三，剔除统计数据缺失比较严重的城市（比如三沙市等）。经过数据筛选后，共有 103 个地级市构成“实验组”，其余 181 个未被列入智慧城市试点名单的城市则进入“对照组”，“实验组”智慧城市试点名单如表 9-1 所示。涉及的数据主要来源于 2006—2020 年的中国城市统计年鉴，地区生产总值及部分缺失的数据来源于各省市统计年鉴以及各城市的国民经济和社会发展统计公报，其余部分缺失的数据，通过线性插值法进行填补。此外，为剔除价格因素的影响，凡涉及货币度量的经济变量，均以2005年为基期的各城市所在省份GDP平减指数作平减处理。由于实际使用外资额的单位是美元，本章先用人民币的年平均汇率进行单位换算后再进行平减处理。部分地区某些年份的在校大学生人数为零，故先对原有数据统一加1之后再取对数。经上述处理后，本章再对采用的主要变量进行描述性统计。

表9-1　智慧城市试点实验组名单

政策时间	智慧城市试点新增名单
2012年（33个）	河北省：石家庄市、秦皇岛市、廊坊市、邯郸市；山西省：太原市、长治市；吉林省：辽源市；江苏省：无锡市、常州市、镇江市、泰州市；浙江省：温州市、金华市；安徽省：芜湖市、铜陵市、蚌埠市、淮南市；福建省：南平市；江西省：萍乡市；山东省：东营市、威海市、德州市；河南省：郑州市、鹤壁市、深河市；湖北省：武汉市；湖南省：株洲市；广东省：珠海市；内蒙古自治区：乌海市；四川省：雅安市；贵州省：六盘水市；陕西省：咸阳市；宁夏回族自治区：吴忠市
2013年（43个）	山西省：阳泉市、晋城市；吉林省：四平市；江苏省：徐州市、南通市；安徽省：阜阳市、黄山市、淮北市；福建省：莆田市；江西省：新余市；山东省：临沂市、淄博市、烟台市；河南省：许昌市；湖北省：黄冈市、咸宁市、宜昌市、襄阳市；广东省：广州市；内蒙古自治区：呼伦贝尔市、鄂尔多斯市；四川省：绵阳市、遂宁市；贵州省：贵阳市、遵义市；陕西省：宝鸡市、渭南市、延安市；宁夏回族自治区：银川市、石嘴山市；黑龙江省：齐齐哈尔市、牡丹江市；辽宁省：营口市；广西壮族自治区：南宁市、柳州市、桂林市、贵港市；甘肃省：兰州市、金昌市、白银市、陇南市；新疆维吾尔自治区：乌鲁木齐市、克拉玛依市
2014年（27个）	河北省：唐山市；山西省：大同市、忻州市；内蒙古自治区：呼和浩特市；黑龙江省：佳木斯市；吉林省：通化市；江苏省：徐州市；安徽省：宿州市、亳州市、滁州市；福建省：泉州市；江西省：鹰潭市、吉安市；河南省：开封市、南阳市；湖北省：荆州市；湖南省：常德市；广西壮族自治区：钦州市、玉林市；云南省：玉溪市；甘肃省：张掖市、天水市；四川省：广安市、泸州市、乐山市；陕西省：汉中市；宁夏回族自治区：中卫市

（三）变量说明

1. 被解释变量：空气质量水平。基于城市层面空气污染数据的可得性，借鉴石大千等（2018）的相关做法，选取人均工业二氧化硫排放量（pSO_2）对空气污染水平进行衡量。

2. 解释变量：智慧城市试点政策（*did*）。该变量为虚拟变量，即某城市被列为智慧城市试点当年及以后的年份取值为1，否则取值为0。

3. 控制变量：为更加准确地评估智慧城市建设对城市空气质量的影响效应，参考石大千、王颖等的研究，控制了其他可能会对空气污染产生影响的因素。其中，经济发展水平（ln *gdp*）用地区人均GDP表示；根据环境库兹涅茨曲线理论，经济发展水平与环境污染之间存在倒U形关系，因此加入人均GDP的平方项（$\ln gdp^2$）；对外开放水平（*open*）用以当年实际使用外资占地区生产总值的比重表示；政府规模（*gov*）用地方政府财政预算内支出占GDP的比重测度；人力资本（ln *hum*）用每万人在校大学生数表示；人口密度（ln *density*）用年末总人口与行政区土地面积之比来表示；产业结构（in*dus*）用第二产业占地区GDP比重与第三产业占地区GDP比重之比来表示。

4. 中介变量。产业结构升级效应（*ris*）用二次产业就业人数与三次产业就业人数之比表示；市场效应（ln *market*）以市场化程度为代理变量，用城市私营和个体从业人员数占总人口比重测度；财政支出效应（ln *fiscal*）用财政科学技术支出来表示；技术效应（ln *tech*）用专利授权数（包括发明专利、实用新型专利以及外观设计型专利）的对数来表示①。

实证分析基于我国2005—2019年284个地级及以上城市的面板数据，研究智慧城市建设对城市空气污染水平的影响，相关变量的描述性统计见表9-2。

表9-2 主要变量的描述性统计

变量类别	变量	样本量	均值	标准差	最小值	最大值
被解释变量	pSO_2	4 065	1.669	2.572	0.000 34	29.258
解释变量	*did*	4 248	0.169	0.375	0	1

① JACOBSON L S, LAIONDE R J, SULLIVAN D G. Earnings losses of displaced workers[J]. The American Economic Review, 1993, 83(4): 685-709.

续表

变量类别	变量	样本量	均值	标准差	最小值	最大值
控制变量	ln *gdp*	4 238	9.99	0.801	7.103	14.042
	ln gdp^2	4 238	100.48	16.233	50.449	197.173
	open	4 016	2.110	2.583	0.000 24	77.482
	gov	4 235	0.195	0.216	0.002 98	6.008
	ln *hum*	4 215	4.536	1.238	0	8.950
	indensity	4 232	3.281	3.318	0.026 9	26.615
	indus	4 236	1.357	0.749	0.105	10.603
中介变量	*ris*	4 242	0.961	0.633	0.047	5.484
	ln *market*	4 115	6.737	0.822	3.305	10.344
	ln *fiscal*	4 241	9.563	1.752	−2.040	15.520
	ln *tech*	4 221	6.562	1.840	0.693	12.024

四、实证结果与稳健性检验

(一) 基准回归

为了检验智慧城市试点对空气质量水平的影响，采用多期 DID 模型进行回归。根据表 9-3 可知，列（1）为不加入控制变量和不控制固定效应的模型，列（2）为不加入控制变量但控制固定效应的模型，列（3）—列（9）为控制年份、城市固定效应且逐步加入控制变量的模型。列（2）仅控制了城市固定效应和年份固定效应，其回归结果表明智慧城市试点建设对城市空气污染有显著的抑制作用，即智慧城市试点建设能够显著地促进城市空气质量水平的提升。列（9）为加入全部控制变量之后的回归结果，显示政策效应更为“干净”，其核心解释变量前面系数为−0.405，且在 1%的显著性水平上通过检验，表明智慧城市试点建设能够显著地降低城市空气污染。

(二) 平行趋势检验

使用双重差分最重要的前提是要求数据满足平行趋势假说，即在智慧城市试点建设政策冲击前，实验组和控制组的城市空气污染水平具有相同的时间

表 9-3 基准回归结果

VARIABLES	(1)	(2)	(3)	(4)	(5)	(6)	(7)	(8)	(9)
	pSO_2	pSO_2	pSO_2	pSO_2	pSO_2	pSO_2	pSO_2	pSO_2	pSO_2
did	−1.247***	−0.486***	−0.519***	−0.533***	−0.396***	−0.379**	−0.403***	−0.405***	−0.405***
	(−7.86)	(−2.89)	(−3.13)	(−3.16)	(−2.59)	(−2.54)	(−2.66)	(−2.68)	(−2.67)
ln *pgdp*			0.806***	−2.144	−2.088	−0.052	0.142	0.511	0.168
			(2.84)	(−0.84)	(−0.79)	(−0.02)	(0.05)	(0.15)	(0.05)
ln $pgdp^2$				0.150	0.151	0.064	0.059	0.041	0.055
				(1.07)	(1.05)	(0.41)	(0.37)	(0.23)	(0.31)
open					0.018	0.001	0.002	0.002	0.003
					(1.41)	(0.10)	(0.20)	(0.16)	(0.23)
Gov						1.307***	1.358***	1.453***	1.387***
						(4.83)	(4.73)	(4.35)	(4.18)
ln *hum*							−0.166*	−0.159*	−0.159*
							(−1.71)	(−1.73)	(−1.73)
ln *md*								−0.044	−0.043
								(−1.36)	(−1.35)
Indus									0.118
									(1.12)
_*cons*	1.876***	1.750***	−6.395**	8.150	7.286	−4.560	−5.301	−7.034	−5.162
	(71.32)	(62.86)	(−2.23)	(0.70)	(0.61)	(−0.34)	(−0.38)	(−0.46)	(−0.34)
N	4 065	4 065	4 058	4 058	3 849	3 847	3 828	3 822	3 819
R-squared	0.089	0.825	0.829 1	0.830 3	0.829 2	0.833 2	0.833 8	0.835 1	0.835 4
Number of id	284	284	284	284	281	281	281	281	281
city FE	NO	YES	YES	YES	YES	YES	YES	YES	YES
year FE	NO	YES	YES	YES	YES	YES	YES	YES	YES
city cluster	YES	YES	YES	YES	YES	YES	YES	YES	YES

注：*、**、***对应统计上的显著性水平，分别为 10%、5%和 1%。括号内为稳健性 t 统计量，以下同。

变化趋势。借鉴 Jacobson 等人（1993）① 和王锋（2022）② 的做法，利用事件分析法对平行趋势进行检验，构建模型如下：

$$pollution_{i,t} = \alpha + \sum_{t=-5,\ t\neq -1}^{4} \beta_t did_{i,t} + \gamma X_{i,t} + \mu_i + \delta_t + \varepsilon_{i,t} \tag{9-2}$$

① JACOBSON L S, LAIONDE R J, SULLIVAN D G. Earnings losses of displaced workers[J]. The American Economic Review, 1993, 83(4): 685-709.

② 王锋，葛星. 低碳转型冲击就业吗：来自低碳城市试点的经验证据［J］. 中国工业经济，2022（5）：81-99.

其中，$did_{i,t}$ 是一组虚拟变量，若城市在第 t 年实施了智慧城市试点政策，则取值为 1，反之取 0。其余各变量的符号含义与式（1）中的符号相同。在该式中重点关注系数 β_t，其反映了智慧城市试点政策实施的第 t 年，试点城市与非试点城市的空气质量水平差异。若 $t<0$ 时，参数 β_t 不显著异于 0，表明通过了平行趋势检验。考虑到政策实施前 6 年和前 7 年数据较少，将政策实施前 6 年和 7 年的数据汇总到第 5 期，将政策实施后 5—7 年的数据汇总到第 4 期。另外，本章以智慧城市试点政策实施前的第 1 期为基期。图 9-2 中，横轴表示智慧城市试点设立前后的年份数，纵轴表示城市空气污染水平，该图表示智慧城市试点政策对人均二氧化硫排放量的影响。可以看出，在智慧城市试点设立之前，参数 β_t 的估计值不拒绝为零的原假设，即智慧城市试点政策实施前各期的系数估计值均不显著，这说明试点与非试点城市在政策实施前并无显著性差异，平行趋势检验得到满足。此外，根据智慧城市试点设立之后的回归系数来看，实施该政策的城市其当年的二氧化硫排放量显著降低，且智慧城市试点设立对空气污染的减排效应呈现逐年强化的趋势。

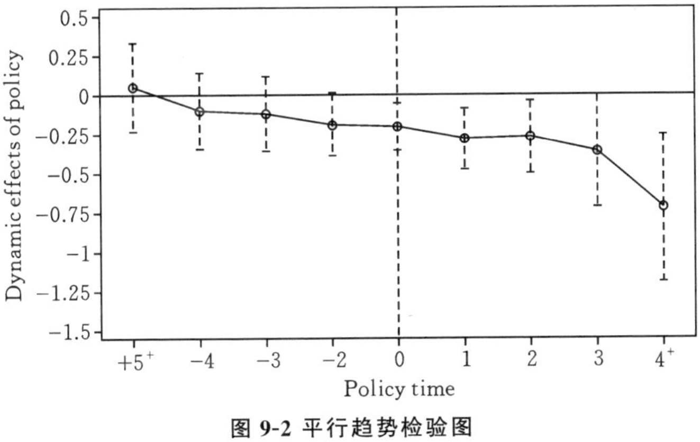

图 9-2 平行趋势检验图

（三）安慰剂检验

借鉴 Li 等人（2016）[①] 的做法，采用随机虚构处理组，即随机选取个体作为处理组，重复 1 000 次，看看“伪政策虚拟变量”的系数是否显著，以判断智慧城市建设对城市空气质量的显著影响是否由某些随机性因素引起。图

① LI P, LU Y, WANG J. Does flattening government improve economic performance? Evidence from China[J]. Journal of Development Economics, 2016, 123: 18-37.

9-3 中展示了 1 000 个“伪政策虚拟变量”估计系数的分布及相应的 p 值，其中 x 轴表示“伪政策虚拟变量”估计系数的大小，y 轴表示密度值和 p 值大小，曲线是估计系数的核密度分布，蓝色圆点是估计系数对应的 p 值。多期 DID 模型真实估计值为－0.405，从图 9-3 中可以看出，估计系数大都集中在－0.1 到 0.1 这个区间，真实的估计值为－0.405 是一个异常值，大部分估计值的 p 值都大于 0.1（在 10%的水平上不显著），另外，回归系数大致服从均值近似为 0 的正态分布，这表明估计结果不太可能是偶然得到的，因此不太可能受到其他政策或者随机性因素的影响，无论从经济意义还是统计意义上均符合安慰剂检验预期。

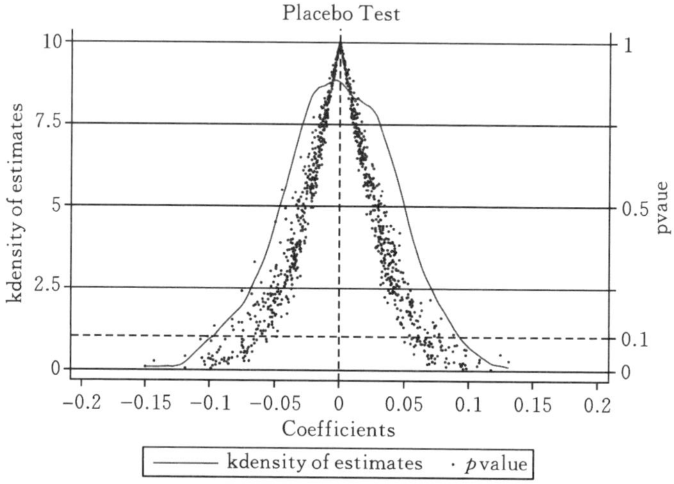

图 9-3 安慰剂检验图

（四）稳健性分析

以上基准回归结果表明，智慧城市试点政策显著地降低了城市空气污染水平。但是为了排除混淆因素对研究结论的干扰，仍需要进行一系列稳健性检验（见表 9-4）。下面从样本数据筛选、替换被解释变量、缩短样本期等多个维度进行分析，以确保估计结果的稳健性。

1. 样本数据筛选。为了避免极端值、异常值对基准回归结果的影响，对被解释变量和连续变量都进行 1%和 5%的缩尾处理后，重新进行回归。表 9-4 列（1）和列（2）估计结果表明，去掉异常值后，核心解释变量前面的系数仍显著为负，该结论与基准估计结果相似。

表 9-4　稳健性检验

VARIABLES	(1) 缩尾 1%	(2) 缩尾 5%	(3) 更换被解释变量	(4) 缩短样本期	(5) 标准 DID	(6) 删除中心城市
	pSO_2	pSO_2	gSO_2	pSO_2	pSO_2	pSO_2
did	−0.292**	−0.180**	−15.289*	−0.131**		−0.332**
	(−2.52)	(−2.11)	(−1.69)	(−2.12)		(−2.16)
sdid					−0.487*	
					(−1.82)	
控制变量	YES	YES	YES	YES	YES	YES
city FE	YES	YES	YES	YES	YES	YES
year FE	YES	YES	YES	YES	YES	YES
city cluster	YES	YES	YES	YES	YES	YES
N	3 819	3 819	3 819	1 588	3 819	3 396
R-squared	0.842 7	0.820 6	0.696 4	0.954 7	0.834 6	0.850 9

2. 替换被解释变量。基于已有文献的做法，前文基准回归中采用的是人均二氧化硫排放强度来衡量城市的空气污染水平，同时为了排除经济发展和经济规模对二氧化硫排放量的影响，用每亿元 GDP 的二氧化硫排放量 gSO_2 作为新的被解释变量进行回归分析，列（3）回归结果显示，政策虚拟变量前面的回归系数仍显著为负，这也表明前文结果的相对稳健性。

3. 缩短样本期。为了排除其他政策影响，借鉴王雄元（2019）等的做法①，我国于 2012 年正式提出智慧城市试点建设名单，因此将研究样本期缩短为 2010 年—2015 年，排除可能的其他政策干扰。根据列（4）回归结果可知，仍比较稳健。

① 王雄元，卜落凡．国际出口贸易与企业创新：基于“中欧班列”开通的准自然实验研究［J］．中国工业经济，2019（10）：80-98．

4. 标准DID模型。参考相关文献，只研究2012年的政策净效应，不考虑2013和2014年的政策效果，具体做法如下所示：设定一个时间虚拟变量，2012年及之后为1，之前则为0，生成一个组别虚拟变量；智慧城市试点名单上的城市定义为1，其他城市为0，进而生成一个政策虚拟变量 *sdid*（时间虚拟变量 × 组别虚拟变量）。最后按照标准DID模型进行估计，其稳健性检验结果见表9-4列（5）。

5. 删除中心城市。本章的样本数据中含有284个城市，既包括普通地级市，也包括省会城市以及直辖市等。不同层级城市的地方政府行为模式可能具有较大差异，且更高行政等级的城市所掌控的资源也远超普通城市，因此将所有城市一起回归可能会导致一定的偏差。因此将省会城市、直辖市的样本删除进行回归，结果同见表9-4列（6）所示。在删除了中心城市之后，智慧城市试点政策仍然显著地降低城市的空气污染强度，进一步验证了前述结论的稳健性。

五、异质性检验与影响机制分析

（一）异质性检验

1. 城市区位异质性检验

总体回归分析可能会掩盖地区差异，为了检验智慧城市建设对城市污染水平影响的异质性，根据城市所处地理位置，将样本城市划分为东部和中西部城市，通过分析样本回归的方式研究不同地区智慧城市建设对城市污染水平的影响（见表9-5）。由该表（1）列和（2）列结果可知，智慧城市建设对东部地区和中西部地区的城市空气污染均有抑制作用，但是智慧城市建设对东部地区城市空气污染的抑制作用并不显著，对中西部地区的抑制作用比较显著。可能是东部地区经济发展水平相对更高，各类基础设施相对中西部地区更加健全，大数据、物联网、云计算等信息技术在东部地区普及度也更高，这些硬件设施的加持已经能保证东部地区处于很好的清洁发展状态，智慧城市建设于东部地区而言只是“锦上添花”，但为降低东部城市空气污染带来的边际效用并不大①。反观中西部城市，信息化基础相对薄弱，智慧城市建设对中西部城市来说无异于“雪中送炭”，不仅能加快城市经济发展②，更为城市减排带来较高的边际贡献③。

除了传统的东部和中西部地区的区位划分，还引入胡焕庸线来研究智慧城市试点政策对城市空气污染的研究。胡焕庸线不仅是人口界线、人口密度图，而且还是一条中国生态环境界线④。根据已有研究可知，城市人口集聚会影响环境污染⑤，基于此，那么研究智慧城市试点政策对城市空气污染的影响在胡焕庸线以东和以西是否有所差异。根据表 9-5 第 3 列和第 4 列可知，智慧城市试点政策能够显著地降低胡焕庸线以东和以西城市空气污染，但是对于胡焕庸线以西的城市来说，城市空气污染降低效果更加明显。

表 9-5　城市区位异质性检验结果

VARIABLES	(1)	(2)	(3)	(4)
	东部	中西部	胡焕庸线以东	胡焕庸线以西
	pSO_2	pSO_2	pSO_2	pSO_2
did	−0.083	−0.358*	−0.170*	−1.394*
	(−0.61)	(−1.96)	(−1.65)	(−1.89)

① 黄和平，谢云飞，黎宁．智慧城市建设是否促进了低碳发展?：基于国家智慧城市试点的“准自然实验”[J]．城市发展研究，2022，29 (5)：105-112.

② 周小敏，李连友．智慧城市建设能否成为经济增长新动能? [J]．经济经纬，2020，37 (6)：10-17.

③ FAN S , PENG S, LIU X. Can Smart City Policy Facilitate the Low-Carbon Economy in China? A Quasi-Natural Experiment Based on Pilot City[J]. Complexity, 2021, 2021(4496):1-15.

④ 胡焕庸线以西包括内蒙古、西藏、甘肃、青海、宁夏、新疆共 6 个完整地理省份；胡焕庸线以东包括黑龙江、吉林、辽宁、北京、天津、河北、山西、上海、江苏、浙江、福建、安徽、江西、山东、河南、湖北、湖南、广东、广西、海南、重庆、四川、云南、贵州、陕西共 25 个省份和直辖市。

⑤ 何文举，张华峰，陈雄超，等．中国省域人口密度、产业集聚与碳排放的实证研究：基于集聚经济、拥挤效应及空间效应的视角 [J]．南开经济研究，2019 (2)：207-225.

续表

VARIABLES	(1)	(2)	(3)	(4)
	东部	中西部	胡焕庸线以东	胡焕庸线以西
	pSO_2	pSO_2	pSO_2	pSO_2
ln *pgdp*	4.404***	6.380***	−1.154	15.138
	(2.93)	(3.18)	(−0.38)	(1.70)
ln $pgdp^2$	−0.162**	−0.272***	0.119	−0.692
	(−2.22)	(−2.84)	(0.74)	(−1.59)
open	−0.006	0.007	0.007	−0.307
	(−0.36)	(0.47)	(0.67)	(−1.62)
Gov	2.002**	1.800***	1X.174***	1.160
	(2.51)	(4.28)	(4.19)	(1.24)
ln *hum*	0.018	−0.242**	−0.056	−0.762**
	(0.38)	(−2.25)	(−1.03)	(−2.68)
ln *md*	−0.015	−0.087*	0.008	0.147
	(−0.90)	(−1.82)	(0.34)	(1.37)
Indus	0.094	0.136	0.067	1.126**
	(0.38)	(1.15)	(0.77)	(2.46)
_ *cons*	−27.267***	−33.810***	0.799	−75.221
	(−3.40)	(−3.32)	(0.06)	(−1.66)
N	1 432	2 344	3 572	247
R-squared	0.794 6	0.850 5	0.785 9	0.900 8
Number of id	100	176	255	26
city FE	YES	YES	YES	YES
year FE	YES	YES	YES	YES
city cluster	YES	YES	YES	YES

2. 城市规模异质性检验

城市本身发展规模可能也会导致智慧城市试点污染减排效应的不同。一方面，与小城市相比，规模较大的城市其产业结构、政府资金投入以及交通水平等方面具有较大优势，能够利用经济集聚效应对资源进行有效配置，从而更好地解决环境污染问题。但另一方面，规模较大的城市也具有强烈的能源消费需求，需要消耗大量的土地资源，从而产生拥挤效应，导致城市的生态环境污染加剧。那么，智慧城市试点建设是否能通过提高能源利用效率优化资源配置，是否能通过新技术促使城市的经济集聚效应大于拥挤效应，从而改善空气质量？因此，基于政策发生前一年（2011 年）各地区的城区常住人口①，根据 2014 年国务院发布的《关于调整城市规模划分标准的通知》，根据城区常住人口进行区间划分。结果见表 9-6 的（1）—（4）列，中小规模的城市政策虚拟变量前面的系数为－0.616，且在 5％的显著性水平上显著，说明智慧城市试点政策能够显著地降低中小规模城市的空气污染，由第（2）列可知，大城市政策虚拟变量前面的系数为－0.155，说明智慧城市试点政策能够降低大城市的空气污染，但是政策效果不显著，由第（3）列可知，特大城市政策虚拟变量前面的系数为 0.167，说明智慧城市试点政策加大了特大城市的环境污染，可能的原因是特大城市的拥挤效应大于经济集聚效应，但政策效果仍不显著。根据第（4）列可知，超大城市政策虚拟变量前面的系数为－0.424，且在 10％的显著性水平上显著，说明超大城市智慧城市建设显著地降低了废气的排放量，减污效应较为显著。由此可见，不同规模的城市智慧城市试点治理减污的效果不同，具有一定的异质性。因此，污染问题的关键并不在于城市规模的大小，主要在于城市治理模式是否革新，技术是否进步。

3. 行政级别异质性检验

考虑到不同城市具有不同的行政等级，而行政等级不同，其城市空气污染状况也有所不同，为此将研究样本划分为省会城市和非省会城市继续进行检验，结果见下表。省会城市和非省会城市智慧城市试点建设都能够显著降低城市二氧化硫排放量，但是与非省会城市相比，省会城市智慧城市试点建设对城市空气污染的抑制作用更强。

---

① 将城区常住人口 100 万以下的看作中小城市，城区常住人口 100 万以上 500 万以下的城市看作大城市，城区常住人口 500 万以上 1 000 万以下的为特大城市，城区常住人口 1 000 万以上的为超大城市。

表 9-6 城市规模和行政级别异质性检验

VARIABLES	(1)	(2)	(3)	(4)	(5)	(6)
	中小城市	大城市	特大城市	超大城市	省会城市	非省会城市
	pSO_2	pSO_2	pSO_2	pSO_2	pSO_2	pSO_2
did	−0.616**	−0.155	0.167	−0.424*	−0.538**	−0.382**
	(−2.09)	(−1.35)	(0.75)	(−2.28)	(−2.52)	(−2.29)
控制变量	YES	YES	YES	YES	YES	YES
Observations	1 852	1 757	127	83	365	3 454
R-squared	0.862 0	0.795 9	0.891 4	0.970 7	0.766 4	0.839 9
Number of id	140	126	9	6	26	255
city FE	YES	YES	YES	YES	YES	YES
year FE	YES	YES	YES	YES	YES	YES
city cluster	YES	YES	YES	YES	YES	YES

（二）影响机制分析

前文结果表明，智慧城市建设显著地降低城市空气污染水平。智慧城市建设可以通过产业结构升级、技术效应、市场效应、财政倾斜等渠道作用于城市的人均二氧化硫排放强度。因此借鉴李建明和罗能生（2020）的做法①，构建如下传递效应模型：

第一步，检验智慧城市建设对机制变量的影响：

$$Mech_{i,t}=\alpha+\beta did_{i,t}+\gamma X_{i,t}+\mu_i+\delta_t+\varepsilon_{i,t} \tag{9-3}$$

第二步，检验机制变量对城市空气污染水平的影响：

$$Pollution_{i,t}=\alpha+\beta Mech_{i,t}+\gamma X_{i,t}+\mu_i+\delta_t+\varepsilon_{i,t} \tag{9-4}$$

其中，*Mech* 为机制变量，其他变量的含义同式（9-1）。智慧城市建设主要通过产业结构升级、技术效应、市场效应以及财政倾斜对城市的空气污染产生减排效应。

表 9-7 报告了智慧城市建设对城市空气污染的影响机制结果，其中（1）列 *did* 前面的系数显著为正，表明智慧城市试点政策显著加快了城市产业结

① 李建明，罗能生．高铁开通改善了城市空气污染水平吗？[J]．经济学（季刊），2020（4）：1335-1354．

构转型升级，(2) 列 *ris* 前面的系数显著为负，说明智慧城市建设能够显著地促进产业结构升级来降低城市空气污染水平。事实上，智慧城市建设的核心目标之一就是要淘汰落后产能，加快物联网、云技术等技术与传统产业的融合，并大力发展新兴产业和智慧产业，这些产业能够有效缓解经济发展过程中的环境污染问题。由第 (3) 和 (4) 列可知，*did* 前面的系数显著为正，ln *tech* 前面的系数显著为负，说明智慧城市建设能够通过促进技术创新对人均二氧化硫产生减排效应；根据后四列可知，智慧城市建设可以通过促进市场一体化以及吸引财政资金倾斜等路径有效地降低城市空气污染水平。

表 9-7　机制分析

	(1)	(2)	(3)	(4)	(5)	(6)	(7)	(8)
VARIABLES	产业结构升级效应		技术效应		市场效应		财政倾斜支出效应	
	ris	pSO_2	ln*tech*	pSO_2	ln*market*	pSO_2	ln*fiscal*	pSO_2
did	0.074 2***		0.3915***		0.117***		0.271***	
	(4.08)		(6.93)		(2.84)		(3.51)	
ris		−0.435 8**						
		(−2.52)						
ln *tech*				−0.463 1***				
				(−5.91)				
ln *market*						−0.328***		
						(−3.11)		
ln *fiscal*								−0.152***
								(−4.12)
控制变量	YES	YES	YES	YES	YES	YES	YES	YES
Observations	3 980	3 816	3 959	3 795	3 866	3 720	3 983	3 819
R-squared	0.291 8	0.225 7	0.724 3	0.270 8	0.687	0.223	0.625 9	0.224 6
Number of id	281	281	281	281	281	281	281	281
city FE	YES	YES	YES	YES	YES	YES	YES	YES
year FE	YES	YES	YES	YES	YES	YES	YES	YES
city cluster	YES	YES	YES	YES	YES	YES	YES	YES

六、智慧城市试点政策的空间溢出效应

（一）空间相关性检验

通常采用莫兰指数来检验空间相关性，具体形式如下：

$$\text{Moran's}I=\frac{n\sum_{i=1}^{n}\sum_{j=1}^{n}w_{ij}(x_i-\overline{x})(x_j-\overline{x})}{\sum_{i=1}^{n}\sum_{j=1}^{n}w_{ij}\sum_{i=1}^{n}(x_i-\overline{x})^2} \tag{9-5}$$

其中 n 表示样本数，w_{ij} 为空间权重矩阵，w_i、w_j 表示 i 地区和 j 地区的观测样本值。

由表 9-8 可知，2005—2019 年工业污染排放的莫兰指数 I 处于 0.05～0.4 之间，在 5%的显著性水平下拒绝原假设，说明我国城市工业污染在空间上存在显著的空间正相关。

表 9-8　2005—2019 年 Moran's *I* 指数

YEAR	I	E（I）	Sd（I）	Z	p
2005	0.309 1	−0.003 6	0.038 9	8.040 9	0.000 0
2006	0.347 2	−0.003 6	0.039 2	8.946 4	0.000 0
2007	0.316 6	−0.003 6	0.039 5	8.107 8	0.000 0
2008	0.378 7	−0.003 6	0.039 6	9.652 4	0.000 0
2009	0.306 1	−0.003 6	0.039 5	7.837 1	0.000 0
2010	0.329 9	−0.003 6	0.039 5	8.442 8	0.000 0
2011	0.183 3	−0.003 6	0.038 9	4.807 8	0.000 0
2012	0.183 9	−0.003 6	0.034 5	5.442 4	0.000 0
2013	0.213 7	−0.003 6	0.036 1	6.024 8	0.000 0
2014	0.260 6	−0.003 6	0.037 8	6.995 9	0.000 0
2015	0.177 1	−0.003 6	0.037 5	4.813 4	0.000 0
2016	0.057 6	−0.003 6	0.031 1	1.968 4	0.049 0
2017	0.160 8	−0.003 6	0.035 1	4.687 4	0.000 0
2018	0.158 5	−0.003 6	0.035 7	4.542 7	0.000 0
2019	0.090 2	−0.003 6	0.035 9	2.612 4	0.009 0

总之，智慧城市建设对工业污染的影响存在很强的空间溢出性，主要原因有以下几点。第一，工业污染物具有很强的空间溢出性，比如工业废水、工业二氧化硫等都具有跨界流动性，会随着产业转移等从一个城市流向另一个城市，存在污染空间转移特性。第二，智慧城市建设也具有很强的正外部性，智慧城市的建设依托于大数据、云计算、物联网等基础设施建设和现代

信息技术，技术创新也具有一定的外溢性，邻近地区会学习和借鉴智慧城市发展先进地区的技术创新，提升本地区的智慧城市技术水平。第三，智慧城市建设过程中，各城市会制定相应的政策规划和制度指导，制度基础也是促进智慧城市发展的重要保障，制度也具有一定的外溢性，良好的制度不仅能够改善本地区的智慧城市建设，降低本地区的工业污染排放，也能够提供外溢性，拓展制度边界，促进周边地区智慧城市的建设，降低周边地区的工业污染排放水平。因此，研究智慧城市建设对工业污染排放的空间溢出效应具有现实意义。

（二）空间权重矩阵

1. 邻接权重矩阵

若区域 i 与区域 j 相邻，则其距离信息取 1，反之，若不相邻则取 0。

$$W=\begin{cases}0 & i\neq j\text{，且区域 } i \text{ 与区域 } j \text{ 不相邻}\\ 1 & i\neq j\text{，且区域 } i \text{ 与区域 } j \text{ 相邻}\\ 0 & i=j\end{cases} \tag{9-6}$$

2. 经济距离矩阵

经济距离矩阵以经济差距代替区域距离，一般采用人均 GDP 差距的倒数。

$$W=\begin{cases}0 & i=j\\ \dfrac{1}{|\overline{Y}_i-\overline{Y}_j|} & i\neq j\end{cases} \tag{9-7}$$

其中 $\overline{Y}_i$ 和 $\overline{Y}_j$ 分别表示各个地区在观测期内的人均 GDP 值。

（三）双重差分空间杜宾模型构建

根据莫兰检验结果可知，城市工业污染存在空间相关性，因此可以构建空间面板模型，通过表 9-9 中 LR 检验结果可知，无论是邻接权重矩阵还是经济距离矩阵，结果均在 1%的显著性水平上显著，说明 SDM 退化成 SAR 模型、SEM 模型的假设被拒绝。

表 9-9　LR 检验结果

检验类型	邻接权重矩阵		经济距离矩阵	
	统计量	p 值	统计量	p 值
LR spatial lag	27.41	0.000 6	38.96	0.000 0
LR spatial error	30.53	0.000 2	39.64	0.000 0

因此，最终选择双重差分空间杜宾模型（SDM-DID 模型），参考张跃胜等（2022）建立如下模型：

$$pollution_{it} = \rho W_{ij} \times pollution_{it} + \varphi_1 smart\_policy_{it} + \varphi_c X_{it} + \pi_1 W_{ij} \times smart\_policy_{it} + \pi_c W_{ij} \times X_{it} + \mu_i + \delta_t + \varepsilon_{it} \tag{9-8}$$

其中，W_{ij} 为空间权重矩阵，本章采用邻接权重矩阵和经济距离矩阵；$W_{ij} \times pollution_{it}$ 表示城市工业污染的空间滞后项，$W_{ij} \times smart\_policy_{it}$ 表示智慧城市建设的空间滞后性，$W_{ij} \times X_{it}$ 表示控制变量的空间滞后项。ρ、φ、π 分别为各滞后项的系数向量，其他指标解释同式（9-1）。

（四）实证结果与分析

1. 智慧城市试点政策的工业污染减排空间效应分析

回归结果如表 9-10 所示，由列（1）—（4）可知，智慧城市试点政策对城市工业污染排放均存在显著的负向影响。基于邻接权重矩阵得出的基准结果可知，第（2）列中 ρ 系数为 0.2103，且在 1%的显著性水平上拒绝原假设，说明城市工业污染在相邻地区之间存在空间溢出效应；核心解释变量前面的系数为−0.2088，显著为负，说明智慧城市建设能够显著抑制本城市的工业污染排放水平，与上节结论一致。此外，$W \times smart\_policy$ 前面的系数为−0.4394，在 1%的显著性水平上显著为负，说明智慧城市试点政策还能够显著降低邻近地区的城市工业污染排放。基于经济距离矩阵得出的基准结果可知，第（4）列 ρ 系数为 0.1414，且在 1%的显著性水平上拒绝原假设，说明城市工业污染具有空间溢出效应。此外从（1）列至（4）列，虽然更换了空间权重矩阵，但是核心解释变量前面的系数均显著为负，说明结果具有一定的稳健性。

表 9-10　SDM-DID 模型基准回归结果

VARIABLES	邻接权重矩阵		经济距离矩阵	
	(1) *pollution*	(2) *pollution*	(3) *pollution*	(4) *pollution*
smart_policy	−0.219 8***	−0.208 8***	−0.230 1***	−0.226 4***
	(0.062 3)	(0.070 6)	(0.070 2)	(0.076 1)
ln *pgdp*		−1.517 1		−1.590 5
		(1.311 9)		(1.278 9)

续表

VARIABLES	邻接权重矩阵		经济距离矩阵	
	(1) *pollution*	(2) *pollution*	(3) *pollution*	(4) *pollution*
$\ln pgdp^2$		0.085 2		0.088 9
		(0.068 0)		(0.066 4)
open		0.007 5		0.006 7
		(0.005 3)		(0.005 2)
gov		−0.037 7		−0.072 3
		(0.088 4)		(0.082 2)
ln *hum*		−0.033 4		−0.033 7
		(0.047 0)		(0.048 5)
ln *md*		0.027 3***		0.024 8**
		(0.009 6)		(0.010 0)
indus		0.132 2		0.141 8*
		(0.080 9)		(0.081 1)
$W\times smart\_policy$	−0.493 7***	−0.439 4***	−0.528 3***	−0.484 0***
	(0.123 5)	(0.129 5)	(0.106 8)	(0.121 9)
ρ	0.235 8***	0.210 3***	0.201 9***	0.141 4***
	(0.036 9)	(0.040 6)	(0.031 4)	(0.032 4)
N	4 170	4 170	4 170	4 170
city FE	YES	YES	YES	YES
year FE	YES	YES	YES	YES
city cluster	YES	YES	YES	YES

2. 智慧城市试点政策的工业污染减排空间效应分解

为考察智慧城市政策变量的边际效应，进一步对双重差分空间杜宾模型的回归结果进行分解处理，从而得到直接效应、间接效应和总效应，如表 9-11 所示。

由（1）—(3）列可知，根据邻接权重矩阵得出的空间效应分解结果显示，直接效应表示智慧城市试点政策对该地区的工业污染排放的影响效应，核心

表 9-11 空间效应分解-邻接权重矩阵

VARIABLES	(1) 直接效应	(2) 间接效应	(3) 总效应
smart _ policy	−0.193 0***	−0.332 7*	−0.525 7**
	(0.074 9)	(0.193 4)	(0.225 2)
ln *pgdp*	−0.294 5	−0.028 3	−0.322 9
	(1.206 7)	(0.154 8)	(1.350 6)
ln $pgdp^2$	0.040 4	0.004 6	0.045 0
	(0.063 7)	(0.008 3)	(0.071 2)
open	0.003 2	0.000 4	0.003 6
	(0.004 6)	(0.000 6)	(0.005 2)
gov	0.372 8***	0.046 6*	0.419 4***
	(0.119 1)	(0.025 7)	(0.137 8)
ln *hum*	−0.050 9	−0.006 0	−0.056 9
	(0.053 3)	(0.007 3)	(0.059 8)
ln *md*	−0.020 9	−0.002 6	−0.023 5
	(0.013 4)	(0.002 1)	(0.015 1)
indus	−0.038 8	−0.005 8	−0.044 6
	(0.082 9)	(0.011 8)	(0.093 9)

解释变量的估计系数为−0.1930，且在1%的显著性水平上显著，说明智慧城市试点政策能够平均显著降低19.3%的工业污染排放。间接效应表示智慧城市建设对于周边城市工业污染排放的影响效应，核心解释变量前面的系数为−0.332 7，在10%的显著性水平上显著，说明智慧城市建设对城市工业污染排放具有明显的空间溢出效应，能够显著降低邻近城市的工业污染排放。究其原因，智慧城市建设产生的外部效应促进知识技术在邻近地区之间充分流动，周边地区通过学习和模仿来提升自身的智慧城市建设水平，促进本区域的传统产业转型升级等，进而有助于降低本地区的城市工业污染排放水平。总效应核心解释变量前面的系数仍旧是显著为负，即智慧城市建设对于所有地区的工业污染排放均具有显著的负向影响，整体上能够使得所有城市的工

业污染排放平均降低约 0.53 个单位。此外，根据效应分解结果可发现，智慧城市试点政策针对周边地区工业污染排放的作用幅度要大于针对本地区工业污染排放的作用幅度。

由表 9-12 可知，(1)—(3) 列结果显示，更换为经济距离矩阵后，直接效应中核心解释变量的估计系数为−0.196 5，且在 1%的显著性水平上显著，说明智慧城市试点政策能够平均显著降低 19.65%的工业污染排放。总效应前面的系数为−0.351 2，且在统计意义上显著，这与邻接权重矩阵的空间分解结论一致，因此智慧城市试点政策的空间溢出效应具有一定的稳健性。

9-12　空间效应分解-经济距离矩阵

VARIABLES	(1) 直接效应	(2) 间接效应	(3) 总效应
smart _ policy	−0.196 5***	−0.154 7	−0.351 2*
	(0.076 1)	(0.161 3)	(0.186 2)
ln *pgdp*	−0.268 6	0.014 2	−0.254 4
	(1.221 7)	(0.052 2)	(1.171 9)
ln $pgdp^2$	0.039 3	−0.001 7	0.037 6
	(0.064 4)	(0.002 9)	(0.061 7)
open	0.002 7	−0.000 1	0.002 5
	(0.004 7)	(0.000 2)	(0.004 5)
gov	0.372 6***	−0.014 0**	0.358 6***
	(0.120 2)	(0.005 6)	(0.117 2)
ln *hum*	−0.052 6	0.001 9	−0.050 7
	(0.053 6)	(0.002 1)	(0.051 7)
ln *md*	−0.024 2*	0.000 9	−0.023 3*
	(0.014 0)	(0.000 6)	(0.013 5)
indus	−0.038 0	0.001 4	−0.036 6
	(0.082 0)	(0.003 3)	(0.078 8)

七、本章小结

基于 2005—2019 年中国 284 个城市的面板数据，将智慧城市建设试点作为一次准自然实验，实证检验了智慧城市建设对城市空气污染的减排效应，以及这种减排效应是否具有传导机制、异质性和稳健性以及空间溢出效应。研究结果如下：(1) 智慧城市试点政策显著降低了城市的空气污染水平，该结论在经历了缩尾处理、更换被解释变量、缩短样本期、删除中心城市等一系列稳健性检验后仍旧成立。(2) 异质性表明，与东部地区相比，智慧城市建设对西部城市空气污染的减排效果更强；与胡焕庸线以东的城市相比，胡焕庸线以西的城市政策效果更强；与非省会城市相比，智慧城市建设对省会城市空气污染降低程度更大；此外，智慧城市建设对中小城市和超大城市的政策减排效果更显著，对于大城市和特大城市政策效果不显著。(3) 机制验证表明，智慧城市建设通过推动产业结构升级、技术创新、市场效应和财政支持等，有效地降低城市的空气污染强度。(4) 空间溢出效应结果表明，智慧城市建设不仅能够显著降低本地区的工业污染排放，还能够有效地降低邻近地区的工业污染排放，具有一定的空间溢出性。

第十章　全文政策建议

跨区域生态保护和环境治理既是减少污染物排放和改善生态环境质量的内在要求，也是促进绿色发展和低碳发展的重要选择。《中华人民共和国国民经济和社会发展第十四个五年规划和2035年远景目标纲要》中指出，强化多污染物协同控制和区域协同治理是重要举措，这为我国加强跨区域生态保护和环境治理提供了重要遵循。党的十九大报告中明确提出“要建立更有效的区域协调发展机制”，跨区域生态保护和环境治理的最终目标是实现区域协调发展。2022年二十大报告提出“推进美丽中国建设，坚持山水林田湖草沙一体化保护和系统治理，统筹产业结构调整、污染治理、生态保护、应对气候变化，协同推进降碳、减污、扩绿、增长，推进生态优先、节约集约、绿色低碳发展”的系统化、协同性推进绿色发展新思路，对我国未来生态治理与环境保护提出了新要求。在党的十八大之前，学术界对区域协调发展通常是基于区域经济系统协调和经济发展差距来定义，关注更多的是区域贫富差距和收入差距方面①。但在党的十八大后，区域协调发展更强调全面可持续性②，要以开放、共享和共担为原则，以最终实现人的自由全面发展为目标③。我国区域协调发展程度受限于各省市的生态承载力和经济水平，我国的区域异质性特征也会对区域协调发展战略的有效实施产生影响④。结合前述章节的理论分析与实证结果，分别从政治角度、经济角度和技术角度提出跨区域生态保护与环境治理的政策建议。

---

① 王琴梅. 区域协调发展内涵新解［J］. 甘肃社会科学，2007（6）：46-50.

② 魏后凯，高春亮. 新时期区域协调发展的内涵和机制［J］. 福建论坛（人文社会科学版），2011（10）：147-152.

③ 王曙光，王丹莉. 新中国70年区域经济发展战略变革与新时代系统动态均衡格局［J］. 经济体制改革，2019（4）：5-10.

④ 于鸿君，马庆林. 我国区域经济发展不协调的根源分析［J］. 农村金融研究，2009（4）：25-30.

一、政治角度

1. 建立明晰生态环境责任的科学政绩考核制度

我国部分地区的生态环境脆弱，但地方政府不注重对生态环境的保护和治理，在政府绩效考核中仍然使用“唯GDP论”的考核办法，使得生态环境遭受的破坏日趋严重，环境承载力上限不断降低。由于我国区域异质性特征的存在，部分地区可能不适合发展工业化，这些地区应该适当放宽对经济发展目标的要求和限制。例如贵州省关岭县，该县作为全省石漠化最严重的地区之一以及国家级限制开发区域，生态环境极为脆弱，于是贵州省在2014年取消了对关岭等10个县的GDP考核，相应地提高了生态环境考核比重①。因此，地方政府应当出台相关的环保法规和条例，建立明晰生态环境责任的科学政绩考核制度，明确政府在生态环境保护和治理中应该承担的具体职责，同时建立相应的监督和考核机制，淡化政府绩效考核中的GDP指标，强化生态环境保护指标并把跨区域生态改善指标纳入考核指标体系。

2. 建立健全各级跨区域生态环保的执法和司法机制

在跨区域生态环境保护执法和司法过程中，普遍存在着行政处罚力度不足、具体工作落实不到位以及地方保护主义盛行等问题，以行政区划为基础的传统司法管辖方式往往难以充分发挥作用②。在推进我国跨区域生态保护和环境治理联动的过程中，必须完善相关法律法规以及条例制度，加大跨区域生态环境保护的行政执法和司法保护力度。各地方政府要通力合作，努力构建完善符合我国实际情况的综合管理法律机制，如建立跨区域生态法庭、建立统一的区域性流域性执法队伍等措施，将跨区域生态环境保护纳入法治化轨道。不断推动各级跨区域生态环境保护交叉执法常态化，形成跨区域生态环境保护行政执法和刑事司法良性联动的局面。

3. 完善河长制、湖长制等制度设计

第二章的研究表明，河长制、湖长制等制度设计是明确产权的重要创新

---

① 杨达. 绿色“一带一路”治理体系探索与深化方位透视 [J]. 政治经济学评论，2021，12（5）：165-187.

② 张君明. 黄河流域水生态保护与修复法律机制研究 [J]. 人民论坛·学术前沿，2022（2）：106-108.

实践，在跨流域治理问题上产生了重要影响。然而当前我国河长制和湖长制等制度尚不完善，制度作用发挥不充分，其实际作用未能达到预期效果。必须要深入落实河长制和湖长制等制度，提高制度的执行力。一方面要强化河长制、湖长制执法监管能力，统一执法标准，推进跨区域综合执法。要对重点区域加强监管，严厉打击涉河湖违法行为，建立健全河湖管理保护监督考核和责任追究机制。另一方面要健全河长制和湖长制的激励考核制度，并保障此类制度的专项经费①。河长制和湖长制的设计要遵循面向基层、深入一线的原则，对考核优秀的基层河长、湖长给予适当奖励和表彰。各地政府应当将河长制和湖长制的经费支出纳入本级财政预算予以保障，特别是基层经费必须落实到位。

二、经济角度

1. 充分利用市场的力量解决跨区域生态环保问题

部分地方政府在决策时缺乏整体思维，加上跨行政区域的协作机制不健全，降低了生态环境保护和治理的效率，加大了跨区域生态环保的难度。随着经济的不断发展，我国已经出现了一批具备治理以及服务实力的环境治理企业。因此在推动跨区域生态保护和环境治理的过程中，要充分利用市场这个打通条块分割的利器。政府要引入专业化的公司进行跨区域的综合治理，积极引导和鼓励那些具备治理及服务实力的大型企业投入跨区域生态环保中去，一方面弥补政府对跨区域环境治理投入不足和效率低下的问题，另一方面有利于打破各区域在生态环保中局部治理的现状，更好地推动社会资源配置。

2. 完善跨区域生态补偿机制

生态环境治理是一个长期且持续的过程，合理的利益协调和补偿是生态环境治理可持续发展的基础②。尽管当前我国已经在部分典型地区和重点生态功能区实行了跨区域生态补偿机制，但由于技术限制、无法清晰明确各地之

---

① 于占祥．辽河流域水环境治理问题［J］．中国科技信息，2022（8）：139-140．

② 安树伟，董红燕．京津冀协同发展战略实施效果中期评估［J］．经济问题，2022（4）：1-9．

间生态关系以及各地对生态补偿机制不统一等问题，跨区域生态补偿机制尚未在更大范围内实行。第七章的研究指出，跨区域生态补偿机制必须坚持受益者补偿、共建共享、区域协调发展和可持续发展的原则，在此基础上完善跨区域生态补偿机制。补偿的依据和标准是跨区域生态补偿机制的核心，在完善跨区域生态补偿机制的过程中，应当在此方面进行积极探索以确定并建立统一的补偿依据和标准①，生态补偿要与我国转移支付制度改革相衔接，要充分发挥中央纵向转移支付制度的激励机制与政府间横向转移支付的补偿机制。遵循“谁受益、谁补偿”的原则，按照受益比例分担生态环境保护的经济成本，明确补偿方式，建立跨区域生态补偿的长效机制。

3. 建立健全碳交易市场

尽管我国已经在北京、天津、上海等城市建立了多家环境能源交易所，但当前市场交易活力不强，碳配额成交量低、价格下降，市场配置效率低下等问题逐渐凸显出来②。根据第五章总结的美欧日等发达国家的CTM发展的实践经验，我国为提高碳交易市场活力，要积极探索新的发展模式，开发新的交易品种，鼓励推出与碳排放权相关的金融创新，引导金融机构积极参与碳交易过程。要支持有条件的地区或行业探索碳交易机制，注意明确碳排放目标控制，科学分配碳排放控制权。同时，政府要加强碳排放权交易市场的相关法律法规建设，明确碳排放权的法律地位。要加大东部沿海地区对中西部地区CTM机制的技术、人才、资本等协作力度，发挥市场机制的减排激励效果。

4. 进一步完善环境保护税体系

环境保护税在改善环境、促进生态发展方面发挥了巨大作用，自2018年我国开始实行环境保护税，到目前为止已经积累了较为丰富的实践经验③。但仍需要进一步完善环保税制设计，将噪声污染、光污染以及其他污染纳入环境保护税的征收范围，适当提高税率，加大惩罚力度，提高企业污染环境的

① 宋鹏飞，张震云，郝占庆. 关于建立和完善中国生态补偿机制的思考 [J]. 生态学杂志，2008 (10)：1814-1817.

② 文扬，王丽，高国力. 关于完善我国碳交易市场的若干思考 [J]. 中国经贸导刊，2022 (3)：52-54.

③ 马蔡琛，赵笛. 构建以环境保护税为基础的绿色税收体系 [J]. 税务研究，2020 (11)：39-45.

经济成本。环境污染同样存在异质性特点，不同地区的污染物排放具有地区特征，因此在环保税的征收中需注意跨区域的协同合作，促进跨区域环保税信息平台的信息交换。建议将消费税、增值税、企业所得税与环境治理有关的条款整合到新的环保税体系中去。

三、技术角度

1. 加大跨区域生态保护的技术支持

第四章的研究表明，技术进步是推动城市绿色发展的重要因素，保持技术效率是对绿色发展的重要推动力。在跨区域生态保护和环境治理过程中，离不开各种技术的支持。要重视跨区域环境保护相关技术的投入和研发，充分利用物联网、大数据以及人工智能技术的优势实现跨区域协作，建立跨区域生态环保的统一信息平台，降低生态保护和环境治理成本。通过数字技术统筹整合各方面信息渠道，对跨区域环境问题进行分析诊断，实现跨区域信息共享、联合预警以及统一行动，推动跨区域生态保护和环境治理。

2. 促进先进环保技术的跨区域流转和交易

经济发达地区技术水平相对更高，在跨区域生态环保方面能够发挥更大的作用，而经济欠发达地区可能受到技术支持，在跨区域生态环保方面往往有心无力。第九章的研究表明，智慧城市的建设有利于促进环境质量的提升，且对中西部地区的城市作用更为明显。因此要进一步完善技术交易市场，推动先进技术的跨区域流转和交易，以此推动跨区域生态环境治理水平的提升。

3. 利用数字技术与卫星遥感技术等加强对跨区域环境的监管与区域协作

要充分利用我国数字经济与智慧政府发展的大好时机，提升生态环境保护+数字技术的融合。一是提升我国流域环境安全检测和监管能力。在长江、黄河等主要河流大保护智慧平台的基础上，优化完善“天地一体、水陆统筹”的监测监控“一张网”，全面提升流域生态环境安全管理的数字化、智能化、精准化、协同化水平，加大区域合作治理效能。二是加大跨流域治理的技术支持。重视跨流域治理技术的投入和研发，充分利用物联网、大数据以及人工智能技术的优势实现跨流域协作，建立跨流域治理统一信息平台，科学核算流域上游相关利益群体的各项环保成本，降低跨流域生态保护和环境治理成本。通过数字技术统筹整合各方面信息渠道，对跨流域生态治理问题进行分析诊断，实现跨流域信息共享、联合预警以及统一行动。三是构建智慧水利体系。基于智慧水利平台，以数字化场景、智慧化模拟、精准化决策为路径，构建数字孪生水网，实现物理水网与数字水网的动态、实时信息交互和深度融合。同时，构建水生态环境指标遥感监测、水生态环境演变预警预报、河湖库水生态健康评价等水生态模型，支撑“四预”模拟仿真，实现智慧化模拟和数字孪生。四是加强流域协调综合治理力度。利用大数据和卫星遥感技术加强对各流域治理的监管，大力推进流域治理数字技术的应用以及数字孪生流域建设，对重点流域实施动态监测，定期监管和评价各流域的生态环境治理。建立长江、黄河、珠江、松花江等主要干流及其支流一体化管理系统，加强流域上下游统筹、左右岸协同、干支流互动，确保环保政策不走样、不变形。

四、本章小结

根据前述理论和实证研究的结果，鉴于我国跨区域生态治理问题的特殊性，需要政治手段、经济手段和技术手段三管齐下。从政治上看，要建立明晰生态环境责任的科学政绩考核制度、建立健全各级跨区域生态环保的执法和司法机制、进一步完善河长制、湖长制等制度设计；从经济上看，要充分利用市场的力量解决跨区域生态环保问题，要完善跨区域生态补偿机制、建立健全碳交易市场和改革环境保护税体系；从技术上看，加大跨区域生态保护的技术支持、促进先进环保技术的跨区域流转和交易、利用数字技术与卫星遥感技术加强对跨区域环境的监管与协作力度。

附　　录

附录 4-1

证明：

考虑两种不同的高新技术产品 i，j 满足 i，$j=1$，2，…，n 且 $i\neq j$。由式 4-8 可以知道，消费者对产品 i 的效用最大化的一阶条件满足：

$$\frac{m}{\rho}\Big(\sum_{i=1}^{n}x_i^{\rho}\Big)^{\frac{m}{\rho}-1}\rho x_i^{\rho-1}=\lambda_2 p_i \tag{A.1}$$

那么对于产品 j，同样有：

$$\frac{m}{\rho}\Big(\sum_{j=1}^{n}x_j^{\rho}\Big)^{\frac{m}{\rho}-1}\rho x_j^{\rho-1}=\lambda_2 p_j \tag{A.2}$$

两式相比，可以得到：

$$\frac{x_i}{x_j}=\frac{p_i^{\frac{1}{\rho-1}}}{p_j^{\frac{1}{\rho-1}}} \tag{A.3}$$

式 A.3 表明，当消费者对任意两种高新技术产品的消费量满足这种关系时，可以使子效用 U_n 最大化。记最大化的效用 U_n 为 $U_{\max}$。由式 A.3 进一步得：

$$x_i=\left(\frac{p_i}{p_j}\right)^{\frac{1}{\rho-1}}x_j \tag{A.4}$$

把式 A.4 代入式 4-5 中的子效用函数 $U_n=\Big(\sum\limits_{i=1}^{n}x_i^{\rho}\Big)^{\frac{m}{\rho}}$，有：

$$\begin{aligned}U_{\max}&=\left(\sum_{i=1}^{n}\left[\left(\frac{p_i}{p_j}\right)^{\frac{1}{\rho-1}}x_j\right]^{\rho}\right)^{\frac{m}{\rho}}\\&=\left(\sum_{i=1}^{n}\left(\frac{p_i}{p_j}\right)^{\frac{\rho}{\rho-1}}x_j^{\rho}\right)^{\frac{m}{\rho}}\\&=(p_j^{\frac{\rho}{\rho-1}}\cdot x_j^{\rho})^{\frac{m}{\rho}}\Big(\sum_{i=1}^{n}p_i^{\frac{\rho}{\rho-1}}\Big)^{\frac{m}{\rho}}\end{aligned}$$

$$=x_j^m p_j^{\frac{m}{\rho-1}}\left(\sum_{i=1}^n p_i^{\frac{\rho}{\rho-1}}\right)^{\frac{m}{\rho}} \tag{A. 5}$$

对式 A. 5 两边同时乘上 x_j^{-m}，可得：

$$x_j^{-m}U_{\max}=p_j^{\frac{m}{1-\rho}}\left(\sum_{i=1}^n p_i^{\frac{\rho}{\rho-1}}\right)^{\frac{m}{\rho}}$$

$$\Rightarrow x_j^{-m}=U_{\max}^{-1}p_j^{\frac{m}{1-\rho}}\left(\sum_{i=1}^n p_i^{\frac{\rho}{\rho-1}}\right)^{\frac{m}{\rho}}$$

$$\Rightarrow x_j=U_{\max}^{\frac{1}{m}}p_j^{\frac{1}{\rho-1}}\left(\sum_{i=1}^n p_i^{\frac{\rho}{\rho-1}}\right)^{-\frac{1}{\rho}} \tag{A. 6}$$

式 A. 6 是消费者对第 j 种高新技术产品的需求函数。由于这些产品具有对称性，在后续的证明中，可以发现它实际上与式 4-15 是等价的。

对式 A. 6，两边同时乘上 p_j，可以得到：

$$p_jx_j=U_{\max}^{\frac{1}{m}}p_j^{\frac{\rho}{\rho-1}}\left(\sum_{i=1}^n p_i^{\frac{\rho}{\rho-1}}\right)^{-\frac{1}{\rho}} \tag{A. 7}$$

上式中，对 j 求和，有：

$$\sum_{j=1}^n p_jx_j=\sum_{j=1}^n\left(U_{\max}^{\frac{1}{m}}p_j^{\frac{\rho}{\rho-1}}\left(\sum_{i=1}^n p_i^{\frac{\rho}{\rho-1}}\right)^{-\frac{1}{\rho}}\right)=U_{\max}^{\frac{1}{m}}\sum_{j=1}^n p_j^{\frac{\rho}{\rho-1}}\left(\sum_{i=1}^n p_i^{\frac{\rho}{\rho-1}}\right)^{-\frac{1}{\rho}} \tag{A. 8}$$

事实上，$\sum_{j=1}^n p_jx_j$ 就是消费者对所有高新技术产品的总消费，也就是占消费者实际可分配收入 μ 的那部分。又由于高新技术产品具有对称性，求和后可以把符号 j 改写为 i，那么式 A. 8 可以转化为：

$$\mu I=U_{\max}^{\frac{1}{m}}\left(\sum_{i=1}^n p_i^{\frac{\rho}{\rho-1}}\right)^{\frac{\rho-1}{\rho}} \tag{A. 9}$$

式 A. 9 说明，消费者对高新技术产品的支出相当于消费者以 $\left(\sum_{i=1}^n p_i^{\frac{\rho}{\rho-1}}\right)^{\frac{\rho-1}{\rho}}$ 的价格购买受到聚集效应 m 影响的高新技术产品 $U_{\max}$ 的组合。本书假定了聚集效应 m 只影响数量指数而不影响价格指数，因此，$P=\left(\sum_{i=1}^n p_i^{\frac{\rho}{\rho-1}}\right)^{\frac{\rho-1}{\rho}}$ 就是高新技术产品价格指数。$U_{\max}=\left(\sum_{i=1}^n x_i^{\rho}\right)^{\frac{m}{\rho}}$ 就是数量指数 Q，说明数量指数 Q 就是使得消费者在高新技术产品之间选择后子效用最大化的组合。

最后，证明式 A. 6 与式 4-15 等价。把式 A. 4 代入式 4-15，可得：

$$x_i=\left(\frac{p_i}{p_j}\right)^{\frac{1}{\rho-1}}\cdot U_{\max}^{\frac{1}{m}}p_j^{\frac{1}{\rho-1}}\left(\sum_{i=1}^{n}p_i^{\frac{\rho}{\rho-1}}\right)^{-\frac{1}{\rho}}$$
$$=U_{\max}^{\frac{1}{m}}p_i^{\frac{1}{\rho-1}}\left(\sum_{i=1}^{n}p_i^{\frac{\rho}{\rho-1}}\right)^{-\frac{1}{\rho}}$$
$$=p_i^{\frac{1}{\rho-1}}Q^{\frac{1}{m}}P^{\frac{1}{1-\rho}}=\left(\frac{p_i}{P}\right)^{\frac{1}{\rho-1}}Q^{\frac{1}{m}} \tag{A. 10}$$

附录 4-2

证明：

由式 4-11 与式 4-19，可以得到厂商 i 高新技术产品的平均产出为：

$$\frac{q_i}{L_i}=\frac{\frac{(\sigma-1)F}{\varphi(m)}}{F+\varphi(m)q_i}$$
$$=\frac{\frac{(\sigma-1)F}{\varphi(m)}}{F+\varphi(m)\cdot\frac{(\sigma-1)F}{\varphi(m)}}$$
$$=\frac{\frac{(\sigma-1)F}{\varphi(m)}}{\sigma F}$$
$$=\frac{\sigma-1}{\sigma}\cdot\frac{1}{\varphi(m)} \tag{B. 1}$$

再由式 4-11 得到 $q_i=\frac{L_i-F}{\varphi(m)}$，那么厂商 i 高新技术产品的边际产出为：

$$\frac{\mathrm{d}q_i}{\mathrm{d}L_i}=\frac{1}{\varphi(m)} \tag{B. 2}$$

因此，厂商 i 高新技术产品的边际产出与平均产出的差值为：

$$\frac{\mathrm{d}q_i}{\mathrm{d}L_i}-\frac{q_i}{L_i}=\frac{1}{\varphi\ (m)}-\frac{\sigma-1}{\sigma}\cdot\frac{1}{\varphi\ (m)}=\frac{1}{\sigma\varphi\ (m)} \tag{B. 3}$$

由于替代弹性 $\sigma>1$，且对于 $m>0$ 始终有 $\varphi\ (m)\ >0$，因此 $\frac{1}{\sigma\varphi(m)}>0$。这表明，当实现均衡时，高新技术厂商的边际产出大于平均产出，从而显示出规模报酬递增的特征。然而，规模报酬递增的程度取决于 σ 与 m 的共同作用。

具体来看，当负效应函数 $\varphi(m)$ 给定时，高新技术产品替代弹性 σ 越小，则边际产出与平均产出的差值越大，从而规模报酬递增的程度也越大。而当替代弹性 σ 给定时，由于 $\varphi(m)$ 是大于零的凸函数，那么随着高新技术产业集聚程度 m 的增加，$\varphi(m)$ 会先减后增，从而差值 $\frac{1}{\sigma\varphi(m)}$ 会先增后减，说明规模报酬递增的程度也会先增后减。

通常来说，相对于传统工业商品或生活必需品，目前高新技术产品的替代弹性通常更大，因此规模报酬递增的程度通常更小。这意味着，高新技术产业集聚的相关问题特别是稳定性问题更加值得关注。

附表 6-1　2005—2019 年中部六省及长三角地区各城市 Malmquist 生产率指数及分解

城市	effch	techch	pech	sech	tfpch	城市	effch	techch	pech	sech	tfpch
太原市	0.902	1.055	0.996	1.048	0.973	抚州市	1.133	1.003	1.132	0.999	1.002
大同市	1.215	1.016	1.146	1.024	0.989	上饶市	1.064	0.995	1.059	0.987	1.004
阳泉市	1.334	1.112	1.265	1.065	1.018	郑州市	0.924	1.052	0.979	1.011	1.040
长治市	1.324	1.060	1.220	1.038	1.011	开封市	0.970	0.984	0.992	0.991	1.008
晋城市	1.412	1.111	1.135	1.087	1.006	洛阳市	0.977	1.026	0.932	1.029	0.980
朔州市	1.112	1.000	1.110	1.000	1.000	平顶山市	1.008	1.009	1.009	1.026	1.010
晋中市	1.403	1.139	1.206	1.086	1.022	安阳市	1.026	1.043	0.972	1.040	0.997
运城市	1.106	1.004	1.087	1.007	0.998	鹤壁市	0.998	0.964	1.042	0.961	1.007
忻州市	1.504	1.036	1.322	1.025	1.015	新乡市	1.183	1.009	1.085	1.033	0.984
临汾市	1.055	0.994	1.076	1.005	0.987	焦作市	0.931	0.984	0.932	1.024	0.983
吕梁市	1.317	1.000	1.317	1.000	1.000	濮阳市	0.990	0.989	0.992	1.004	0.996
徐州市	0.962	1.024	1.009	1.008	0.986	许昌市	1.031	0.992	1.046	1.008	0.986
连云港市	0.977	0.992	1.016	0.993	0.995	漯河市	0.995	0.975	1.050	0.971	1.009
淮安市	0.895	0.946	0.959	0.96	0.993	三门峡市	1.120	1.048	1.053	1.058	0.993
盐城市	0.918	1.025	0.945	1.009	1.004	南阳市	1.119	1.040	1.055	1.090	0.960
宿迁市	1.000	1.005	0.994	0.998	1.008	商丘市	1.033	0.992	1.055	1.007	0.998

续表

城市	effch	techch	pech	sech	tfpch	城市	effch	techch	pech	sech	tfpch
温州市	1.259	0.995	1.133	1.051	0.941	信阳市	1.085	1.033	1.075	1.024	1.009
金华市	1.074	1.061	1.005	1.016	1.032	周口市	1.594	1.291	1.199	1.256	0.996
衢州市	0.951	1.011	0.927	1.018	0.995	驻马店市	1.138	1.063	1.064	1.076	0.992
丽水市	1.084	1.000	1.084	1.000	1.000	武汉市	0.866	0.910	1.005	1.000	0.910
合肥市	0.935	1.043	1.066	1.036	0.987	黄石市	0.991	0.988	0.989	0.983	1.008
芜湖市	0.893	0.956	0.922	0.957	1.001	十堰市	1.079	0.970	1.182	0.982	0.997
蚌埠市	0.980	1.003	0.972	0.997	1.005	宜昌市	0.988	0.951	1.043	0.974	0.993
淮南市	1.040	0.978	1.102	0.959	1.012	襄阳市	1.077	0.965	1.117	0.983	1.000
马鞍山市	0.932	0.985	0.942	0.985	1.000	鄂州市	0.934	0.961	0.980	0.963	1.004
淮北市	1.030	0.946	1.08	0.947	1.001	荆门市	1.006	0.990	1.014	0.996	1.003
铜陵市	0.945	0.979	0.947	0.998	0.983	孝感市	1.258	1.090	1.150	1.053	1.008
安庆市	1.015	0.977	1.013	0.980	0.996	荆州市	0.875	0.934	0.947	0.949	0.975
黄山市	0.988	0.953	1.048	1.003	1.021	黄冈市	1.350	1.084	1.120	1.094	0.988
滁州市	1.063	1.043	0.985	1.045	1.001	咸宁市	1.127	1.048	1.039	1.089	1.004
阜阳市	1.028	1.030	1.049	1.025	0.997	随州市	0.957	0.973	0.988	1.054	1.021
宿州市	1.355	1.211	1.314	1.200	1.001	长沙市	0.903	1.099	1.118	1.032	0.990
六安市	1.156	1.112	1.196	1.052	1.013	株洲市	1.113	1.051	1.124	1.005	0.986
亳州市	1.047	0.969	1.135	0.993	0.982	湘潭市	0.977	0.997	0.998	0.995	1.005
池州市	1.031	1.034	0.989	1.021	1.032	衡阳市	1.068	1.052	1.153	1.002	1.029
宣城市	1.036	1.049	0.981	1.041	1.001	邵阳市	1.109	1.023	1.125	1.021	1.003
南昌市	0.934	0.958	1.034	0.990	0.960	岳阳市	0.943	1.054	0.989	1.016	1.040
景德镇市	1.154	1.053	1.101	1.028	1.012	常德市	0.980	1.012	0.979	1.001	1.009
萍乡市	1.041	0.980	1.060	0.98	1.001	张家界市	0.949	1.018	0.860	1.000	1.014
九江市	1.012	0.981	1.044	0.976	1.002	益阳市	1.068	1.021	1.036	1.009	1.006
新余市	0.887	0.976	0.953	0.944	1.029	郴州市	0.997	1.016	1.006	1.010	1.003
鹰潭市	1.158	1.039	1.082	1.023	1.016	永州市	0.805	1.067	0.809	1.062	1.001
赣州市	1.024	0.961	1.065	0.953	1.005	怀化市	1.129	1.062	1.065	1.051	1.014

续表

城市	effch	techch	pech	sech	tfpch	城市	effch	techch	pech	sech	tfpch
吉安市	1.161	1.009	1.140	1.006	1.003	娄底市	1.019	1.044	0.968	1.030	1.025
宜春市	1.209	1.036	1.152	1.012	1.024	平均值	1.020	0.989	1.079	0.951	1.049

附表 6-2　2005—2019 年中部六省及长三角地区 tfpch 值大于 1 的城市绿色效率分解

城市	effch	techch	pech	sech	tfpch	城市	effch	techch	pech	sech	tfpch
阳泉市	1.334	1.112	1.265	1.065	1.018	抚州市	1.133	1.003	1.132	0.999	1.002
长治市	1.324	1.060	1.220	1.038	1.011	上饶市	1.064	0.995	1.059	0.987	1.004
晋城市	1.412	1.111	1.135	1.087	1.006	郑州市	0.924	1.052	0.979	1.011	1.040
晋中市	1.403	1.139	1.206	1.086	1.022	开封市	0.970	0.984	0.992	0.991	1.008
忻州市	1.504	1.036	1.322	1.025	1.015	平顶山市	1.008	1.009	1.009	1.026	1.010
盐城市	0.918	1.025	0.945	1.009	1.004	鹤壁市	0.998	0.964	1.042	0.961	1.007
宿迁市	1.000	1.005	0.994	0.998	1.008	漯河市	0.995	0.975	1.050	0.971	1.009
金华市	1.074	1.061	1.005	1.016	1.032	信阳市	1.085	1.033	1.075	1.024	1.009
芜湖市	0.893	0.956	0.922	0.957	1.001	黄石市	0.991	0.988	0.989	0.983	1.008
蚌埠市	0.980	1.003	0.972	0.997	1.005	鄂州市	0.934	0.961	0.980	0.963	1.004
淮南市	1.040	0.978	1.102	0.959	1.012	荆门市	1.006	0.990	1.014	0.996	1.003
淮北市	1.030	0.946	1.080	0.947	1.001	孝感市	1.258	1.090	1.150	1.053	1.008
黄山市	0.988	0.953	1.048	1.003	1.021	咸宁市	1.127	1.048	1.039	1.089	1.004
滁州市	1.063	1.043	0.985	1.045	1.001	随州市	0.957	0.973	0.988	1.054	1.021
宿州市	1.355	1.211	1.314	1.200	1.001	湘潭市	0.977	0.997	0.998	0.995	1.005
六安市	1.156	1.112	1.196	1.052	1.013	衡阳市	1.068	1.052	1.153	1.002	1.029
池州市	1.031	1.034	0.989	1.021	1.032	邵阳市	1.109	1.023	1.125	1.021	1.003
宣城市	1.036	1.049	0.981	1.041	1.001	岳阳市	0.943	1.054	0.989	1.016	1.040
景德镇市	1.154	1.053	1.101	1.028	1.012	常德市	0.980	1.012	0.979	1.001	1.009
萍乡市	1.041	0.980	1.060	0.980	1.001	张家界市	0.949	1.018	0.860	1.000	1.014
九江市	1.012	0.981	1.044	0.976	1.002	益阳市	1.068	1.021	1.036	1.009	1.006
新余市	0.887	0.976	0.953	0.944	1.029	郴州市	0.997	1.016	1.006	1.010	1.003
鹰潭市	1.158	1.039	1.082	1.023	1.016	永州市	0.805	1.067	0.809	1.062	1.001
赣州市	1.024	0.961	1.065	0.953	1.005	怀化市	1.129	1.062	1.065	1.051	1.014

续表

城市	effch	techch	pech	sech	tfpch	城市	effch	techch	pech	sech	tfpch
吉安市	1.161	1.009	1.140	1.006	1.003	娄底市	1.019	1.044	0.968	1.030	1.025
宜春市	1.209	1.036	1.152	1.012	1.024						

附表 6-3 2005—2019 年中部六省及长三角地区 tfpch 值小于 1 的城市绿色效率分解

城市	effch	techch	pech	sech	tfpch	城市	effch	techch	pech	sech	tfpch
武汉市	0.866	0.910	1.005	1.000	0.91	大同市	1.215	1.016	1.146	1.024	0.989
温州市	1.259	0.995	1.133	1.051	0.941	长沙市	0.903	1.099	1.118	1.032	0.990
南阳市	1.119	1.040	1.055	1.090	0.960	驻马店市	1.138	1.063	1.064	1.076	0.992
南昌市	0.934	0.958	1.034	0.990	0.960	淮安市	0.895	0.946	0.959	0.960	0.993
太原市	0.902	1.055	0.996	1.048	0.973	宜昌市	0.988	0.951	1.043	0.974	0.993
荆州市	0.875	0.934	0.947	0.949	0.975	三门峡市	1.120	1.048	1.053	1.058	0.993
洛阳市	0.977	1.026	0.932	1.029	0.980	衢州市	0.951	1.011	0.927	1.018	0.995
亳州市	1.047	0.969	1.135	0.993	0.982	连云港市	0.977	0.992	1.016	0.993	0.995
焦作市	0.931	0.984	0.932	1.024	0.983	安庆市	1.015	0.977	1.013	0.980	0.996
铜陵市	0.945	0.979	0.947	0.998	0.983	周口市	1.594	1.291	1.199	1.256	0.996
新乡市	1.183	1.009	1.085	1.033	0.984	濮阳市	0.990	0.989	0.992	1.004	0.996
许昌市	1.031	0.992	1.046	1.008	0.986	安阳市	1.026	1.043	0.972	1.040	0.997
徐州市	0.962	1.024	1.009	1.008	0.986	阜阳市	1.028	1.03	1.049	1.025	0.997
株洲市	1.113	1.051	1.124	1.005	0.986	十堰市	1.079	0.970	1.182	0.982	0.997
合肥市	0.935	1.043	1.066	1.036	0.987	商丘市	1.033	0.992	1.055	1.007	0.998
临汾市	1.055	0.994	1.076	1.005	0.987	运城市	1.106	1.004	1.087	1.007	0.998
黄冈市	1.350	1.084	1.120	1.094	0.988						

附表 8-1 长江中游城市群 2005—2019 年资源环境和产业结构升级耦合协调度

年份	南昌	景德镇	萍乡	九江	新余	鹰潭	吉安	宜春	抚州	上饶
2005	0.386	0.540	0.202	0.100	0.416	0.445	0.455	0.152	0.201	0.455
2006	0.195	0.425	0.418	0.211	0.392	0.575	0.532	0.344	0.497	0.532
2007	0.205	0.226	0.428	0.433	0.142	0.100	0.249	0.171	0.261	0.249
2008	0.379	0.323	0.562	0.593	0.258	0.450	0.526	0.448	0.502	0.526

续表

年份	南昌	景德镇	萍乡	九江	新余	鹰潭	吉安	宜春	抚州	上饶
2009	0.405	0.459	0.570	0.679	0.730	0.581	0.462	0.479	0.497	0.462
2010	0.727	0.553	0.525	0.858	0.797	0.792	0.457	0.594	0.841	0.457
2011	0.424	0.274	0.255	0.791	0.708	0.667	0.258	0.556	0.603	0.258
2012	0.592	0.621	0.666	0.865	0.819	0.827	0.771	0.801	0.850	0.771
2013	0.609	0.591	0.674	0.819	0.814	0.809	0.568	0.709	0.713	0.568
2014	0.601	0.638	0.699	0.842	0.827	0.820	0.629	0.774	0.675	0.629
2015	0.689	0.709	0.720	0.893	0.850	0.904	0.687	0.735	0.698	0.687
2016	0.739	0.750	0.811	0.962	0.884	0.927	0.731	0.727	0.792	0.731
2017	0.847	0.843	0.836	0.916	0.891	0.982	0.681	0.783	0.837	0.681
2018	0.779	0.949	0.890	0.828	0.922	0.907	0.585	0.799	0.875	0.585
2019	0.991	0.797	0.966	0.875	0.971	0.962	0.950	0.899	0.957	0.950
均值	0.571	0.580	0.615	0.711	0.695	0.717	0.569	0.598	0.653	0.569
年份	武汉	黄石	宜昌	襄阳	鄂州	荆门	孝感	荆州	黄冈	咸宁
2005	0.220	0.308	0.326	0.439	0.322	0.302	0.379	0.354	0.243	0.534
2006	0.477	0.630	0.286	0.245	0.296	0.518	0.266	0.258	0.481	0.514
2007	0.571	0.646	0.571	0.656	0.315	0.527	0.426	0.331	0.670	0.293
2008	0.622	0.745	0.596	0.740	0.398	0.259	0.564	0.494	0.678	0.658
2009	0.615	0.765	0.514	0.703	0.552	0.444	0.542	0.584	0.712	0.680
2010	0.689	0.680	0.620	0.491	0.623	0.592	0.636	0.707	0.568	0.837
2011	0.562	0.682	0.487	0.449	0.659	0.597	0.639	0.411	0.264	0.808
2012	0.289	0.625	0.208	0.278	0.345	0.671	0.772	0.375	0.571	0.290
2013	0.319	0.376	0.472	0.468	0.285	0.752	0.303	0.239	0.718	0.715
2014	0.514	0.289	0.582	0.575	0.524	0.739	0.581	0.481	0.824	0.763
2015	0.645	0.519	0.523	0.714	0.592	0.825	0.673	0.615	0.821	0.737
2016	0.747	0.536	0.760	0.750	0.743	0.936	0.744	0.723	0.919	0.847
2017	0.746	0.583	0.747	0.896	0.772	0.903	0.779	0.757	0.859	0.886
2018	0.813	0.804	0.802	0.922	0.840	0.973	0.876	0.786	0.882	0.832

续表

年份	武汉	黄石	宜昌	襄阳	鄂州	荆门	孝感	荆州	黄冈	咸宁
2019	0.964	0.919	0.814	0.966	0.874	0.909	0.962	0.921	0.887	0.914
均值	0.586	0.607	0.554	0.619	0.543	0.663	0.609	0.536	0.673	0.687
年份	长沙	株洲	湘潭	衡阳	岳阳	常德	益阳	娄底		
2005	0.301	0.325	0.195	0.188	0.580	0.100	0.483	0.342		
2006	0.238	0.438	0.431	0.485	0.659	0.380	0.550	0.427		
2007	0.407	0.176	0.209	0.454	0.234	0.393	0.239	0.443		
2008	0.364	0.389	0.509	0.406	0.680	0.465	0.385	0.222		
2009	0.236	0.330	0.446	0.527	0.749	0.461	0.175	0.681		
2010	0.507	0.284	0.439	0.294	0.825	0.606	0.493	0.756		
2011	0.507	0.363	0.530	0.584	0.770	0.606	0.298	0.240		
2012	0.471	0.531	0.739	0.647	0.638	0.767	0.534	0.540		
2013	0.535	0.588	0.754	0.685	0.623	0.790	0.573	0.575		
2014	0.615	0.675	0.877	0.748	0.697	0.824	0.682	0.604		
2015	0.694	0.564	0.866	0.782	0.859	0.821	0.675	0.740		
2016	0.799	0.682	0.977	0.826	0.862	0.853	0.737	0.733		
2017	0.811	0.847	0.831	0.941	0.960	0.892	0.847	0.839		
2018	0.760	0.887	0.911	0.977	0.932	0.966	0.821	0.936		
2019	0.896	0.898	0.923	0.986	0.803	0.969	0.944	0.921		
均值	0.543	0.532	0.642	0.635	0.725	0.660	0.562	0.600		

参考资料

[1] 张林波，虞慧怡，李岱青，等. 生态产品内涵与其价值实现途径[J]. 农业机械学报，2019，50（6）：173-183.

[2] 曹雯尧. 内生式发展视域下生态型经济薄弱村的发展对策研究［J］. 山西农经，2022（4）：115-117.

[3] 李宏伟，薄凡，崔莉. 生态产品价值实现机制的理论创新与实践探索［J］. 治理研究，2020，36（4）：34-42.

[4] 王金南，孙宏亮，赵越，等. 持续打好长江保护修复攻坚战，谱写生态优先绿色发展新篇章［J］. 环境工程技术学报，2022，12（2）：329-335.

[5] 戴利，法利. 生态经济学：原理和应用［M］. 2版. 金志农，陈美球，蔡海生，等译. 北京：中国人民大学出版社，2013.

[6] 席恺媛，朱虹. 长三角区域生态一体化的实践探索与困境摆脱［J］. 改革，2019（3）：87-96.

[7] 李盼道，徐芙蓉. 公共产品供给的理论逻辑与实践［J］. 西安石油大学学报（社会科学版），2019，28（4）：15-27.

[8] 蒂坦伯格，刘易斯. 环境与自然资源经济学［M］. 10版. 王晓霞，石磊，安树民，等译. 北京：中国人民大学出版社，2016.

[9] 祁毓. 中国环境污染变化与规制效应研究［D］. 武汉：武汉大学，2015.

[10] 杨仁斌. 环境质量评价教材［M］. 北京：中国农业出版社，2006.

[11] MERLEVEDE B, VERBEKE T, DE CLERCQ M. The EKC for SO_2: does firm size matter?[J]. Ecological Economics, 2005, 59(4): 451-461.

[12] DASGUPTA S, HMILTON K. Environment during growth: Accounting for governance and vulnerability[J]. World Development, 2005, 34(9): 1597-1611.

[13] SONG T, ZHENG T G, TONG L J. An empirical test of the environmental Kuznets curve in China: a panel cointegration approach [J].

China Economic Review, 2008, 19(3): 381-392.

［14］李猛．财政分权与环境污染：对环境库兹涅茨假说的修正［J］．经济评论，2009（5）：54-59.

［15］高挺，常启国，许海平．中国经济增长与环境质量的关系研究：基于 240 个城市的双门槛效应检验［J］．资源开发与市场，2018，34（11）：1505-1510.

［16］赵选民，王军．基于环境库兹涅茨曲线的陕西省环境质量与经济发展研究［J］．西安石油大学学报（社会科学版），2018，27（5）：6-11.

［17］李政大，袁晓玲，杨万平．环境质量评价研究现状、困惑和展望［J］．资源科学，2014，36（1）：175-181.

［18］MARULL J, PINO J, MALLARACH J M, et al. A land suitability index for strategic environmental assessment in metropolitan areas［J］. Landscape and Urban Planning, 2006, 81(3): 200-212.

［19］李名升，佟连军．1990 年以来中国环境动态综合评价［J］．广州环境科学，2007（4）：32-36.

［20］屈小娥．中国环境质量的区域差异及影响因素：基于省际面板数据的实证分析［J］．华东经济管理，2017，31（2）：57-65.

［21］杨万平，赵金凯．中国人居生态环境质量的时空差异及影响因素研究［J］．华东经济管理，2018，32（2）：58-67.

［22］曹红军．浅评 DPSIR 模型［J］．环境科学与技术，2005（S1）：110-111.

［23］颜双波．基于熵值法的区域经济增长质量评价［J］．统计与决策，2017（21）：142-145.

［24］朱喜安，魏国栋．熵值法中无量纲化方法优良标准的探讨［J］．统计与决策，2015（2）：12-15.

［25］王玉南．北京市西城区生态环境评价指标体系建立及应用研究［D］．北京：清华大学，2012.

［26］李红薇．基于 DPSIR 模型的松原市水资源可持续利用评价［D］．长春：吉林大学，2017.

［27］张淑英，李德山，曾勇．四川省能源消费结构变化趋势及调整对策研究：基于建设美丽繁荣和谐四川的视角［J］．天然气技术与经济，2020，

14 (3): 89.

[28] 孙东琪，张京祥，朱传耿，等. 中国生态环境质量变化态势及其空间分异分析 [J]. 地理学报，2012，67 (12)：1599-1610.

[29] 孙继国，石铁华，许清清. 人口流动、工资变化与经济增长：基于省际面板数据的空间计量分析 [J]. 人口与发展，2021，27 (4)：14-23.

[30] 赵惠，吴金希. 基于环境库兹涅茨曲线的京冀区际环境污染转移的测度研究 [J]. 中国人口·资源与环境，2020，30 (5)：90-97.

[31] 李世玉，赵晓迪. 长江经济带退耕还林还草还湿现状、问题及对策 [J]. 林业科技通讯，2022 (1)：36-41.

[32] 易淼. 新时代长江经济带绿色发展的问题缘起与实践理路 [J]. 中国高校社会科学，2020 (4)：98-105.

[33] 尹向飞. 基于 Malmquist-Luenberger Ⅱ 指数法的环境影响因素分解理论与实证研究 [J]. 暨南学报 (哲学社会科学版)，2012，34 (11)：89-98.

[34] 钟玉姣，刘波，郭振. 体育运动中的环境可持续性研究：基于2016—2020年英文期刊的系统综述 [J]. 体育科学，2021，41 (6)：58-67.

[35] 张成，陆旸，郭路，等. 环境规制强度和生产技术进步 [J]. 经济研究，2011，46 (2)：113-124.

[36] 徐开军，原毅军. 环境规制与产业结构调整的实证研究：基于不同污染物治理视角下的系统 GMM 估计 [J]. 工业技术经济，2014，33 (12)：101-109.

[37] 谢周亮，李志影. 科技创新、产业结构升级与区域经济增长关系研究：基于面板门槛模型与分位数回归的实证分析 [J]. 价格理论与实践，2020 (3)：155-158.

[38] 丁翠翠. FDI、城市化与环境污染关系的实证检验 [J]. 统计与决策，2014 (14)：143-145.

[39] 郭晓辉. 财政压力、地方政府行为与环境污染 [J]. 贵州财经大学学报，2020 (4)：101-110.

[40] LÖSCH, A. Die räumliche ordnung der wirtschaft, jena: gustav fischer[M]. English translation: The Economics of Location. New Haven, CT: Yale University Press, 1954.

[41] KRUGMAN P R. Increasing returns, monopolistic competition, and

international trade[J]. Journal of international Economics, 1979, 9(4): 469-479.

[42] KRUGMAN P R. Increasing returns and economic geography[J]. Journal of political economy, 1991, 99(3): 483-499.

[43] DIXIT A K, STIGLITZ J E. Monopolistic competition and optimum product diversity[J]. The American economic review, 1977, 67(3): 297-308.

[44] FUJITA M. A monopolistic competition model of spatial agglomeration: differentiated product approach[J]. Regional science and urban economics, 1988, 18(1): 87-124.

[45] FUJITA M, KRUGMAN P, MORI T. On the evolution of hierarchical urban systems[J]. European Economic Review, 1999, 43(2): 209-251.

[46] FUJITA M, MORI T. Transport development and the evolution of economic geography[J]. Portuguese Economic Journal, 2005, 4: 129-156.

[47] FUJITA M. Thünen and the new economic geography[J]. Regional Science and Urban Economics, 2012, 42(6): 907-912.

[48] BALDWIN R, FORSLID R, MARTIN P, et al. Economic geography and public policy [M]//Economic Geography and Public Policy. Princeton University Press, 2011.

[49] KLESSON J. Monopolistic competition, increasing returns, agglomeration, and transport costs[J]. The annals of regional science, 2001, 35: 375-394.

[50] GLAESER E L, GOTTLIEB J D. The wealth of cities: agglomeration economies and spatial equilibrium in the United States[J]. Journal of economic literature, 2009, 47(4): 983-1028.

[51] GLAESER E L, KALLAL H D, SCHEINKMAN J A, et al. Growth in cities[J]. Journal of political economy, 1992, 100(6): 1126-1152.

[52] PICARD P M, TABUCHI T. Self-organized agglomerations and transport costs[J]. Economic Theory, 2010, 42: 565-589.

[53] BILLINGS S B, JOHNSON E B. Agglomeration within an urban area[J]. Journal of Urban Economics, 2016, 91: 13-25.

[54] AHLFELDT G M, FEDDERSEN A. From periphery to core: measuring agglomeration effects using high-speed rail[J]. Journal of Economic Geography, 2018, 18(2): 355-390.

[55] XU J, ZHANG M, ZHANG X L, et al. How does City-cluster high-speed rail facilitate regional integration? Evidence from the Shanghai-Nanjing corridor[J]. Cities, 2019, 85: 83-97.

[56] PAN H Z, CONG C, ZHANG X L, et al. How do high-speed rail projects affect the agglomeration in cities and regions? [J]. Transportation Research Part D: Transport and Environment, 2020, 88: 102561.

[57] GIULIANO G, KANG S, YUAN Q. Agglomeration economies and evolving urban form[J]. The Annals of Regional Science, 2019, 63: 377-398.

[58] GRAHAM D J, GIBBONS S. Quantifying wider economic impacts of agglomeration for transport appraisal: existing evidence and future directions[J]. Economics of Transportation, 2019, 19: 100121.

[59] HÖRCHER D, DE BORGER B, SEIFU W, et al. Public transport provision under agglomeration economies [J]. Regional science and urban economics, 2020, 81: 103503.

[60] ALEKSANDROVA E, BEHRENS K, KUZNETSOVA M. Manufacturing (co) agglomeration in a transition country: evidence from Russia[J]. Journal of Regional Science, 2020, 60(1): 88-128.

[61] FORTE R P, SÁ A R. The role of firm location and agglomeration economies on export propensity: the case of Portuguese SMEs[J]. EuroMed Journal of Business, 2021, 16(2): 195-217.

[62] ZHU X H, WANG Q L, ZHANG P F, et al. Optimizing the spatial structure of urban agglomeration: based on social network analysis[J]. Quality & quantity, 2021, 55: 683-705.

[63] LIU Z M, ZENG S X, JIN Z Z, et al. Transport infrastructure and industrial agglomeration: evidence from manufacturing industries in China[J]. Transport Policy, 2022, 121: 100-112.

[64] ROSTOW W W. The stages of economic growth[J]. The economic history review, 1959, 12(1): 1-16.

[65] LOISEAU E, SAIKKU L, ANTIKAINEN R, et al. Green economy and related concepts: an overview[J]. Journal of cleaner production, 2016, 139: 361-371.

[66] CONTI C, MANCUSI M L, SANNA-RANDACCIO F, et al. Transition towards a green economy in Europe: innovation and knowledge integration in the renewable energy sector[J]. Research Policy, 2018, 47(10): 1996-2009.

[67] CHAPPLE K, KROLL C, LESTER T W, et al. Innovation in the green economy: an extension of the regional innovation system model? [J]. Economic Development Quarterly, 2011, 25(1): 5-25.

[68] HE L Y, ZHANG L H, ZHONG Z Q, et al. Green credit, renewable energy investment and green economy development: empirical analysis based on 150 listed companies of China[J]. Journal of cleaner production, 2019, 208: 363-372.

[69] SOHAG K, TAŞKIN F D, MALIK M N. Green economic growth, cleaner energy and militarization: evidence from Turkey[J]. Resources Policy, 2019, 63: 101407.

[70] BANISTER D, HICKMAN R. Transport futures: thinking the unthinkable[J]. Transport Policy, 2013, 29: 283-293.

[71] 韦东明，顾乃华. 城市低碳治理与绿色经济增长：基于低碳城市试点政策的准自然实验 [J]. 当代经济科学，2021，43 (4)：90-103.

[72] NIU H T. Implementation of a green economy: coal industry, electric vehicles, and tourism in Indonesia[J]. Dinasti International Journal of Economics, Finance & Accounting, 2022, 3(1): 71-81.

[73] JAKOB A, CRAIG J L, FISHER G. Transport cost analysis: a case study of the total costs of private and public transport in Auckland [J]. Environmental Science & Policy, 2006, 9(1): 55-66.

[74] MIRHEDAYATIAN S M, YAN S. A framework to evaluate policy options for supporting electric vehicles in urban freight transport [J]. Transportation research part D: transport and environment, 2018, 58: 22-38.

[75] IRANNEZHAD E, PRATO C G, HICKMAN M. The effect of

cooperation among shipping lines on transport costs and pollutant emissions [J]. Transportation Research Part D: Transport and Environment, 2018, 65: 312-323.

[76] 谢泗薪. 长江经济带绿色经济发展视角下韧性物流引领战略创新研究 [J]. 南通大学学报（社会科学版），2023，39（1）：11-22.

[77] BICKEL P, FRIEDRICH R, LINK H, et al. Introducing environmental externalities into transport pricing: measurement and implications[J]. Transport reviews, 2006, 26(4): 389-415.

[78] 林伯强，谭睿鹏. 中国经济集聚与绿色经济效率 [J]. 经济研究，2019，54（2）：119-132.

[79] YUAN H X, FENG Y D, LEE C C, et al. How does manufacturing agglomeration affect green economic efficiency? [J]. Energy Economics, 2020, 92: 104944.

[80] REN Y J, WANG C X, XU L, et al. Spatial spillover effect of producer services agglomeration on green economic efficiency: empirical research based on spatial econometric model[J]. Journal of Intelligent & Fuzzy Systems, 2019, 37(5): 6389-6402.

[81] 胡安军，郭爱君，钟方雷，等. 高新技术产业集聚能够提高地区绿色经济效率吗？[J]. 中国人口·资源与环境，2018，28（9）：93-101.

[82] CHEN W L, HUANG X J, LIU Y H, et al. The impact of high-tech industry agglomeration on green economy efficiency: evidence from the Yangtze river economic belt[J]. Sustainability, 2019, 11(19): 5189.

[83] 杨秀汪，李江龙，郭小叶. 中国碳交易试点政策的碳减排效应如何?：基于合成控制法的实证研究 [J]. 西安交通大学学报（社会科学版），2021，41（3）：13.

[84] 董直庆，王辉. 市场型环境规制政策有效性检验：来自碳排放权交易政策视角的经验证据 [J]. 统计研究，2021，38（10）：48-61.

[85] 张继宏，郅若平，齐绍洲. 中国碳排放交易市场的覆盖范围与行业选择：基于多目标优化的方法 [J]. 中国地质大学学报（社会科学版），2019，19（1）：34-45.

[86] 陈晓红，曾祥宇，王傅强. 碳限额交易机制下碳交易价格对供应链

碳排放的影响［J］. 系统工程理论与实践，2016，36（10）：2562-2571.

［87］姬新龙，杨钊. 基于 PSM-DID 和 SCM 的碳交易减排效应及地区差异分析［J］. 统计与决策，2021（17）：154-158.

［88］曾诗鸿，李璠，翁智雄，等. 我国碳交易试点政策的减排效应及地区差异［J］. 中国环境科学，2022，42（4）：1922-1933.

［89］于斌斌. 产业结构调整如何提高地区能源效率?：基于幅度与质量双维度的实证考察［J］. 财经研究，2017，27（1）：21-28.

［90］原毅军，谢荣辉. FDI、环境规制与中国工业绿色全要素生产率增长：基于 Luenberger 指数的实证研究［J］. 国际贸易问题，2015，31（8）：34-41.

［91］刘志彪，凌永辉. 结构转换、全要素生产率与高质量发展［J］. 管理世界，2020，35（7）：45-57.

［92］赵领娣，张磊，徐乐. 人力资本、产业结构调整与绿色发展效率的作用机制［J］. 中国人口·资源与环境，2016，26（11）：106-114.

［93］查建平，唐方方，别念民. 结构性调整能否改善碳排放绩效?：来自中国省级面板数据的证据［J］. 数量经济技术经济研究，2012，29（11）：18-33.

［94］王林辉. 经济增长和环境质量相容性政策条件：环境技术进步方向视角下的政策偏向效应检验［J］. 管理世界，2020，39（8）：25-33.

［95］蔡乌赶，周小亮. 中国环境规制对绿色全要素生产率的双重效应［J］. 经济学家，2017，23（4）：69-75.

［96］李涛. 北美地区碳排放交易机制经验与启示［J］. 海南金融，2021（6）：83-87.

［97］胡荣，徐岭. 浅析美国碳排放权制度及其交易体系［J］. 内蒙古大学学报（人文社会科学版），2010，42（3）：17-21.

［98］郑爽. 国际碳排放交易体系实践与进展［J］. 世界环境，2020（2）：50-54.

［99］姚晓芳，陈菁. 欧美碳排放交易市场发展对我国的启示与借鉴［J］. 经济问题探索，2011（4）：35-38.

［100］石华军. 欧盟、日本、丹麦碳排放交易市场的经验与启示［J］. 宏观经济管理，2012（12）：78-80.

[101] 尹小平. 日本碳交易的机制与成效 [J]. 现代日本经济，2011 (3)：20-26.

[102] 张怡，李万超，袁迪，等. 美欧日发展低碳经济的实践与启示 [J]. 金融纵横，2022 (10)：33-37.

[103] 侯燕磊，魏巍. 借鉴欧盟碳交易市场衔接机制经验　力促我国碳交易市场有为有序发展 [J]. 中国经贸导刊，2023 (2)：53-56.

[104] 李威. 欧盟碳排放权交易体系对我国碳市场发展的借鉴与启示 [J]. 海南金融，2023 (4)：44-51.

[105] 贾智杰，林伯强，温师燕. 碳排放权交易试点与全要素生产率：兼论波特假说、技术溢出与污染天堂 [J]. 经济学动态，2023 (3)：66-86.

[106] 钟莹. 我国 CTM 运行对区域碳排放效率的影响及作用路径研究 [D]. 长春：吉林大学，2022.

[107] 李江涛，陶思源. 碳排放权交易机制、媒体压力与企业绿色技术创新：基于湖北省 CTM 的研究 [J]. 财会通讯，2022 (19)：69-74.

[108] 宋晓玲，孔垂铭. 中国 CTM 对地区经济结构影响的实证分析 [J]. 宏观经济研究，2018 (9)：98-108.

[109] 田嘉莉，黄文艳，彭甲超，等. 绿色金融赋能碳中和的传导机制与空间效应 [J]. 西部论坛，2022，32 (5)：44-62.

[110] 龙迪，范丹婷，SLATER H，等. 碳排放数据质量问题及提升建议 [J]. 环境保护，2022，50 (12)：54-56.

[111] 陈楠. 探讨目前企业清洁生产面临问题及解决对策 [J]. 环境与发展，2019，31 (5)：211-212.

[112] 王红玲，徐浩. “双碳”目标下中国碳金融发展现状、存在问题与对策建议 [J]. 农村金融研究，2021 (10)：3-8.

[113] 胡鞍钢，周绍杰. 绿色发展：功能界定、机制分析与发展战略 [J]. 中国人口·资源与环境，2014，24 (1)：14-20.

[114] 钱易. 努力实现生态优先、绿色发展 [J]. 环境科学研究，2020，33 (5)：1069-1074.

[115] HARRIS T F, IOANNIDES Y M. Productivity and metropolitan density [R]. Department of Economics, Tufts University, 2000.

[116] YOUNG A. The razor's edge: distortions and incremental reform

in the People's Republic of China[J]. Quarterly journal of Ceconomics, 2000, 115(4):1091-1135.

[117] JEANNENEY S G, HUA P, LIANG Z C. Financial development, economic efficiency and productivity growth: evidence from China [J]. CERDI, 2006, 26:27-52.

[118] 王洪庆，朱荣林. 长三角经济一体化的关键：产业结构的调整与互动 [J]. 长江流域资源与环境，2005，14（1）：1-5.

[119] 梁军，从振楠. 城市群扩容能否提高外商直接投资强度?：来自长三角的准自然实验 [J]. 世界经济与政治论坛，2020（4）：137-155.

[120] 刘曙华，沈玉芳. 长江三角洲经济区扩容探析 [J]. 地理与地理信息科学，2010，26（5）：44-47.

[121] 王全忠，彭长生. 城市群扩容与经济增长：来自长三角的经验证据 [J]. 经济经纬，2018，35（5）：51-57.

[122] 强永昌，杨航英. 长三角区域一体化扩容对企业出口影响的准自然实验研究 [J]. 世界经济研究，2020（6）：44-56.

[123] 尤济红，陈喜强. 区域一体化合作是否导致污染转移：来自长三角城市群扩容的证据 [J]. 中国人口·资源与环境，2019，29（6）：118-129.

[124] 赵领娣，徐乐. 基于长三角扩容准自然实验的区域一体化水污染效应研究 [J]. 中国人口·资源与环境，2019，29（3）：50-61.

[125] 邵汉华，王瑶，罗俊. 区域一体化与城市创新：基于长三角扩容的准自然实验 [J]. 科技进步与对策，2020，37（24）：37-45.

[126] 刘乃全，吴友. 长三角扩容能促进区域经济共同增长吗 [J]. 中国工业经济，2017（6）：79-97.

[127] 姜江. 当前中国技术交易市场发展面临的主要问题 [J]. 社科纵横，2020，35（1）：34-38.

[128] 韩晶，陈曦. 长江经济带沿线城市绿色发展水平时空演变特征 [J]. 华东经济管理，2021（1）：24-34.

[129] CHUNG Y H, FARE R, GROSSKOPF S. Productivity and undesirable outputs: a directional distance function approach [J]. Journal of Environmental Management, 1997, 51:229-240.

[130] PASTOR J T, LOVELL C A. A global malmquist productivity

index[J].Economics Letters,2005,88(2):266-271.

[131] 刘乃全，吴友. 长三角扩容能促进区域经济共同增长吗 [J]. 中国工业经济，2017 (6)：79-97.

[132] 童玉芬，王莹莹. 中国城市人口与雾霾：相互作用机制路径分析 [J]. 北京社会科学，2014 (5)：4-10.

[133] 沈威，鲁丰先，秦耀辰，等. 长江中游城市群城市生态承载力时空格局及其影响因素 [J]. 生态学报，2019，39 (11)：3937-3951.

[134] 谢谋盛，刘伟明，王明. 长江中游城市群环境污染与经济增长关系的实证分析 [J]. 江西社会科学，2019，39 (1)：66-76.

[135] 高楠，马耀峰，李天顺，等. 基于耦合模型的旅游产业与城市化协调发展研究：以西安市为例 [J]. 旅游学刊，2013，28 (1)：62-68.

[136] DINDA S.Environmental Kuznets Curve hypothesis:a survey[J].Ecological Economics,2004,49(4):431-455.

[137] 原毅军，谢荣辉. 环境规制的产业结构调整效应研究：基于中国省际面板数据的实证检验 [J]. 中国工业经济，2014 (8)：57-69.

[138] 李虹，邹庆. 环境规制、资源禀赋与城市产业转型研究：基于资源型城市与非资源型城市的对比分析 [J]. 经济研究，2018，53 (11)：182-198.

[139] 胡晖，朱钰琦，方德斌，等. 环境规制影响产业结构的路径与机制：基于湘鄂赣皖地区城市的实证研究 [J]. 长江流域资源与环境，2020，29 (12)：2620-2635.

[140] 陈璇，钱薇雯. 环境规制对制造业产业转移和结构升级的双重影响 [J]. 统计与决策，2020，36 (18)：109-113.

[141] HUANG Y, LI L, YU Y T. Does urban cluster promote the increase of urban eco-efficiency? Evidence from Chinese cities[J].Journal of Cleaner Production,2018,197:957-971.

[142] 徐小鹰. 资源环境约束下中国经济增长效率的影响因素研究 [J]. 生态经济，2019，35 (9)：151-156.

[143] 牛方曲，封志明，刘慧. 资源环境承载力综合评价方法在西藏产业结构调整中的应用 [J]. 地理学报，2019，74 (8)：1563-1575.

[144] 陈妍，王士君，梅林. 东北地区非资源型城市与资源型城市产业

转型的对比研究［J］．地理研究，2021，40（3）：808-820.

［145］孔海涛．环境规制、资源错配与制造业转型升级［J］．企业经济，2021，40（7）：127-136.

［146］胡曼菲，关伟．基于产业结构视角的我国经济与环境耦合系统的演化分析［J］．资源开发与市场，2010，26（10）：880-882.

［147］于向宇，李跃，陈会英，等．“资源诅咒”视角下环境规制、能源禀赋对区域碳排放的影响［J］．中国人口·资源与环境，2019，29（5）：52-60.

［148］高同彪，刘云达．东北地区城市群高质量发展研究［J］．社会科学战线，2020（11）：245-250.

［149］李小帆，卢丽文．资源衰退型城市产业结构调整与环境污染的联动效应［J］．华中师范大学学报（自然科学版），2021，55（5）：900-907.

［150］唐晓灵，康铭敏．区域资源环境与经济增长协调发展研究：以关中平原城市群为例［J］．价格理论与实践，2021（6）：161-164.

［151］舒晓波，冯维祥，廖富强，等．长江中游城市群农业生态效率时空演变及驱动因子研究［J］．水土保持研究，2022，29（1）：394-403.

［152］李爽，刘梅香．西部地区资源环境承载力与经济增长协调度分析：以陕西省为例［J］．西安财经学院学报，2015，28（5）：46-53.

［153］姜磊，柏玲，吴玉鸣．中国省域经济、资源与环境协调分析：兼论三系统耦合公式及其扩展形式［J］．自然资源学报，2017，32（5）：788-799.

［154］周振华．产业结构演进的一般动因分析［J］．财经科学，1990（3）：1-6.

［155］刘伟，张辉，黄泽华．中国产业结构高度与工业化进程和地区差异的考察［J］．经济学动态，2008（11）：4-8.

［156］周振华．论产业结构分析的基本理论框架［J］．中国经济问题，1990（1）：1-8.

［157］刘程，王仁曾．房价上涨会抑制地区产业结构升级吗？［J］．产业经济研究，2019（2）：102-113.

［158］龚日朝，潘芬萍，刘俞希．产业结构高度化测度模型及其性质研究［J］．统计与决策，2020，36（12）：67-71.

［159］杨慧．基于耦合协调度模型的京津冀13市基础设施一体化研究［J］．经济与管理，2020，34（2）：15-24.

［160］干春晖，郑若谷，余典范．中国产业结构变迁对经济增长和波动的影响［J］．经济研究，2011，46（5）：4-16.

［161］丛晓男．耦合度模型的形式、性质及在地理学中的若干误用［J］．经济地理，2019，39（4）：18-25.

［162］毕国华，杨庆媛，刘苏．中国省域生态文明建设与城市化的耦合协调发展［J］．经济地理，2017，37（1）：50-58.

［163］舒小林，高应蓓，张元霞，等．旅游产业与生态文明城市耦合关系及协调发展研究［J］．中国人口·资源与环境，2015，25（3）：82-90.

［164］邓宏兵，张天铃．长江经济带创新环境与高技术产业创新耦合协调发展研究［J］．华中师范大学学报（自然科学版），2021，55（5）：755-766.

［165］赵磊，方成．城旅融合的经济增长空间效应研究：基于空间动态面板数据（SDPD）模型的实证分析［J］．中国软科学，2021（11）：67-79.

［166］王赫，吴朝阳．经济差距对创新溢出与技术交流的影响：基于经济距离矩阵的空间计量研究［J］．经济问题，2020（9）：78-84.

［167］BERETTA I. The social effects of eco-innovations in Italian smart cities[J]. Cities, 2018, 72: 115-121.

［168］武力超，李惟简，陈丽玲，等．智慧城市建设对绿色技术创新的影响：基于地级市面板数据的实证研究［J］．技术经济，2022，41（4）：1-16.

［169］赵华平，田秀林，张所地．智慧城市建设对经济高质量发展影响的作用机理与实证检验［J］．统计与决策，2022，38（12）：102-105.

［170］刘伟丽，刘宏楠．智慧城市建设推进企业高质量发展的机制与路径［J］．深圳大学学报（人文社会科学版），2022，39（1）：95-106.

［171］蒋选，王林杉．智慧城市政策的产业结构升级效应研究：基于多期DID的经验考察［J］．中国科技论坛，2021（12）：31-40.

［172］田秀林，赵华平，张所地．智慧城市建设对城市创新产出的作用机理与实证检验［J］．统计与决策，2022，38（17）：184-188.

［173］张龙鹏，钟易霖，汤志伟．智慧城市建设对城市创新能力的影响

研究：基于中国智慧城市试点的准自然试验［J］. 软科学，2020，34（1）：83-89.

［174］石大千，丁海，卫平，等. 智慧城市建设能否降低环境污染［J］. 中国工业经济，2018（6）：117-135.

［175］申洋，郭俊华，朱彦. 智慧城市建设对地区绿色全要素生产率影响研究［J］. 中南大学学报（社会科学版），2021，27（2）：140-152.

［176］韦琳，马梦茹. 数字经济发展与企业绿色创新：基于“智慧城市”试点建设的准自然实验研究［J］. 现代财经（天津财经大学学报），2022，42（8）：24-40.

［177］王旭，张晓宁，朱然. 企业绿色创新视角下“环保督政”的价值创造效应：基于环保约谈的准实验研究［J］. 科研管理，2021，42（6）：102-111.

［178］JACOBSON L S, LAIONDE R J, SULLIVAN D G. Earnings losses of displaced workers[J]. The American Economic Review, 1993, 83(4): 685-709.

［179］王锋，葛星. 低碳转型冲击就业吗：来自低碳城市试点的经验证据［J］. 中国工业经济，2022（5）：81-99.

［180］LI P, LU Y, WANG J. Does flattening government improve economic performance? Evidence from China [J]. Journal of Development Economics, 2016, 123: 18-37.

［181］王雄元，卜落凡. 国际出口贸易与企业创新：基于“中欧班列”开通的准自然实验研究［J］. 中国工业经济，2019（10）：80-98.

［182］黄和平，谢云飞，黎宁. 智慧城市建设是否促进了低碳发展?：基于国家智慧城市试点的“准自然实验”［J］. 城市发展研究，2022，29（5）：105-112.

［183］周小敏，李连友. 智慧城市建设能否成为经济增长新动能?［J］. 经济经纬，2020，37（6）：10-17.

［184］FAN S, PENG S, LIU X. Can smart city policy facilitate the low-carbon economy in China? A quasi-natural experiment based on pilot city[J]. complexity, 2021(4496): 1-15.

［185］何文举，张华峰，陈雄超，等. 中国省域人口密度、产业集聚与

碳排放的实证研究：基于集聚经济、拥挤效应及空间效应的视角［J］．南开经济研究，2019（2）：207-225.

［186］李建明，罗能生．高铁开通改善了城市空气污染水平吗？［J］．经济学（季刊），2020（4）：1335-1354.

［187］王琴梅．区域协调发展内涵新解［J］．甘肃社会科学，2007（6）：46-50.

［188］魏后凯，高春亮．新时期区域协调发展的内涵和机制［J］．福建论坛（人文社会科学版），2011（10）：147-152.

［189］王曙光，王丹莉．新中国70年区域经济发展战略变革与新时代系统动态均衡格局［J］．经济体制改革，2019（4）：5-10.

［190］于鸿君，马庆林．我国区域经济发展不协调的根源分析［J］．农村金融研究，2009（4）：25-30.

［191］杨达．绿色“一带一路”治理体系探索与深化方位透视［J］．政治经济学评论，2021，12（5）：165-187.

［192］张君明．黄河流域水生态保护与修复法律机制研究［J］．人民论坛·学术前沿，2022（2）：106-108.

［193］于占祥．辽河流域水环境治理问题［J］．中国科技信息，2022（8）：139-140.

［194］安树伟，董红燕．京津冀协同发展战略实施效果中期评估［J］．经济问题，2022（4）：1-9.

［195］宋鹏飞，张震云，郝占庆．关于建立和完善中国生态补偿机制的思考［J］．生态学杂志，2008（10）：1814-1817.

［196］文扬，王丽，高国力．关于完善我国碳交易市场的若干思考［J］．中国经贸导刊，2022（3）：52-54.

［197］马蔡琛，赵笛．构建以环境保护税为基础的绿色税收体系［J］．税务研究，2020（11）：39-45.

后　序

晋宋田园诗人陶渊明撰写的名句“采菊东篱下，悠然见南山。山气日夕佳，飞鸟相与还”时常在耳边萦绕，唤醒我对优美山水田园风光的热爱，也让我在区域经济研究与教学的过程中高度关注跨区域的生态保护与环境治理问题，经过多年思考，形成目前的文稿，并有幸得到华中师范大学2024年出版基金的资助，深感荣幸。

2009年6月博士研究生毕业后，我来到华中师范大学经济与工商管理学院工作，一直从事区域经济学的研究与教学工作，围绕区域发展与生态建设的交叉领域进行研究，在学院领导和同事的支持下以跨区域生态保护与环境治理联动作为主题进行深入研究，有幸获得了国家社科基金的资助并顺利结项。随后梳理社科基金的各项研究成果并集结成书，在副院长陈淑云教授的支持下申请学校出版资金资助，为自己阶段性研究画下相对圆满的句号。

在此，我要感谢我的博士生导师——陈秀山教授对我的谆谆教诲和深切关怀。虽然他老人家已于2016年5月不幸逝世，但是陈老师渊博的专业学识、深厚的学术造诣、严谨的治学态度给我留下了深刻的印象。博士毕业后他经常鼓励我要在科学研究的道路上勇往直前，要结合经济学的理论分析重要的现实问题并给出自己的解决方案，做到学以致用。这本书的顺利出版实际上是陈老师对我严格要求的结果，我要对远在天堂的陈老师表达诚挚的谢意，唯有不懈努力，才能报答恩师的栽培之情。

我也要对我的硕士生导师——张启春老师表达感谢。张老师耐心地把我领进经济学殿堂并给予我无微不至的关怀，指引我的人生方向。感谢经济与工商管理学院的涂正革院长、陈淑云副院长、王治副院长、周维第副院长和文鹏副院长对我研究工作的支持。感谢中国人民大学孙久文教授、湖北省社科院秦尊文教授、中国社科院叶振宇研究员、华中师范大学肖殿荒教授、梅德平教授、刘圣欢教授、董利民教授、陈锋教授、洪建国副教授对我工作的支持。正是这些亦师亦友的老师、同事、同学的支持和帮助，引领我在学术上不断前进。

感谢我的研究生们对我工作的大力支持。孙祥辰同学对第二章、张守磊同学对第三章和第八章、韦开成同学对第四章和第十章、马睿和田旭同学对第五章、舒平同学对第六章、王浩洁同学对第七章、张舒雅同学对第九章的资料查找、数据处理和全文初稿做出了巨大的贡献，对此表示衷心的感谢。

感谢我的家人对我工作的莫大支持。年逾八旬的父母是我永远的动力和温馨的港湾，多年来一直关心我的学业和工作，希望我健健康康、顺顺利利把研究做下去，不要急于求成。他们的无私支持对我完成这本书非常重要。同样要衷心感谢我的妻子张海霞和儿子汤哲，他们的陪伴、谦让和无私奉献给了我莫大的慰藉，可以让我安心地坐在电脑前敲打一段段文字。也要感谢我的两个哥哥一个姐姐，他们为了我，帮我照顾父母，时常打电话替我减压，希望我们这个大家庭越来越和睦。

本书能够顺利出版，离不开华中师范大学出版社廖卫鹏书记、付义朝社长、胡小忠分社长和责编罗艺的热情帮助与支持，在此表示衷心的感谢！

跨区域生态保护与环境治理问题，具有阶段性、系统性、多元性、复杂性、多学科交叉融合性等特点，需要持续不断深入研究，囿于能力、学识、视野，书中所述难免存在疏漏与不足，敬请读者批评指正。

汤学兵

2025 年 2 月于华中师范大学